Excel 在经济管理中的应用
——Excel 2010 任务驱动案例教程

焦世奇　郭广忠　主　编
　　　　周　科　蒋良骏　副主编
葛静茹　苗竹青　刘　贺　参　编
　　　　　　　　闫秀峰　主　审

电子工业出版社
Publishing House of Electronics Industry
北京·BEIJING

内 容 简 介

本书从企业实际应用出发，将企业实际的应用任务引入书本，全书分为11大任务、70个子任务，按照循序渐进的方式，在解决实际问题的同时，讲解Excel 2010的基础应用、公式与函数、数据处理、图表、数据分析等内容。本书所有的任务都有详细的讲解过程，用到的素材文件都随书赠送，所有的操作都经过验证。

本书面向的读者群是所有需要使用 Excel 2010 的用户、大中专院校学生。无论是初学者，中、高级用户还是 IT 技术人员，都可以从书中找到值得学习的内容。

未经许可，不得以任何方式复制或抄袭本书之部分或全部内容。
版权所有，侵权必究。

图书在版编目（CIP）数据

Excel 在经济管理中的应用：Excel 2010 任务驱动案例教程/焦世奇，郭广忠主编. —北京：电子工业出版社，2017.6
ISBN 978-7-121-31521-3

Ⅰ. ①E… Ⅱ. ①焦… ②郭… Ⅲ. ①表处理软件—应用—财务管理—高等学校—教材 Ⅳ. ①F275-39

中国版本图书馆 CIP 数据核字（2017）第 105164 号

策划编辑：贺志洪
责任编辑：贺志洪　　　　　　　　特约编辑：杨　丽　徐　堃
印　　刷：北京虎彩文化传播有限公司
装　　订：北京虎彩文化传播有限公司
出版发行：电子工业出版社
　　　　　北京市海淀区万寿路 173 信箱　邮编 100036
开　　本：787×1092　1/16　　印张：13.75　字数：352 千字
版　　次：2017 年 6 月第 1 版
印　　次：2022 年 12 月第 10 次印刷
定　　价：35.00 元

凡所购买电子工业出版社图书有缺损问题，请向购买书店调换。若书店售缺，请与本社发行部联系，联系及邮购电话：（010）88258888。
质量投诉请发邮件至 zlts@phei.com.cn，盗版侵权举报请发邮件至 dbqq@phei.com.cn。
本书咨询联系方式：（010）88254609 或 hzh@phei.com.cn。

前言

非常感谢您选择《Excel 在经济管理中的应用——Excel 2010 任务驱动案例教程》这本书。

Excel 软件是 Microsoft Office 套装软件中的一个重要组成部分，是一个有着十分重要影响力的办公软件。Excel 2010 软件是微软公司推出的目前市场上最流行的版本。相比以往版本，Excel 2010 提供了更强大的功能和工具，通过比以往更多的分析方法、管理和共享信息，可帮助用户做出更好、更明智的决策，以及跟踪和突出显示重要的数据趋势。

本书从企业实际应用出发，引入企业实际的应用任务，全书按任务分类，共分为十一人任务、70 个子任务，以循序渐进的方式，在解决实际问题的同时，讲解 Excel 2010 的相关知识。本书所有的任务都有详细的讲解过程，所有的操作都经过验证，其用到的素材文件也随书赠送。

读者对象

本书面向需要使用 Excel 2010 的用户、大中专院校的学生。无论是初学者，中、高级用户还是 IT 技术人员，都可以从书中找到值得学习的相关内容。当然，阅读本书的读者至少对计算机软/硬件、Windows 7 操作系统有一定的了解，能够熟练地掌握鼠标、键盘的使用，并能够至少掌握一种中文输入的方法。

本书约定

在正式开始阅读本书之前，建议读者花几分钟时间来了解一下本书在编写和组织上使用的一些惯例，这会对您的阅读有很大帮助。

1. 软件版本

本书的编写是基于 Windows 7 专业版操作系统上的 Excel 2010 中文版，因此书中的内容可能不一定适用于早期版本的 Excel 软件，但后续发行的 Excel 2013、Excel 2016 等版本兼容 Excel 2010。

2. 菜单命令

本书在描述过程中用到的菜单操作都会描述为：单击【插入－(表格)－数据透视表】，其中"(表格)"表示功能区的功能组名。

3. 按钮

本书中的按钮操作表述为"【按钮名】"。

4. 键盘与鼠标操作

当读者见到 Ctrl+1，表示按下 Ctrl 键不放松，再按 1 键，然后一起松开；如果见到 Ctrl+Shift+Enter，表示一手按下 Ctrl 和 Shift 键，再按下 Enter 键，然后一起松开。鼠标单击、双击、右击等这些操作读者都能够理解它们表示的意思，拖曳是指按住鼠标左键不放，拖动鼠标到某个位置，再松开鼠标左键。

5. 公式与函数

本书中所讲解的函数与公式中的字符都不区分大小写，尤其是引号，必须是"半角英文"状态，引号内的字符则根据实际情况输入。另外，考虑到本书主要介绍 Excel 2010 软件的应用，软件中各数学量均为正体，故本书正文中的数学量也统一为正体，不区分正斜体，以示统一。

6. 图标

注 意 表示这部分内容需要引起注意和重视。

技 巧 表示这部分内容是操作或应用技巧。

提 高 表示这部分内容是高级应用的内容。

阅读技巧

不同水平的读者可以使用不同的方式来阅读本书，以求在不同的时间内获得最大的收获。

Excel 2010 的初级用户可以从头开始阅读，因为本书基本上是按照从易到难的顺序和从基础应用到高级应用的顺序来编写的。

Excel 2010 的中、高级用户可以挑选自己感兴趣的主题来侧重学习，虽然知识点之间有联系，但是只要具备基础的应用知识，这些联系都可以越过，不构成任何阅读障碍。

另外，本书配有书中所有的示例文件，文件中有"原始数据"工作表以供读者练习。

教学资源

本书配套数据和作业，可以从出版社网站下载；本课程在线开放课程网址为：http://mooc1.chaoxing.com/course/93937854.html，读者可以在网站上观看课程教学视频，也可以参与互动教学。

本书任务 1 至任务 5 由常州工程职业技术学院周科编写，任务 6 至任务 10 由扬州工业职业技术学院焦世奇编写，任务 11 由扬州工业职业技术学院苗竹青编写；江苏汇银电子商务有限公司郭广忠优化了本书所有教学任务，为本书提供所有任务数据；扬州工业职业技术学院蒋良骏、刘贺、葛静茹三位老师实际操作验证所有任务，并为本书配图。

闫秀峰教授详细认真审阅了本书的初稿，并提出了许多宝贵的意见。在此，对所有帮助过我们的同志一并表示衷心的感谢！

限于编者水平，本书在内容取舍、编写方面难免存在不妥之处，恳请读者批评指正。

编者
2017 年 6 月

目 录

任务 1　安装与设置 Excel 2010 软件 ··· 1
　　任务说明 ··· 1
　　任务结构 ··· 1
　　子任务 1　安装 Excel 2010 软件 ·· 1
　　子任务 2　认识功能区 ·· 5
　　子任务 3　设置 Excel 2010 ·· 8
　　子任务 4　认识 Excel 2010 的工作界面 ··· 13

任务 2　创建职工数据工作簿 ··· 15
　　任务说明 ··· 15
　　任务结构 ··· 15
　　子任务 5　创建空白工作簿 ·· 16
　　子任务 6　创建职工数据工作簿 ··· 17
　　子任务 7　利用填充产生数据 ·· 22
　　子任务 8　利用序列产生数据 ·· 25
　　子任务 9　利用记录单快速有效地输入数据 ··································· 27
　　子任务 10　利用数据有效性提高数据输入的准确性 ························ 30
　　子任务 11　导入外部数据 ··· 33

任务 3　编辑与修饰工作簿 ·· 37
　　任务说明 ··· 37
　　任务结构 ··· 37
　　子任务 12　选取工作表的行与列 ··· 37
　　子任务 13　给区域命名 ·· 41
　　子任务 14　对工作表进行修饰 ·· 45
　　子任务 15　对数据进行修饰和检查 ·· 48
　　子任务 16　浏览工作表内容 ··· 51
　　子任务 17　分类着色浏览工作表内容 ·· 53
　　子任务 18　打印工作表 ·· 56

任务 4 计算职工和营销数据 ··· 63

任务说明 ·· 63
任务结构 ·· 63
子任务 19 提取职工信息 ·· 63
子任务 20 计算工资数据 ·· 66
子任务 21 计算分店的销售数据 ·· 70
子任务 22 填写分析表 ··· 73
子任务 23 分级和合并计算工资 ·· 75
子任务 24 通过表格功能计算和分析销售数据 ··· 78

任务 5 查询与筛选职工和销售数据 ··· 81

任务说明 ·· 81
任务结构 ·· 81
子任务 25 查找和替换职工数据 ·· 81
子任务 26 利用函数查询职工数据 ··· 85
子任务 27 优化职工数据查询 ··· 87
子任务 28 自动筛选销售数据 ··· 91
子任务 29 高级筛选销售数据 ··· 93
子任务 30 自定义条件筛选销售数据 ·· 96

任务 6 统计职工和销售数据 ··· 99

任务说明 ·· 99
任务结构 ·· 99
子任务 31 对职工工资数据进行排序 ·· 99
子任务 32 对职工数据自定义排序 ··· 102
子任务 33 对销售数据进行模糊统计与频率统计 ·· 105
子任务 34 对销售数据进行分类汇总 ·· 108
子任务 35 对销售数据进行叠加分类汇总 ··· 110
子任务 36 自动分类统计 ·· 112
子任务 37 对销售数据进行预测 ·· 115

任务 7 会计与财务管理 ··· 118

任务说明 ·· 118
任务结构 ·· 118
子任务 38 制作记账凭证 ·· 118
子任务 39 制作科目汇总表 ··· 121
子任务 40 制作工资条 ··· 124
子任务 41 存款方案比较 ·· 126
子任务 42 计算等额还款额 ··· 127

子任务 43　计算项目投资的净现值与内部收益率……………………129

任务 8　数据的图表分析……………………………………………131

　　任务说明………………………………………………………………131
　　任务结构………………………………………………………………131
　　子任务 44　绘制销售数据迷你图……………………………………131
　　子任务 45　绘制工资数据柱形图……………………………………133
　　子任务 46　绘制销售数据饼图………………………………………138
　　子任务 47　绘制销售数据折线图……………………………………141
　　子任务 48　制作销售数据预测图……………………………………146
　　子任务 49　制作市场占有率面积图…………………………………148
　　子任务 50　制作产品销售动态折线图………………………………150
　　子任务 51　制作市场占有率环形图…………………………………153
　　子任务 52　制作工程进度甘特图……………………………………156

任务 9　销售数据的透视分析…………………………………………160

　　任务说明………………………………………………………………160
　　任务结构………………………………………………………………160
　　子任务 53　对网点数据进行简单数据透视分析……………………160
　　子任务 54　对数据透视表进行优化…………………………………163
　　子任务 55　在数据透视表中执行计算………………………………167
　　子任务 56　通过名称创建动态数据透视表…………………………171
　　子任务 57　通过表格功能创建动态数据透视表……………………173
　　子任务 58　创建产品销售数据透视图………………………………175
　　子任务 59　创建带条件格式的数据透视表…………………………178
　　子任务 60　创建带迷你图的数据透视表……………………………180

任务 10　市场调查与预测分析…………………………………………182

　　任务说明………………………………………………………………182
　　任务结构………………………………………………………………182
　　子任务 61　对销售数据进行描述统计分析…………………………182
　　子任务 62　单变量模拟运算出口额…………………………………185
　　子任务 63　双变量模拟运算出口额…………………………………186
　　子任务 64　双变量模拟运算银行按揭方案…………………………187
　　子任务 65　创建模拟运算方案………………………………………188
　　子任务 66　规划求解生产问题………………………………………191
　　子任务 67　规划求解运输问题………………………………………194

任务 11　自动化处理营销数据……………………………………………………………200
　　任务说明……………………………………………………………………………………200
　　任务结构……………………………………………………………………………………200
　　子任务 68　录制修改字体的宏……………………………………………………………200
　　子任务 69　修饰职工信息表………………………………………………………………203
　　子任务 70　保护工作表……………………………………………………………………206

参考文献…………………………………………………………………………………………209

任务 1 安装与设置 Excel 2010 软件

任务说明

Excel 2010 是由微软公司推出的一款办公软件，用户可以通过软件商店、网络等途径购买该软件，然后安装在计算机中。

本任务主要是安装 Excel 2010 到计算机中。安装完毕后，运用多种方法启动 Excel 2010 软件，并熟悉 Excel 2010 全新的界面风格。掌握多种退出软件的方法。学会设置 Excel 2010 快速访问工具栏、功能区。

对于新用户而言，需要花一定的时间来熟悉软件。由于不同用户的使用习惯不同，用户可以自由设置软件的界面风格。

任务结构

子任务 1 安装 Excel 2010 软件
子任务 2 认识功能区
子任务 3 设置 Excel 2010
子任务 4 认识 Excel 2010 的工作界面

子任务 1 安装 Excel 2010 软件

Microsoft Office 2010 是微软推出的新一代办公软件，开发代号为 Office 14，实际是第 12 个发行版。该软件共有 6 个版本，分别是初级版、家庭及学生版、家庭及商业版、标准版、专业版和专业高级版，此外还推出 Office 2010 免费版本，其中仅包括 Word 和 Excel 应用。除了完整版以外，微软还将发布针对 Office 2007 的升级版 Office 2010。Office 2010 可支持 32 位和 64 位 Vista 及 Windows7，仅支持 32 位 Windows XP，不支持 64 位 XP。

Office 是一款功能巨大的办公套件，Excel 2010 是 Office 2010 软件家族的成员之一。它是一种电子表格软件，具有强大的数据分析、预测和制作图表功能，在数据统计及经济管理中的应用尤其广泛。

使用 Excel 2010 软件之前，必须事先购买并安装 Excel 2010 软件，如果已经正确安装好 Excel 2010，则此子任务可以跳过。

步骤 1： 用户将 Office 2010 安装光盘插入光盘驱动器后，计算机会自动运行安装向导，如图 1.1 所示。用户也可以手动运行安装包里面的安装程序"Setup.exe"，双击

"Setup.exe"文件，即可运行安装程序。用户只需按系统提示，即可完成安装。

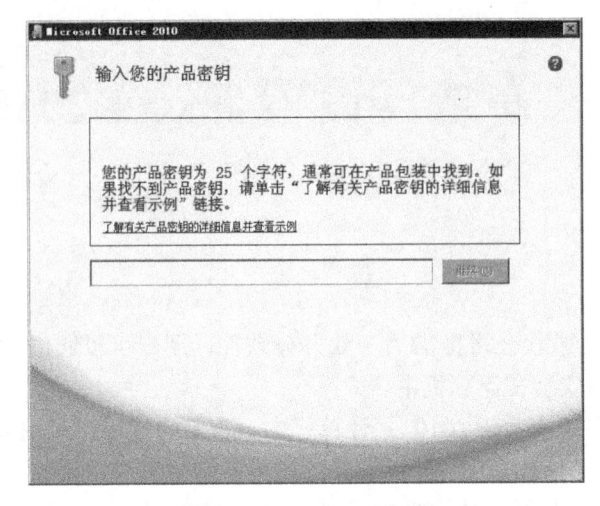

图 1.1　Office 2010 安装

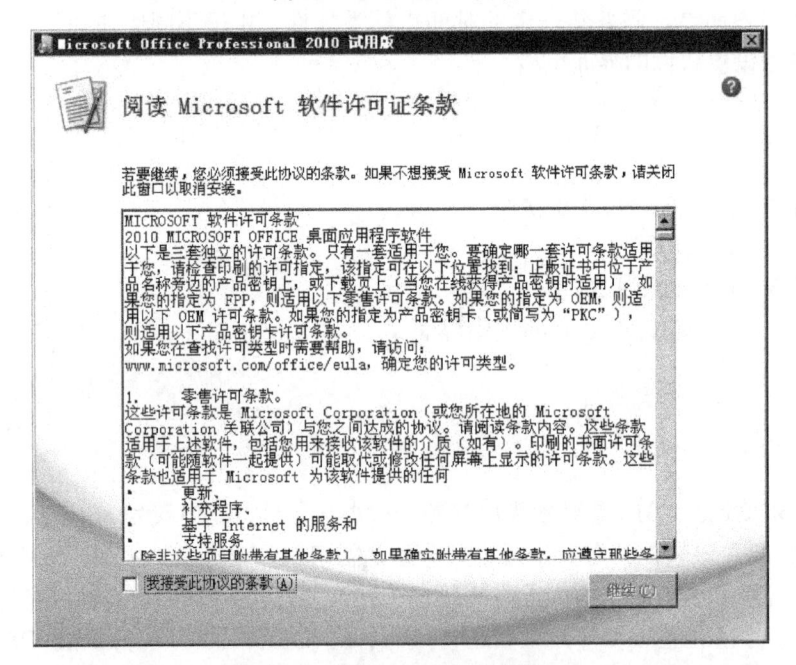

图 1.2　Office 2010 安装条款

一般用户采用典型安装，系统会自动将常用的功能模块安装到计算机上。

Office 2010 在安装的过程中需要用户输入产品密钥，即一串由 25 个字母和数字组成的字符串，通常印在发行 CD 的外壳上，正确输入后方可继续安装。序列号与产品一一对应，是正版软件的重要特征。

若计算机中已安装有 Office 2007 或更早版本的软件，运行安装程序时，向导会提示是选择"自定义"安装还是"升级"安装，如图 1.3 所示。

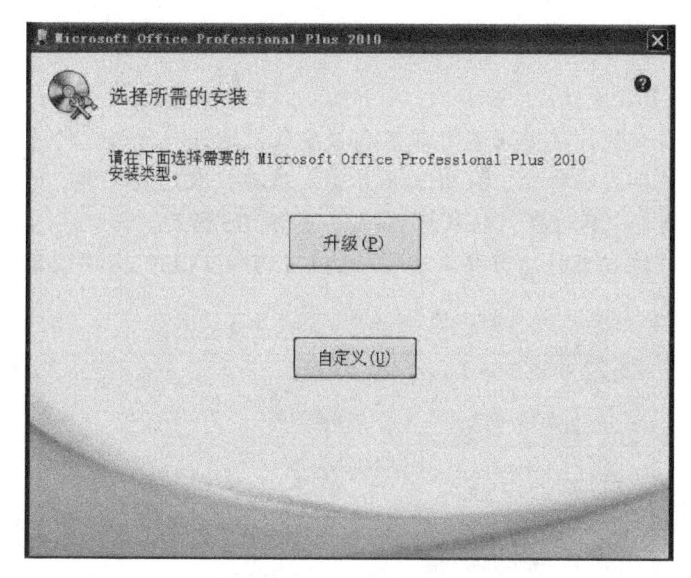

图 1.3　升级安装

如果选择"升级"安装，则会出现更多的升级安装选项，如图 1.4 所示。

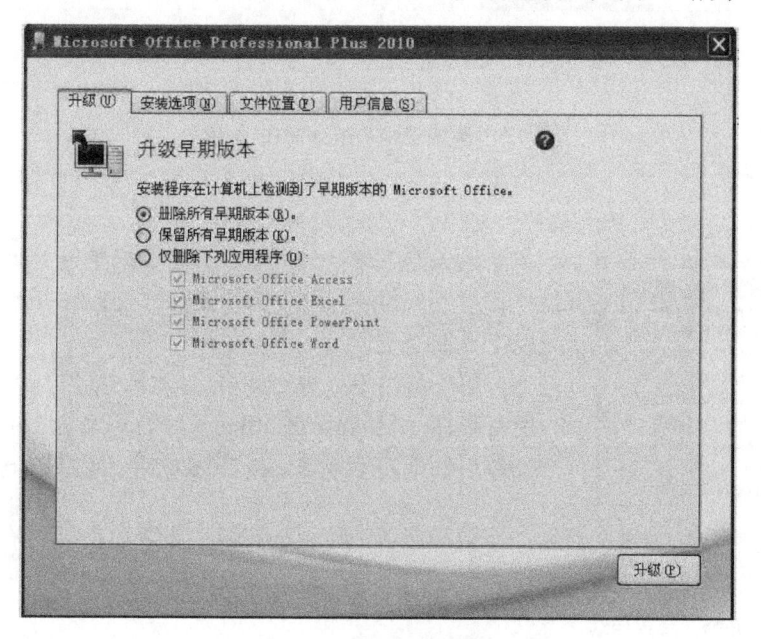

图 1.4　升级安装的选项

如果选择"删除所有早期版本"，则安装程序会先卸载计算机中、低版本的 Office 软件，再进行升级安装。

如果选择"保留所有早期版本"，则会升级安装新版本的 Office 软件，同时保留原版本的 Office 软件。

如果选择"仅删除下列应用程序"，则会有选择地删掉部分 Office 组件，再进行升级安装。

> **注 意**
>
> 1. 选择典型安装时，某些功能可能不会被安装，这点在低版本的 Office 软件上体现得尤其突出，如：公式编辑器、分析工具库等。若要安装这些功能，请选择"自定义"安装，在下拉列表中，再选择"从本机运行"，如图 1.5 所示。
> 2. 用户也可以在安装好后补安装这些功能，但会用到 Office 安装盘。

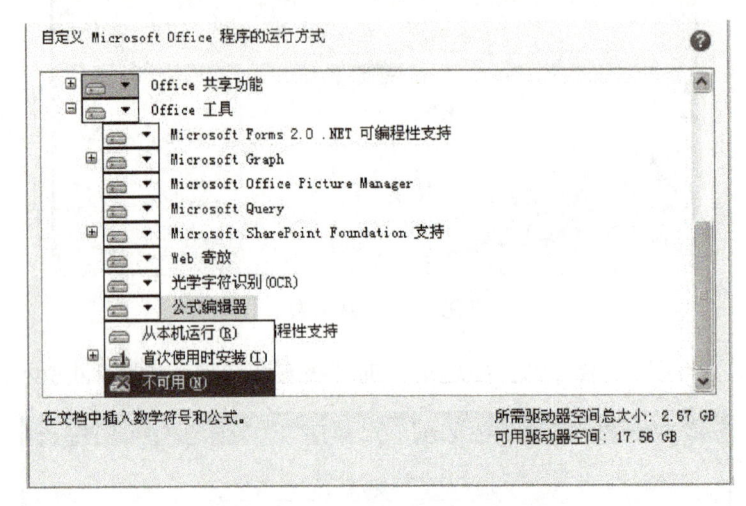

图 1.5　选择安装 Office 2010 组件

图 1.6　从"开始"菜单启动 Excel 2010

步骤 2：启动 Excel 2010。

刚安装好的计算机，一般要求重新启动。重新启动计算机后，可以正式使用 Excel 2010，Excel 的启动有以下 4 种方法。

第一种方法：从"开始"菜单中运行。单击【开始—所有程序—Microsoft Office—Microsoft Excel 2010】，执行操作后，即可启动 Excel 2010 软件，如图 1.6 所示。

第二种方法：双击桌面快捷方式 。双击快捷图标后软件会运行，并且默认新建一个工作簿，文件名为"工作簿1"。

第三种方法：双击任意一个磁盘上的 Excel 工作簿，双击后，此文档会调用 Excel 2010 软件，并且处于被编辑状态。如单击 ，则会运行 Excel 2010 软件，并编辑此工作簿。

第四种方法：单击【开始—运行】，再单击【浏览（B）…】按钮，找到 Excel 2010 所在的位置，单击"确定"按钮即可运行软件，如图 1.7 所示。

图1.7 通过运行的方式打开Excel软件

步骤 3：退出 Excel 2010，即终止软件在计算机中的运行。Windows 平台的软件退出的方法大多一样，而且多种方法殊途同归。

第一种方法：单击 Excel 2010 窗口菜单【文件—退出】，如图 1.8 所示。

第二种方法：单击程序窗口右上角的"关闭"按钮。

第三种方法：双击程序窗口左上角的控制菜单图标，或者单击控制菜单图标，出现菜单，如图 1.9 所示，单击控制菜单中的【关闭】。从此操作中可以看出，按 Alt+F4 组合键也可退出软件。

第四种方法：右击任务栏上 Excel 对应的窗口，再选择【关闭窗口】，如图 1.10 所示。

图1.8 通过菜单选项退出

图1.9 通过控制菜单退出

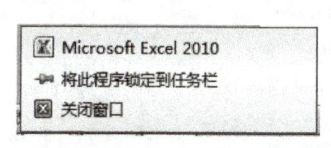

图1.10 通过任务栏关闭程序

当然，通过任务管理器来结束当前 Excel 的任务也是一种"关闭"的方法，读者可以一试。

子任务2 认识功能区

Excel 2010 使用了与 Excel 2007 相同的用户界面，它们与 Excel 2003 及更早的版本有很大的区别，以功能区（Ribbon）代替了传统的菜单。在 Excel 2010 窗口上方看起来像菜单的名称其实是功能区的名称选项卡，当单击这些名称选项卡时并不会打开菜单，而是切换到与之相对应的功能区。每个功能区根据功能的不同又分为若干个组，每个功能区所拥有的功能各不相同。

Excel 2010 的基本功能都可在功能区中实现，常用的功能区有："开始"、"插入"、

"页面布局"、"公式"、"数据"、"审阅"和"视图"。用户可以自定义功能区，让用户更合理地组织出个性化的工作环境。

如果功能区块中某个组的右下角有展开标记时 ，则表示还有更多的操作选项。

步骤 1：单击"开始"功能区。

"开始"功能区中包括剪贴板、字体、对齐方式、数字、样式、单元格和编辑 7 个组，对应 Excel 2003 的"编辑"和"格式"菜单部分命令。该功能区主要用于帮助用户对 Excel 2010 表格进行文字编辑和单元格的格式设置，是用户最常用的功能区，如图 2.1 所示。

图 2.1　Excel 2010 的功能区

步骤 2：单击"插入"功能区。

"插入"功能区包括表格、插图、图表、迷你图、筛选器、链接、文本和符号几个组，对应 Excel 2003 中"插入"菜单的部分命令，主要用于在 Excel 2010 表格中插入各种对象，如数据透视表、各种图表、文本框、页眉页脚等，Excel 2010 中新增加的"切片器"、"迷你图"功能也在这个功能区，如图 2.2 所示。

图 2.2　"插入"功能区

步骤 3：单击"页面布局"功能区。

"页面布局"功能区包括主题、页面设置、调整为合适大小、工作表选项、排列几个组，对应 Excel 2003 的"页面设置"菜单命令和"格式"菜单中的部分命令，用于帮助用户设置 Excel 2010 表格页面样式，如图 2.3 所示。

图 2.3　"页面布局"功能区

步骤 4：单击"公式"功能区。

"公式"功能区包括函数库、定义的名称、公式审核和计算几个组，用于实现在 Excel 2010 表格中进行各种数据计算，区域名称的定义、管理也在"公式"功能区，如图 2.4 所示。

图 2.4 "公式"功能区

步骤 5：单击"数据"功能区。

"数据"功能区包括获取外部数据、连接、排序和筛选、数据工具、分级显示几个组，主要用于在 Excel 2010 表格中进行数据处理相关方面的操作，如排序、数据有效性、模拟分析、分类汇总等，这些功能在数据分析中的作用十分强大，如图 2.5 所示。

图 2.5 "数据"功能区

步骤 6：单击"审阅"功能区。

"审阅"功能区包括校对、中文简繁转换、语言、批注和更改 5 个组，主要用于对 Excel 2010 表格进行校对和修订等操作，适用于多人协作处理 Excel 2010 工作表数据，如保护工作表、工作簿等，如图 2.6 所示。

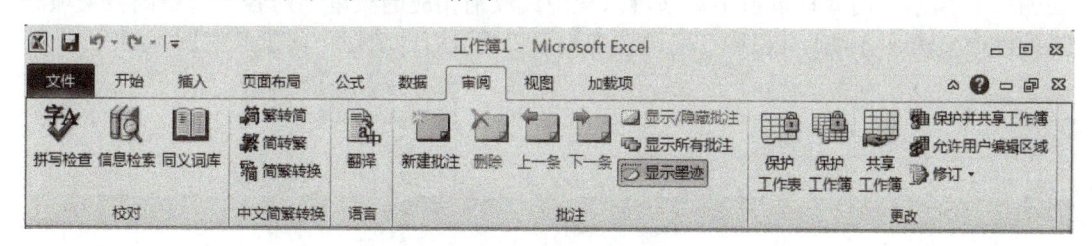

图 2.6 "审阅"功能区

步骤 7：单击"视图"功能区。

"视图"功能区包括工作簿视图、显示、显示比例、窗口和宏 5 个组，主要用于帮助用户设置 Excel 2010 表格窗口的视图类型、显示比例、窗口切换等，其中宏操作是 Excel 2010 实现自动化操作的重要途径，如图 2.7 所示。

图 2.7 "视图"功能区

> **提 高**
>
> Excel 2010 中还有一种叫做"上下文选项卡",只有当某些特定操作或选中特定对象时才会出现,如创建"图表"或"数据透视图"时,会多出来一些选项卡,这些选项卡称为"上下文选项卡",如图 2.8 所示。
>
> 图 2.8 图表和数据透视图"上下文选项卡"

子任务 3 设置 Excel 2010

Excel 2010 软件像"汽车"一样,有很多设置选项,不同的用户有着不同的设置要求。对于 Excel 2010 来说,有些设置非常人性化,设置好软件后,操作起来十分方便。因此在安装完毕后,可以对软件进行简单设置。

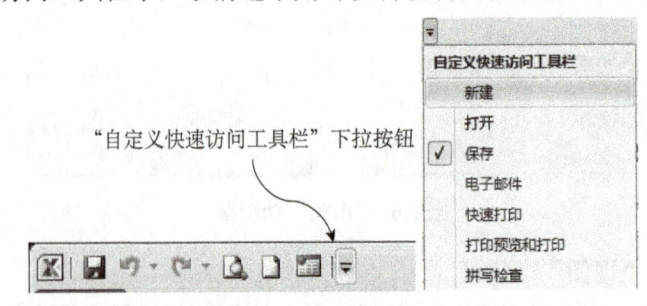

步骤 1: 快速添加按钮到"快速访问工具栏"。快速访问工具栏是指将常用的操作按钮放到某个区域,方便快速操作。

单击控制菜单右侧的"自定义快速访问工具栏"下拉按钮 ，选择"其他命令",如图 3.1 所示,用鼠标单击菜单项可以选中或取消相应的菜单项内容,选中则将某项添加到自定义快速访问工具栏中,取消选中则可以将现有的快速访问工具栏图标删除。

图 3.1 快速访问工具栏

快速访问工具栏默认放在功能区上方,也可以调整到功能区下方。单击"快速访问工具栏"右侧的下拉箭头 ，在弹出的菜单中选择"在功能区下方显示",则可以实现此操作;反之,可以按同样操作将"快速访问工具栏"调至功能区上方。这个设置完全取决于用户的使用习惯。

步骤 2：单击【文件—选项】，弹出"Excel 选项"对话框。在"Excel 选项"对话框的左侧栏中单击"快速访问工具栏"，再选择"常用命令"中的某个命令，单击【添加】按钮，则可以将命令添加到快速访问工具栏，如图 3.2 所示。

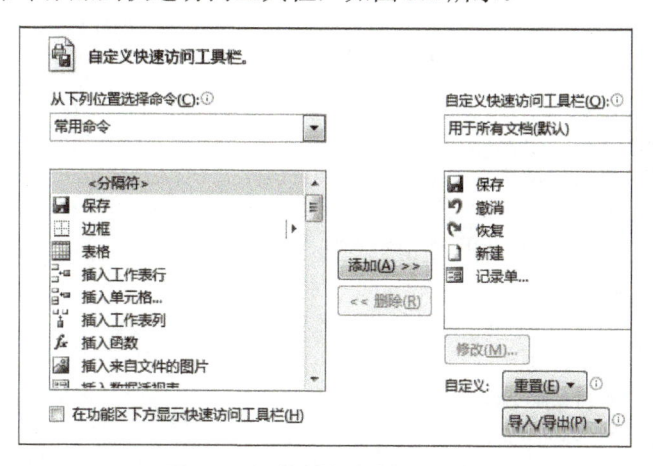

图 3.2　自定义快速访问工具栏

也可以将"在功能区下方显示快速访问工具栏"选项选中，这样，快速访问工具栏就不会在标题栏左侧出现，而是在功能区的下面出现。

下面添加几个非常有用的功能到快速访问工具栏：

在"从下列位置选择命令"下拉列表中选择"不在功能区中的命令"（见图 3.3），然后在下面的列表中找到"记录单"（见图 3.4），再单击【添加】按钮，将其放到快速访问工具栏中。再采用同样的方法，将"照相机"（见图 3.5）添加到快速访问工具栏中，单击【确定】按钮完成设置。这时，在快速访问工具栏中，就会出现刚添加的命令按钮。

图 3.3　"不在功能区中的命令"选项　　图 3.4　"记录单"选项　　图 3.5　"照相机"选项

如果已设置了"快速访问工具栏"，可以恢复默认设置。其操作为：单击【文件—选项】，再单击左侧的"快速访问工具栏"，然后单击右侧自定义选项的"重置"，选择"重置所有自定义项"即可，如图 3.6 所示。

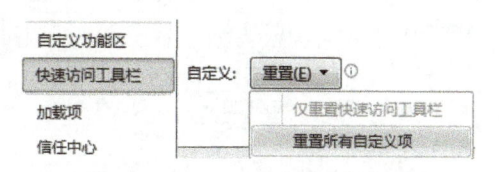

图 3.6　自定义快速访问工具栏

步骤 3：综合设置。综合设置包括默认工作表数量、自动保存时间、行标列标样式、自定义序列等内容。

①单击菜单【文件—选项】，出现"Excel 选项"对话框，如图 3.7 所示。

图 3.7 "选项"对话框

②单击左侧"常规"，在"常规"选项中，单击"字号"旁的下拉按钮，如图 3.8 所示，可以改变默认的字号大小。单击"包含的工作表数"旁的数字框，改为 5，则下次打开工作簿时，默认包含的工作表数量是 5。

③单击左侧"保存"，出现"保存"选项，如图 3.9 所示。在"将文件保存为此格式"选项中，可以更改文件保存格式，用户可以选择任意 Excel 2010 支持的格式保存。在"保存自动恢复信息时间间隔"选项中，可以设置自动保存文档的时间间隔，以防断电等意外导致的信息丢失，系统默认时间间隔是 10 分钟。在"默认文件位置"选项中，可以设置文档默认存放在计算机中的位置。

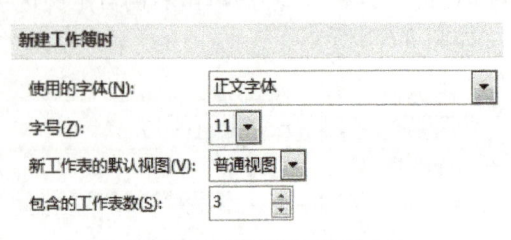

图 3.8 常规选项设置

图 3.9 "保存"选项

④单击左侧"高级"选项，出现如图 3.10 所示界面。

在"编辑选项"中，单击"按 Enter 键后移动所选内容方向"的下拉箭头，可以设置按回车键后，光标默认的移动方向。勾选"自动插入小数点"，再设置"位数"，可以设置输入的数值的小数位数。勾选"启用填充柄和单元格拖放功能"，其作用是在使用到序列时，可以拖动填充柄产生序列。

图 3.10 "高级"选项的"编辑选项"

> **注 意**
>
> 在勾选"自动插入小数点"选项后，任意输入的数字将被设置为带有小数的格式。如设置小数为 2 位，在输入数字 12345 后，则显示为 123.45，原始数字被自动设置为两位小数。同理，如果输入 3，则显示为 0.03，但是，如果在输入的任意数字中带有小数点，则此法失效，如输入 12.3 或 12.（仅有小数点，不带小数位数），则显示不变。此法在会计等有固定位数数字的输入上十分有用。

"高级"选项的"显示"选项（见图 3.11）在"标尺单位"下拉列表中，可以选择 Excel 2010 中使用的标尺单位，可供选择的有：英寸、厘米和毫米，如图 3.12 所示。

勾选"在任务栏中显示所有窗口"，则所有打开的工作簿在任务栏均可见，否则只出现当前工作簿窗口，仅当当前工作簿最小化后，可以出现最小化的工作簿窗口，单击可以还原。

图 3.11 "高级"选项的"显示"选项　　　图 3.12 标尺单位

勾选"显示编辑栏"，则在工作簿窗口中出现编辑栏，编辑栏位于功能区的下方 ，包括"名称框"和"编辑栏"两个部分，编辑栏对 Excel 2010 的操作十分有用，一般默认设置为显示编辑栏。

⑤单击"选项"窗口左侧"自定义功能区"，可以设置功能区的内容，还可以设置某些功能是否出现在功能区中，如图 3.13 所示。

图 3.13　自定义功能区

勾选"开发工具"，再单击【确定】按钮，则"开发工具"出现在功能区中。

⑥单击左侧"加载项"选项如图 3.14 所示，在右侧窗口中出现当前的加载项内容，单击【转到】按钮，弹出"加载宏"对话框，在该对话框中出现可用的加载宏和已被加载的宏，如图 3.15 所示。

图 3.14　管理加载项

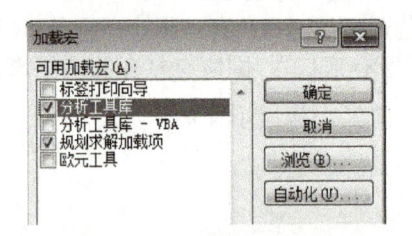

图 3.15　"加载宏"对话框

提　高

1. 加载宏是一段特殊的程序代码，被勾选的加载宏会随着程序的启动而启动。

2. 加载宏是基于 Excel 自身数据分析和处理的一些功能模块。启动这些功能模块之后，会有相应功能类别下的功能来解决某个方面或领域的问题。

勾选要使用的宏，如"标签打印向导"，单击【确定】按钮，这时，软件中增加了"标签打印向导"功能，可以方便地打印标签。

子任务 4　认识 Excel 2010 的工作界面

Excel 2010 窗口与普通的窗口十分相似，均包含控制菜单、标题栏、窗口控制按钮、边框等，只是没有了传统的菜单，取而代之的是功能区。启动 Excel 2010 后，就出现 Excel 2010 工作窗口，如图 4.1 所示。

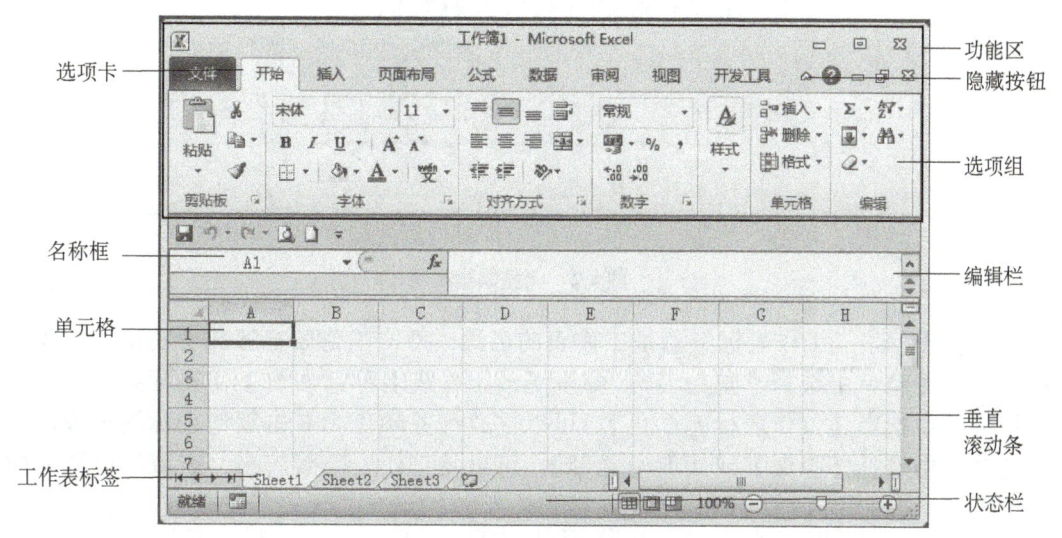

图 4.1　Excel 2010 工作窗口

功能区：功能区包括选项卡和选项组。单击功能区右上方的折叠按钮 ⌃，可以将功能区隐藏，当鼠标单击某选项卡时，该功能区才全部显示；在功能区隐藏状态下，单击 ♡ 按钮或按 Ctrl+F1 组合键，完全显示功能区。

选项卡：选项卡是 Excel 2010 操作界面的一个重要组成部分。选项卡中包含了多个选项分组，每个选项组中包含了多个甚至多级子菜单，用户可以在使用过程中自定义选项卡和选项组。

选项组：选项组由一些操作命令按钮组成，这些命令按钮可以是图标，也可以是文字。有的按钮其实就是菜单组中某个级联菜单项，但是将它添加到工具选项组上，操作起来会更方便快捷。

名称框：Excel 2010 中的名称框位于编辑栏左端的下拉列表框中，它主要用于指示当前选定的单元格、图表项或绘图对象。灵活运用名称框，对提高 Excel 的使用效率有很大帮助。

编辑栏：在 Excel 工作表中选择某个单元格后，单元格中的文本或公式内容会显示在编辑栏中。当所选的单元格内容超出一行时，编辑栏仍然显示为一行，这时可以通过多种方法来调整编辑栏高度。方法一，单击编辑栏右侧的上下箭头逐行阅读；方法二，按快捷键 Ctrl+Shift+U 展开或折叠编辑栏；方法三，将鼠标指针放到行标题和编辑栏之间，鼠标指针变成上下箭头状，双击鼠标会将编辑栏调整到最适合的高度，或上下拖动鼠标调整编辑栏高度，如图 4.2 所示；方法四，右击编辑栏，在弹出的快捷菜单中选择"扩充编辑栏"即可扩展编辑栏，要折叠编辑栏，可再次右击编辑栏，选择

13

"折叠编辑栏"。

图 4.2　调整编辑栏

工作表标签：工作表标签就是工作表的名称。双击工作表标签或者右击工作表在弹出的快捷菜单中选择"重命名"，即可更改工作表名称；右击工作表标签在弹出的快捷菜单中选择【工作表标签颜色】，可以更改标签颜色。右击工作表标签在弹出的快捷菜单中选择【隐藏】或【取消隐藏】，可以将工作表隐藏起来，或取消已隐藏的工作表。

任务 2 创建职工数据工作簿

任务说明

本任务主要是将文字数据电子化，即将各种类型的数据输入到 Excel 2010 中，形成电子表格，这也是信息化工作的第一步，有了电子数据后才可以进行数据处理和分析。不同类型的数据输入时有一定的方法和技巧，输入到 Excel 2010 工作表中的数据要有一定的逻辑性，也就是说相关数据输入到一个工作表中，形成一个"二维表"。

由于各种原因，用户输入的数据可能会发生错误或偏差，特别是大批量的数据输入到 Excel 软件中，数据必须进行校验，防止源头上的错误。因此，要利用各种方法来提高数据输入的速度和准确性。

任务结构

子任务 5　创建空白工作簿
子任务 6　创建职工数据工作簿
子任务 7　利用填充产生数据
子任务 8　利用序列产生数据
子任务 9　利用记录单快速有效地输入数据
子任务 10　利用数据有效性提高数据输入的准确性
子任务 11　导入外部数据

通常情况下，Excel 文件就是指 Excel 的工作簿文件，如果把工作簿比作书本，那么工作表就类似于书本中的书页，工作表是工作簿的组成部分。工作簿在英文中叫做"Workbook"，而工作表则称为"Worksheet"，大致也就是包含了书本和书页的意思。

Excel 2010 工作簿文件是扩展名为 xlsx（Excel 1997—2000 默认的扩展名为 xls）的文件，这是 Excel 2010 最基础的电子表格文件类型。

1. 启用宏工作簿 xlsm 文件

启用宏的工作簿，是自 Excel 2007 以后的版本所特有的，是基于 XML 和启用宏的文件格式，用于存储存 VBA 宏代码或者 Excel 4.0 宏工作表，这也是基于安全考虑，普通工作簿无法存储宏代码，而保存为这种工作簿则可以保留其中的宏代码。

2. 加载宏 xlam 文件

加载宏是一些包含了 Excel 扩展功能的程序，基中既包括 Excel 自带的加载宏程序（如分析工具库、规划求解等），也包括用户自己或者第三方软件厂商创建的加载宏程序（如自定义函数、命令等）。加载宏文件（xlsm）就是包含了这些程序的文件，通过移植加载宏文件，用户可以在不同的计算机上使用扩展功能的加载宏程序。

3. 工作区文件 xlw 文件

当用户处理一些较为复杂的 Excel 工作时，通常会用到多个工作簿，通过工作区的功能可以很方便地为用户记住这些工作所需要处理的工作簿。

子任务 5　创建空白工作簿

工作簿文件是用户进行 Excel 2010 操作的主要对象和载体。用户使用 Excel 2010 创建数据表格、在表格中进行编辑以及操作完成后进行保存等一系列操作的过程，大都是在工作簿这个对象上完成的。默认打开一个 Excel 2010 程序窗口，里面有一个工作簿[①]。

启动 Excel 2010 软件后，系统将自动创建一个工作簿，名称为"工作簿 1.xlsx"。

创建空白工作簿有以下 4 种方法。

第一种方法：双击桌面的"Microsoft Office Excel 2010"快捷方式图标，这也是启动 Excel 2010 软件最常用的一种方法。

第二种方法：单击【开始菜单—所有程序—Microsoft Office—Microsoft Excel 2010】。

第三种方法：右击桌面，在弹出的快捷菜单中选择【新建—Microsoft Excel 工作表】，这样可以在桌面新建一个 Excel 工作簿，如图 5.1 所示。

图 5.1　新建 Microsoft Excel 工作表

双击在桌面上创建的工作簿可以启动 Excel 2010 软件。与此类似的方法是，双击现成的 Excel 2010 工作簿，都可以启动软件，并编辑此工作表。这是编辑工作簿最常用的方法，对有数据的工作簿进行编辑修改，也可以采用这种方法。

第四种方法：单击【开始—运行】，在浏览窗口中找到 Excel 2010 程序文件所在位置，一般存放的路径是"C:\Program Files\Microsoft Office\OFFICE14\Excel.exe"，然后，单击【确定】按钮，系统会运行 Excel 程序，与第一种方法殊途同归。

[①] Excel 2010 程序窗口可以没有工作簿，通过新建工作簿可以创建。

创建了工作簿的同时，也同时创建了工作表，因为工作表只能存在于工作簿中。一个工作簿默认包含 3 张工作表，名称是：Sheet1、Sheet2 和 Sheet3。

工作簿中默认工作表的数量设置参见"任务 1 中的子任务 3"。

> **注 意**
>
> 1. 新建工作簿在保存时，会弹出"另存为"对话框。
> 2. 如果正在编辑的文件没有保存，在关闭或退出软件时，软件会提醒保存。
> 3. 菜单中的【文件—关闭】选项，仅对正在编辑的文档而言，是结束正在编辑的文档，但是 Excel 2010 软件仍处于运行状态。

> **提 高**
>
> 从 Microsoft Office 2007 开始，就引入了 Open XML 格式，文件的扩展名默认加上"X"后缀，这类文件不能包含 VBA 宏和 Active X 控件，安全风险大大降低。扩展名中带"M"后缀的文件，可以包含 VBA 宏与 Active X 控件。

子任务 6　创建职工数据工作簿

企业进行数据管理之前，必须对大量的信息进行电子化，即将这些信息输入到计算机中去，尤其是大中型企业，如果没有一个统一的资料存档，在查找职工资料或者进行统计分析时，将会十分烦琐，效率也十分低。

数据组织"必须是规范化的[①]"，至少达到第三范式（3NF），因此创建职工数据工作簿时，应尽量遵守规范化约束条件，具体要求请参照相关书籍。

对应文件"6 职工基本数据"。

步骤 1： 单击"快速访问工具栏"中的"新建" 按钮，或者单击【文件—新建】，在可用模板窗口中单击【空白工作簿】，如图 6.1 所示。

图 6.1　新建空白工作簿

---

① 黄梯云，《管理信息系统》第 4 版，150 页。

17

步骤 2：将光标移至窗口左下角工作表标签"Sheet1"上右击，在弹出的快捷菜单中选择"重命名"，将其重命名为"职工基本数据"，按回车键确认完成，如图 6.2 所示。

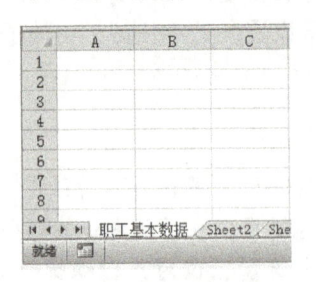

图 6.2　创建职工数据工作簿

技 巧

1. 在工作表标签区域右击鼠标，在弹出的快捷菜单中选择【工作表标签颜色】，可以更改工作表标签颜色，如图 6.3 所示。

2. 在工作表标签区域右击鼠标，在弹出的快捷菜单中选择【隐藏】，可以将整张工作表隐藏。右击非隐藏工作表标签，在弹出的快捷菜单中选择【取消隐藏】，在弹出的对话框中选择需要取消隐藏的工作表，则可以显示被隐藏的工作表。

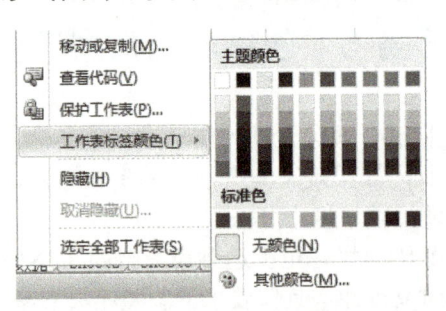

图 6.3　更改工作表标签颜色

步骤 3：在 A1 至 H1 单元格分别输入：序号、姓名、性别、出生日期、学历、工资、部门、联系方式。可以看出，上述数据是一个表格的第一行，在数据库管理中，称为"字段"或"属性"。

技 巧

1. 在输入内容的过程中，如果需要修改单元格内容，可以选择该单元格，再按 F2 键，进入内容编辑状态，再进行内容的编辑，也可以双击该单元格进行编辑。

2. 如果选中某个单元格直接输入数据（不是内容编辑状态），则新内容会替换原单元格内容。

3. 在 Excel 2010 中，工作簿即使保存后，仍可以使用"撤销"功能，恢复工作表到上一编辑状态。

步骤 4：输入序号列和工资列。

单击 A2 单元格，输入 1，按回车键；单击 A3 单元格，输入 2，按回车键；依此类推输入数据。如果按回车键，光标没有往下移动，请参见"任务 1 中的子任务 3"中"按 Enter 键后移动所选内容"的设置，如图 6.4 所示。

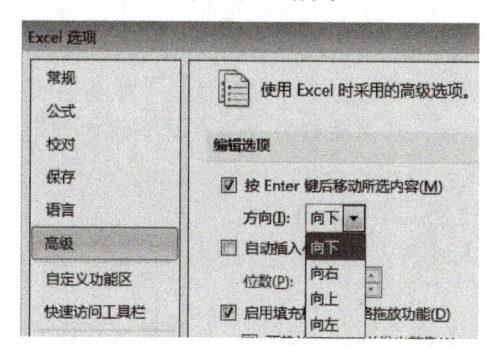

图 6.4　设置按 Enter 键后光标移动方向

同样，单击 F2 单元格，在工资列输入相应的工资数据，如图 6.5 所示。

图 6.5　输入数据

> **提高**
>
> 1. 序号与工资列输入的都是代表数量的数字形式（工资数据也可以称为货币形式），例如成绩、产值、身高、体重、温度等。数值可以是正值，也可以是负值，这些值都可以进行计算，如加、减、乘、除、求和、求平均等。
>
> 2. 在 Excel 中，一些特殊符号也被理解为 Excel 数值，如：百分号（%）、货币符号（￥、千分号（，）以及科学计数符号（E）。

步骤 5：输入联系方式。

单击 H2 单元格，在编辑栏输入"'13113154321"，再单击编辑栏左侧的 ✓ 确定输入，如图 6.6 所示。

图 6.6　输入联系方式

19

提 高

1. 联系方式中的内容为电话号码，看起来是数字，但这类数字不代表数量，不需要进行数值计算，因此在输入时，当作文本来处理。除了电话号码外，身份证号、股票代码、工号等，都属于文本型数值。

2. 在输入"文本型数值"时，为了与"数值型"数据区别开来，因此先输入前导控制符"'"（英文单引号），输入的单元格左上角会有个绿色标记。

步骤 6： 输入姓名、性别、学历和部门列。

单击 B2 单元格，输入姓名，按回车键确认。单击 C2 单元格，输入性别。以此类推输入。

Excel 2010 默认按回车键光标往下移动，如果需要更改设置，单击【文件—选项—高级】，如图 6.7 所示。

技 巧

1. 在输入性别时，如果输入本列的重复值，可以按 Alt+↓ 快捷键，在下拉菜单中进行选择即可。注意：使用此方法，上下数据之间不可以有空行。

2. 在单元格内输入文本数据时，若要换行输入文本，即手动换行，可以按快捷键 Alt+回车键。

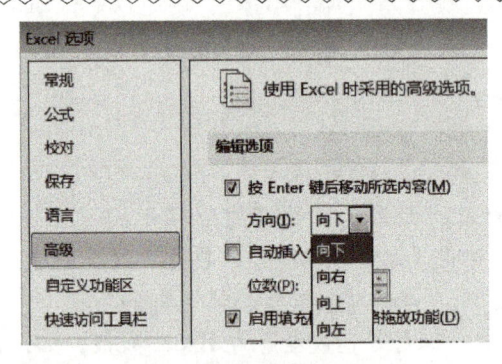

图 6.7 更改光标移动方向

步骤 7： 输入出生日期。

单击 D2 单元格，再单击编辑栏输入"1980/6/20"，按回车键确定输入，如图 6.8 所示。

图 6.8 输入出生日期

在输入出生日期时，年月日之间可以用"/"、"－"（英文状态字符）分隔，也可以用汉字（年、月、日）或英语（如：March 8，Mar 8）分隔，Excel 2010 均可以自动识别，但是"."不可以用做日期分隔符。

> **技 巧**
>
> 1. Excel 2010 中输入当前日期可以按快捷键 Ctrl+;，输入当前时间按快捷键 Ctrl+Shift+;。
> 2. 可以在单元格输入 NOW()函数得到当前的日期时间，输入 TODAY()函数得到当前的日期。这两个函数属于易失性函数，随工作簿的打开而更新结果。

> **注 意**
>
> 1. Excel 2010 有强大的自动识别技术，如输入"2/28"，会被识别为 2 月 28 日，而输入"2/31"，则被识别为字符串。这点需要读者细细体会。
> 2. 在 Excel 2010 中，数字、时间日期默认右对齐，字符默认左对齐，逻辑值和错误值默认为居中。
> 3. Excel 2010 的一个单元格中的数字有效位数总和最大为 15 位。整数部分超过 15 位，则显示为 0；小数部分超过 15 位，则截去超过部分。

> **提 高**
>
> 1. Excel 中时间与日期是以 1900 年 1 月 0 日 0 时为基准的（这个日期不存在），基准日期后每过一天，计数 1，以此类推，32 则为 1900 年 2 月 1 日，1/24 则为 1 小时，这样就将日期时间与数字联系起来。因此，一个数字，如 20.5，根据用户的设置，显示出不同的形式，如果设为数值，则显示 20.5，如果设置为日期，则显示为 1900 年 1 月 20 日中午 12 时。
> 2. 如果一个单元格里面是日期，将内容删除后，输入一个数值，则软件自动将数字格式改为日期形式，这称之为"格式保留"。要想改变格式保留，可以删除单元格再输入，也可以清空格式，单击【开始—（编辑）—清除】，再单击"清除格式"即可（见图 6.9），也可以更改单元格格式设置，单击【开始—（数字）】格式列表框进行更改设置，如图 6.10 所示。

图 6.9 "清除格式"命令 　　图 6.10 数字格式列表框

21

步骤 8：保存工作簿。
方法一：单击快速访问工具栏中"保存"按钮 ■。
方法二：单击菜单【文件—保存】。

在弹出的"另存为"对话框中输入文件名。在"另存为"对话框中，单击【工具—常规选项】，如图 6.11 所示，在打开的"常规选项"对话框中可以对文件设置"打开权限密码"和"修改权限密码"，如图 6.12 所示。设置完成后，再次打开文件时，工作簿会提示输入密码，否则不能打开。

图 6.11　选择"常规选项"　　　　图 6.12　设置文件密码

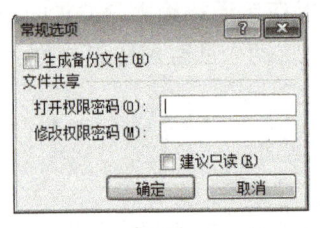

子任务 7　利用填充产生数据

如果用户输入的数据带有某些"规律"，如连续的数字（1、2、3…），具有相同间隔的天日期（1 月 5 日、1 月 10 日、1 月 15 日）等，可以利用 Excel 2010 提供的填充功能，以实现快速输入。

填充一般是用户在前几个单元格输入数据，为 Excel 2010 提供识别内容及顺序信息，然后 Excel 2010 使用自动填充功能时，自动按照序列中的元素、间隔顺序来依次填充。

使用填充时，首先要确保"单元格施放"功能被启用，操作方式见"任务 1 中的子任务 3"（见图 1.27）。

对应文件"7 利用填充产生数据"。

步骤 1：单击工作表标签"填充"，再单击 A1 单元格，在 A1 单元格中输入 1；然后单击 A2 单元格，在 A2 中输入 2。

步骤 2：选中 A1：A2 区域，将鼠标移到选中区域的右下角，鼠标箭头变成黑色实心十字　　（称为填充柄）时，按住鼠标左键，向下拖曳到 A10 单元格。

这时，A3 至 A10 会出现 3 至 10 的数字，如图 7.1 所示。

步骤 3：单击 B1 单元格，在 B1 中输入 2。
步骤 4：单击 B2 单元格，在 B2 中输入 4。
步骤 5：选中 B1：B2 区域，将鼠标移到选中区域的右下角，鼠标箭头变成黑色实心十字（称为填充柄）时，双击左键，填充完成，如图 7.1 所示。

	A	B	C	D	E
1	1	2	1月	1月1日	1月31日
2	2	4	2月	1月2日	2月29日
3	3	6	3月	1月3日	3月31日
4	4	8	4月	1月4日	4月30日
5	5	10	5月	1月5日	5月31日
6	6	12	6月	1月6日	6月30日
7	7	14	7月	1月7日	7月31日
8	8	16	8月	1月8日	8月31日
9	9	18	9月	1月9日	9月30日
10	10	20	10月	1月10日	10月31日

图 7.1 填充

步骤 6：单击 C1 单元格，在 C1 中输入"1月"。

步骤 7：移动鼠标到 C1 单元格的右下角，当鼠标出现"填充柄"形状时双击左键，填充完成，整个单元格填充"1月"至"10月"，如图 7.1 所示。

步骤 8：单击 D1 单元格，在 D1 中输入"1/1"，Excel 2010 识别为"2016 年 1 月 1 日[①]"。

步骤 9：移动鼠标到 D1 单元格的右下角，当鼠标出现"填充柄"形状时双击左键，填充完成，整个单元格填充"1 月 1 日"至"1 月 10 日"，如图 7.1 所示。

步骤 10：单击 E1 单元格，输入"1/31"，系统转换为"1 月 31 日"。单击 E2 单元格，输入"2/29"，系统转换为"2 月 29 日"。

步骤 11：选中 E1：E2 区域，双击填充柄，填充完成，系统以每月的最后一天[②]填充到 E10 单元格，如图 7.1 所示。

> **提 高**
>
> 1. 不同的数据，在使用填充柄施放填充时，数据处理方式不一样。对于单个数值型数据，处理为复制方式填充。对于两个及两个以上的数据区域，处理方式为等差填充。对于纯文本型数据（包括数值型文本），处理方式为复制方式填充。对于日期型数据，处理为顺序填充。
>
> 2. 如果按住 Ctrl 拖放，上述默认方式会发生逆转，复制变填充，填充变复制。

步骤 12：单击 F1 单元格，输入 1，再单击 F2 单元格，输入 3。

步骤 13：选中 F1、F2，拖动区域的填充柄到 F10 单元格，结果默认是等差填充。

步骤 14：单击【开始—（编辑）—填充—系列】，如图 7.2 所示，在打开的"序列"对话框中，"类型"选择"等比序列"，"步长值"为 3，如图 7.3 所示，单击【确定】按钮。在相应区域产生一个以 3 为公比的等比数列。

步骤 15：单击工作表标签"带 Ctrl 的填充"，在 A1、B1 单元格分别输入数字 1。

步骤 16：拖动 A1 单元格的填充柄到 A10，区域内自动产生填充值 1。

步骤 17：单击 B1 单元格，按住键盘 Ctrl 键，再拖动 B1 单元格的填充柄到 B10，产生递增的填充值 1~10。

---

① 根据操作日期不同，年份会不同。
② 本例操作的年份为 2016 年，闰年，2 月的最后一天是 29 日；如果非闰年，2 月的最后一天则改为 28 日。

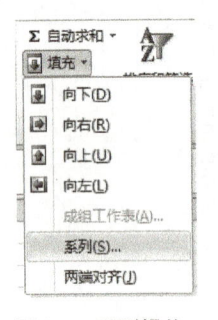

图 7.2　系列操作 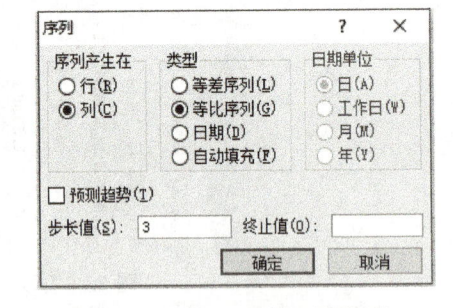　　　　　　　图 7.3　"序列"对话框设置等比

步骤 18：在 C1、C2 单元格中分别输入"第 1"和"第 2"。在 D1、D2 单元格分别输入"第 1"和"第 2"。

步骤 19：选中 C1 和 C2 单元格，拖动填充柄到 C10，产生填充数据"第 1、第 2……第 10"。

步骤 20：选中 D1 和 D2 单元格，按住 Ctrl 键并拖动填充柄到 D10，则循环产生填充数据"第 1、第 2"，如图 7.4 所示。

图 7.4　带 Ctrl 的填充

步骤 21：工作日填充。

单击 E1 单元格，输入日期"2017/11/1"，拖动 B1 单元格的填充柄到 B10 单元格，系统自动以"日"为单位填充，最后日期为"2017/11/10"。单击【开始—（编辑）—填充—系列】，弹出"序列"对话框。在该对话框的"类型"中点选"日期"，在"日期单位"类型中点选"工作日"，单击【确定】按钮。原有的日期数据序列中已没有双休日，如图 7.5 所示。

另一种操作方法是：填充完成后，松开鼠标左键，在区域右下角会出现"自动填充选项"按钮，如果单击该按钮，则会出现"自动填充选项方式"，在选项中选择"以工作日填充"，如图 7.6 所示。

图 7.5　产生工作日序列 　　　　　图 7.6　以工作日填充选项

子任务 8　利用序列产生数据

用户可以将带有规律的数据"告诉"Excel，当用户再次使用到这些数据时，Excel软件可以快速地按用户"预定"的内容生成，这些存放在计算机中的数据称为序列。

填充与序列的最大区别在于：填充是计算机自动产生的，不同版本的 Excel 软件都可以用填充方式生成数据；而序列则需要用户事先设定在 Excel 软件中，而且不同机器中的序列不尽相同，因此在某台计算机的 Excel 软件中可以产生某个序列，而换另一台机器则可能产生不了同样的序列[①]。

Excel 2010 中默认已存入一部分序列值，用户可以直接使用，也可以自定义序列值，存放在 Excel 软件中，将来在数据输入、排序等方面将会十分有用。

对应文件"8 利用序列产生数据"。

步骤 1： 单击工作表标签"序列"，再单击 A1 单元格，输入"星期一"。拖曳 A1 单元格的填充柄到 A10，系统自动产生星期序列[②]，如图 8.1 所示。

步骤 2： 单击 B1 单元格，输入"周一"。双击 B1 单元格的填充柄，系统自动产生关于周几的序列（如果此步骤不能完成，请参照本子任务的步骤4）。

步骤 3： 单击 C1 单元格，输入"jan"。双击 C1 单元格的填充柄，系统自动产生关于月份简写的序列。整个序列如图 8.1 所示。

图 8.1　序列值

步骤 4： 用户自定义序列。

单击【文件—选项—高级—（常规）—编辑自定义列表】，出现"自定义序列"对话框，如图 8.2 所示。

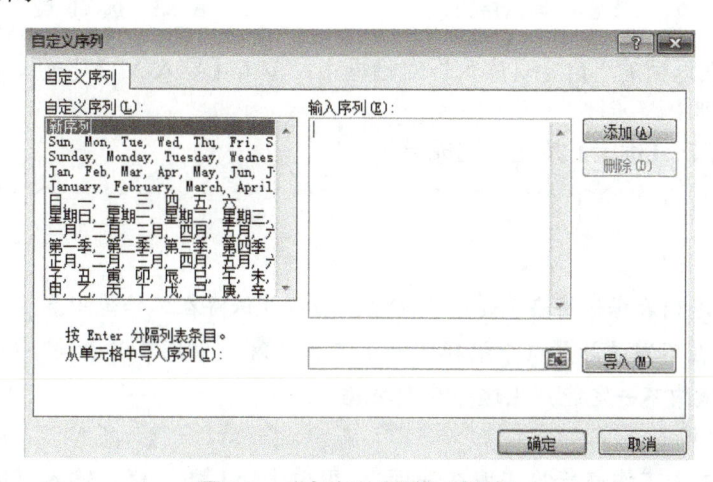

图 8.2　"自定义序列"对话框

---

① Excel 在安装时，默认安装了常用的一些序列。
② 如果没有定义序列，则会产生一个重复的填充。

从图 8.2 中可见系统已经设置了一些序列值，在"自定义序列"框中单击"新序列"，在"输入序列"框中输入"周日、周一、周二、周三、周四、周五、周六"，每个数据占一行并且不要带任何标点符号，如图 8.3 所示。

单击【确定】按钮返回，再单击【确定】按钮退出选项设置；设置完成后，可以在工作簿中使用该序列输入数据。

图 8.3 自定义新序列

> **技 巧**
>
> 1. 序列填充使用方式相当灵活，不一定要从序列的第一个值开始填充，可以从任意值开始。
> 2. 当填充到序列值的尾部时，下一个填充数据将从序列的第一个值开始，循环填充。

步骤 5：单击 D1 单元格，输入"江苏"，在 D2、D3 单元格中分别输入"浙江"、"上海"。

步骤 6：单击【文件—选项—高级—（常规）—编辑自定义列表】，在打开的"自定义序列"对话框中单击【导入】按钮左侧的图标，如图 8.4 所示。再用鼠标拖动选择区域 D1：D3，如图 8.5 所示，然后单击"自定义序列"对话框右侧的按钮。

图 8.4 导入序列 　　　　图 8.5 选择区域

步骤 7：在返回的"自定义序列"对话框中，单击【导入(M)】按钮，将 3 个数据导入到自定义序列中。

步骤 8：单击【确定】按钮，完成导入。

> **注 意**
>
> 1. 自定义序列数据保存在 Excel 软件中，而不是保存在工作簿中。
> 2. 当用户在不同的计算机中编辑同一个工作簿时，原先可以通过序列产生的数据，在新的软件环境中不一定能产生这个序列数据。

步骤 9：单击工作表标签"填充选项"，再单击 A1 单元格，输入"甲"。单击【开始—（字体）— **B** 】，设置内容为加粗格式，再单击【开始—（字体）— **A** 】，在颜色列表中选择红色，最终单元格内容变为红色加粗。

步骤 10：拖动 A1 单元格的填充柄到 A10，区域内按软件设定的序列填充"甲、乙……壬、癸"，且都为红色加粗格式。

步骤 11：自动填充完成后，填充区域的右下以显示"填充选项"按钮，单击"填充选项"按钮，出现菜单，如图 8.6 所示。

如果选择"复制单元格"，则 A1 至 A10 单元格填充为"甲"。

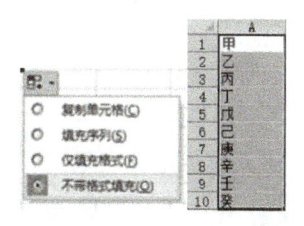

图 8.6 在序列中使用复制

如果选择"仅填充格式"，则单元格的格式被复制到后序区域，相当于"格式刷"，而后序区域的数值没有任何变化。

如果选择"不带格式填充"，则单元格的内容被复制到后序区域，但原单元格的格式不被复制，如图 8.7 所示，填充后，A2:A10 区域的内容没有变为红色加粗。

步骤 12：单击 B1 单元格，输入"星期一"，再单击 B2 单元格，输入"星期二"。

步骤 13：选中 B1：B2 区域，双击填充柄，由于系统中存在关于星期的序列，因此系统自动以序列方式填充到 B10。

步骤 14：单击"填充选项"按钮，选择"复制单元格"，如图 8.8 所示，则在 D3 至 B10 单元格区域中，循环填入"星期一、星期二"，相当于按 Ctrl 键拖动填充柄。

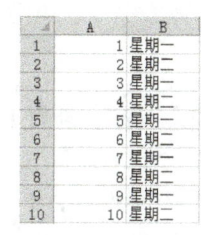

图 8.7 不带格式填充及效果图

图 8.8 填充选项

子任务 9　利用记录单快速有效地输入数据

当需要在 Excel 2010 工作表中输入海量数据时，一般会逐行或逐列地进行输入。Excel 2010 提供了一种叫"记录单"的输入方法，类似于 Visual FoxPRO 或 Access 的数据录入，将数据标题与数据内容对照起来输入。Excel 2010 本身提供的记录单功能不仅可以提供上述数据快速输入功能，还可以设置浏览条件查看数据。要使用记录单功能，一般先将"记录单"快捷按钮调至快速访问工具栏。

对应文件"9 利用记录单输入数据"。

步骤 1：单击【文件—选项—快速访问工具栏】。

步骤 2：在"从下列位置选择命令"下拉列表中选择【不在功能区中的命令】，随后找到【记录单…】命令，如图 9.1 所示。

单击【添加】按钮，将其添加到"自动访问工具栏"当中，此时就可以在快速访问工具栏中找到记录单命令 ，单击【确定】按钮。

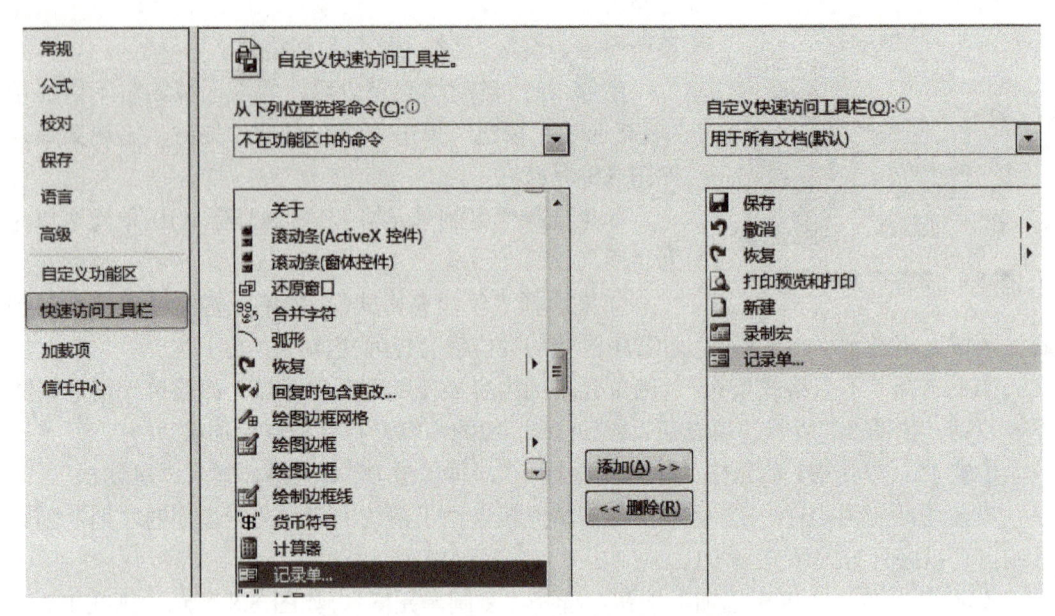

图9.1 设置记录单按钮到快速访问工具栏

> **注意**
>
> 1. 在使用记录单输入数据时，数据清单中的第一行必须是标题，否则 Excel 2010 会提示出错，如图9.2所示。
> 2. 在 Excel 2010 中，很多的数据处理都规定数据区域要有标题行，如"表格"、"数据透视表"等。

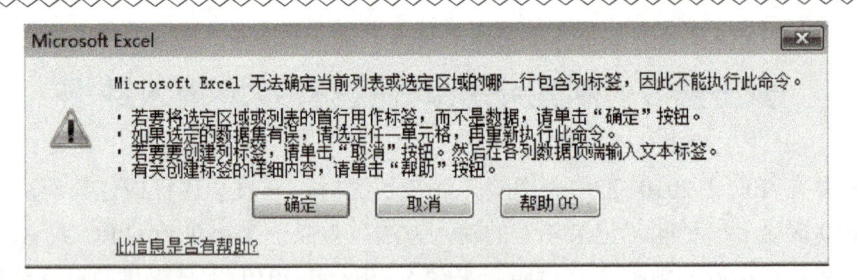

图9.2 记录单出错

步骤 3：单击工作表标签"职工基本数据"，再单击工作表中数据区域的任意单元格，如 A2 单元格，然后单击快速访问工具栏中的【记录单】按钮，出现记录单窗口，如图9.3所示。

单击【上一条】或【下一条】按钮，可以查看已输入的数据。

单击【条件】按钮，出现"条件"对话框。在该对话框的"性别"框中，输入"男"，再单击【表单】按钮，则在窗口中只能浏览显示性别为"男"的记录，如图 9.4 所示。

图9.3 记录单窗口

图9.4 输入条件的记录单

单击【新建】按钮，则按标题行的内容输入新数据，如图9.5所示。

图9.5 利用记录单输入数据

按住键盘上的 Tab 键或者 Shift+Tab 可以在记录单的输入框中来回切换。单击【关闭】按钮结束输入，输入的内容放在原数据清单后面。

步骤4：在选定的区域输入数据。

步骤5：选中 A12 至 H20 单元格区域，在区域内依次输入相应列的数据，按回车键光标往后移动到下一列，如图9.6所示。

图 9.6　在选定区域输入数据

当移动到选定区域的最后一列，再按回车键时，光标移动到第二行的首列（而不是往右移动）。

> **提 高**
>
> 1. 根据需要，步骤 5 还可以变化为列方式输入，首先将光标移动方向改为"向下"，方法参见"本任务的子任务 6"。再选择数据区域，输入数据，如图 9.7 所示，单元格数据输入完毕后，按回车键到下方单元格继续输入，如果到最后一行，则折回到下一列第一行输入，按 Shift+Enter 组合键则可以反向移动光标。
>
> 2. 用户可以根据需要选择快捷的输入方式。

图 9.7　列方式区域输入数

子任务 10　利用数据有效性提高数据输入的准确性

数据有效性的意思是输入的数据必须是"有效的数据"，它是对单元格或单元格区域输入的数据进行"限制"，这样可以提高数据输入的准确性。这种"限制"可以是关于内容的，也可以涉及数据范围，还可以是数据长度、输入法等。数据有效性可以依靠系统检查数据的正确有效性，避免错误的数据录入。

对应文件"10 利用数据有效性提高数据输入的准确性"。

步骤 1： 选中 C12 至 C20 单元格区域。

步骤 2： 单击【数据—（数据工具）—数据有效性—数据有效性】，在弹出的"数据有效性"对话框中选择【设置】选项卡。在"允许"下拉列表中，选择【序列】，在"来源"框中直接输入序列值"男，女"（中间的逗号是英文格式；内容也可以单击来源框右侧的按钮 ，从已有数据中获取序列值）。保持勾选"忽略空值"、"提供下拉箭头"两项，如图 10.1 所示，单击【确定】按钮。

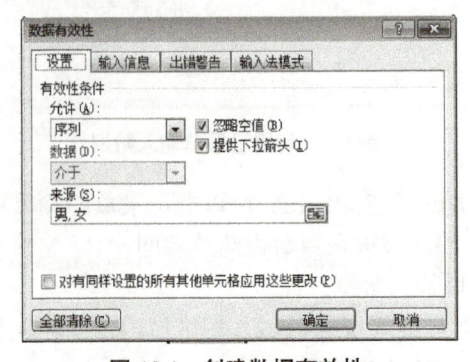

图 10.1　创建数据有效性

> **注 意**
>
> 1. 在数据有效性"来源"文本框中输入数据时，一定要用逗号分隔，且是半角英文格式。
> 2. 在 Excel 2010 中，可以对已存在的数据设置数据有效性，而且允许存在"非有效"数据的存在，而以往的 Excel 版本不允许这么做。

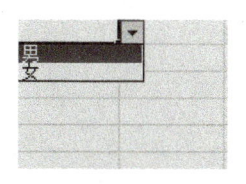

图 10.2 通过数据有效性输入数据

步骤 3： 单击 C12 单元格，在单元格右侧出现下拉箭头，通过箭头选择输入"男"或"女"，如图 10.2 所示。

步骤 4： 利用数据有效性检验输入数据。

通过数据有效性，对将要输入数据的区域进行设定，在输入不符合有效性的数据时，系统将会提示，且不可以输入。

步骤 5： 选中 D12 至 D20 单元格区域，再单击【数据—（数据工具）—数据有效性—数据有效性】，在弹出的"数据有效性"对话框中选择【设置】选项卡。在"允许"下拉列表中，选择"日期"，在"数据"下拉列表中选择"介于"，在"开始日期"和"结束日期"中分别输入"1975/1/1"和"1985/1/1"，如图 10.3 所示。

图 10.3 日期的数据有效性

选中"输入信息"选项卡，勾选"选定单元格时显示输入信息"，在"输入信息"框中，输入"出生日期在 1975 至 1985 之间。"，如图 10.4 所示，单击【确定】按钮。

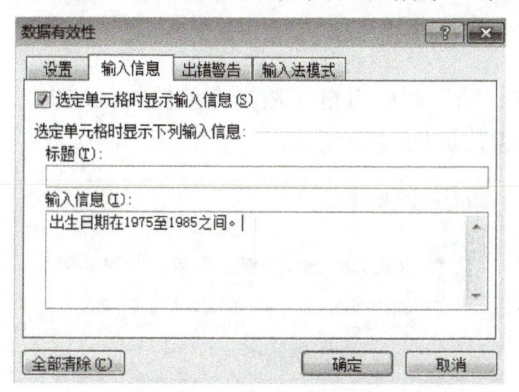

图 10.4 设置输入信息

步骤 6：单击 D12，出现输入提示信息，输入日期"1970/1/1"，按回车键，出现出错信息，如图 10.5 所示。

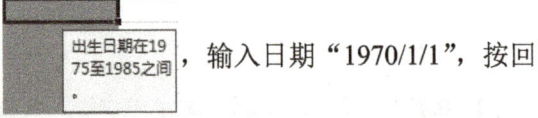

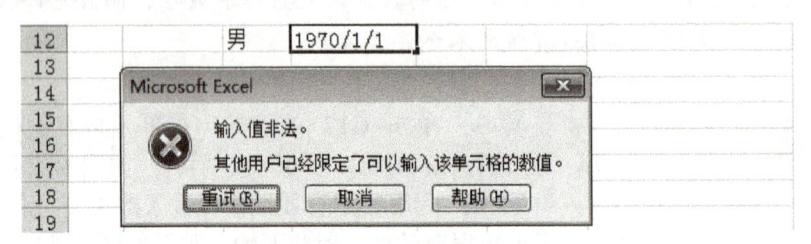

图 10.5　数据有效性出错

此时，输入的数据不满足数据有效性要求，系统提示出错，只能单击【取消】按钮重新输入，这样输入的正确性大大提高。

步骤 7：设置数据有效性的出错警告。

选中 D12 至 D20 单元格区域，再单击【数据—(数据工具)—数据有效性—数据有效性】，在弹出的"数据有效性"对话框中选择【出错警告】选项卡。在"标题"中输入"出生日期输入错误"，在"错误信息"中输入"出生日期介于 1975 年至 1985 年之间，请重输！"，如图 10.6 所示，设置完毕后单击【确定】按钮。

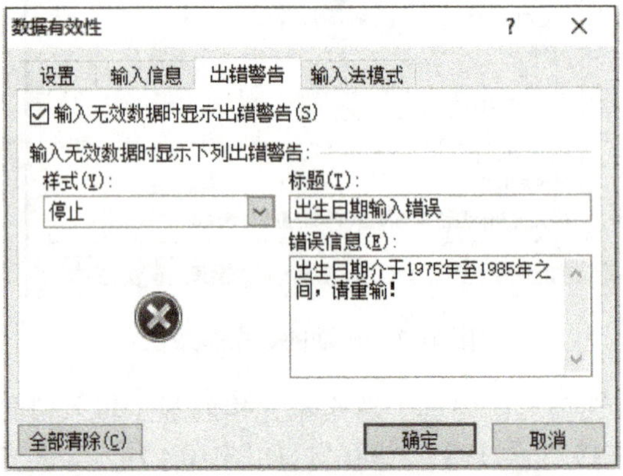

图 10.6　设置出错警告信息

步骤 8：在"出生日期"列中设置了数据有效性的区域内，如果输入不在范围内的出生日期，则会提示错误，如图 10.7 所示。

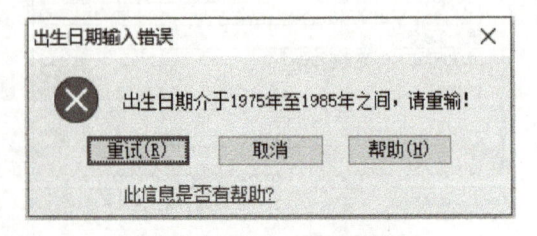

图 10.7　数据有效性错误信息

单击【重试】按钮，返回修改原数据；单击【取消】按钮，则返回重新输入。

> **提 高**
>
> 如果要取消某个单元格的数据有效性，方法一：选中单元格，打开设置"数据有效性"对话框，如图 10.3 所示，在"允许"下拉列表中，选择"任何值"即可；方法二：右击单元格，在弹出的快捷菜单中选择"删除"，在弹出的"删除"对话框中，选择其中一项，再单击【确定】按钮即可。

子任务 11　导入外部数据

如果数据事先已准备好，可以将外部数据导入到 Excel 2010 中，这里以文本文件（TXT）为例，将数据导入到 Excel 2010 中。

对应文件"11 导入购买记录.txt"。

步骤 1： 双击文本文件"11 导入购买记录.txt"，可以看到文本文件内的数据。文本数据的第一行为标题行，从第二行开始，对应是"代码"、"买入单价"和"买入数量"三个数据，如图 11.1 所示。

关闭该文本文件，然后继续操作。

```
代码      买入单价    买入数量
600066   523.98    1617
600029   314.40    1932
600010   356.89    1134
600013   466.05    1266
600073   418.44    1056
600058   363.85    1299
600100   375.10    1222
```

图 11.1　购买记录文本

步骤 2： 单击【文件—打开】，在"文件类型"框中，选择"文本文件"，如图 11.2 所示。

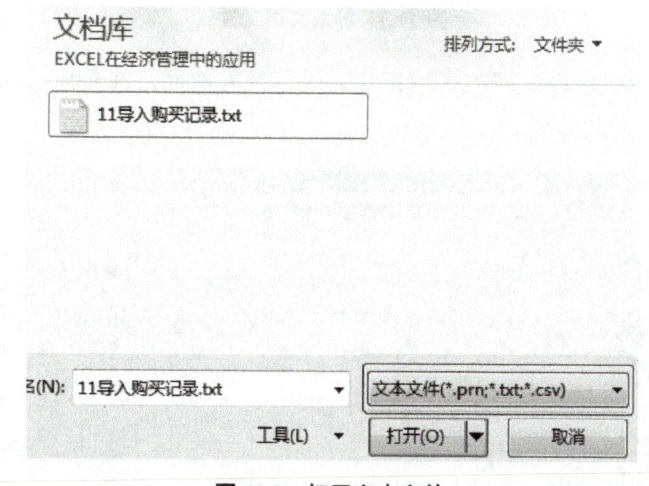

图 11.2　打开文本文件

选择文本文件后，单击【打开】按钮。

步骤 3： 因为原始数据为文本，转换到 Excel 中时，软件要识别原文件以什么符号分隔数据列，或者以固定宽度来区别各列。

33

> **注 意**
>
> 1. 文本文件中使用的间隔符号可以是空格、Tab 键、短线（ - ）、顿号或者是特定的某个符号，这些间隔符号可以很有规律地来区分文字。
> 2. 导入到 Excel 2010 中的文本文件的内容在排列上一定要有规律，这样才能正确地导入。

在弹出的"文本导入向导"中，进行如下操作。

第 1 步，根据内容，选择"分隔符号"，即文本内容通过符号分隔文字，如图 11.3 所示。

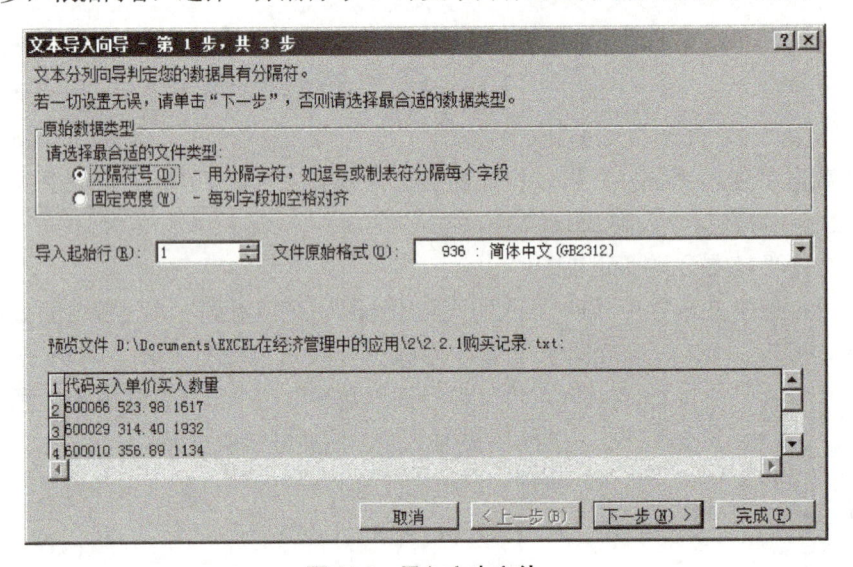

图 11.3 导入文本文件

导入起始行为第 1 行，即整个数据从第一行导入数据，选定后，单击【下一步】按钮，出现如图 11.4 所示界面。

图 11.4 进一步导入文本文件

第 2 步，勾选"Tab 键"。分隔符号可以是 Tab 键、分号、逗号或空格。Tab 键是一个制表位，相当于一个较大的空格，如果文本文件以固定的符号为分隔符，可以选择"其他"，并输入分隔符。

如果连续多个分隔符号出现在文本文件中，可以选择将多个分隔符当作一个分隔符来处理，此时要勾选"连续分隔符号视为单个处理"。

单击【下一步】按钮，出现如图 11.5 所示界面。

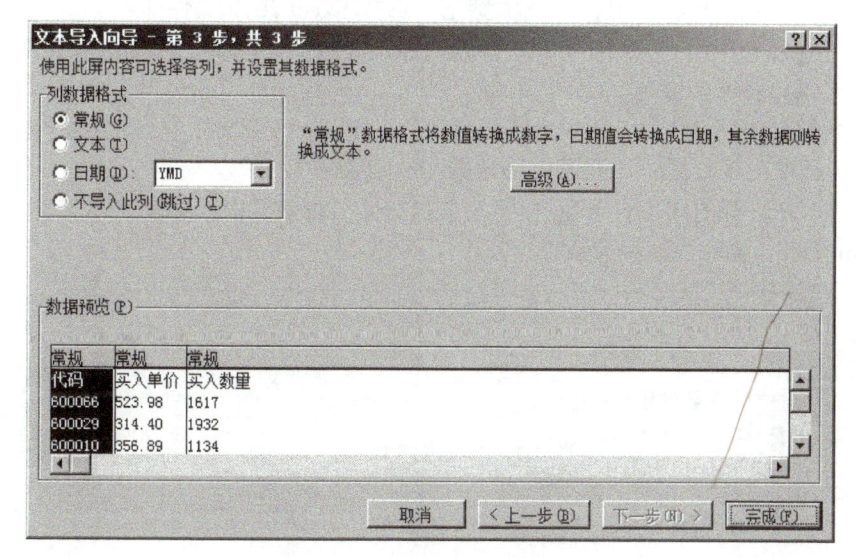

图 11.5 完成导入文本文件

第 3 步，点选"常规"选项。对导入的数据格式进行设置。如果限定的是文本或日期，就做相应选择，如果数值导入成为数字，日期值导入成为日期，其余数据转成文本，则选"常规"。

选中"常规"后，单击【完成】按钮。这时文本文件导入到 Excel 2010 中，构成数据清单，如图 11.6 所示。

图 11.6 导入后的数据

提 高

1. 在 Visual Fox PRO 软件中，打开相应的数据库（.dbc）或数据表（.dbf），然后，回到命令窗口，输入命令"Copy to <文件名> type xls"则可以将原文件转成一个 Excel 工作簿。

2. 在 Visual Fox PRO 软件中，也可以用菜单操作单击【文件—导出】，弹出"导出"对话框。在【类型】下拉列表中选择"Microsoft Excel 5.0（XLS）"，输入文件名，单击【确定】按钮，即可完成转化。

3. 在 Excel 2010 文件打开对话框中，可以选择 dBASE 文件，也可以打开上述数据库文件。

数据转换是计算机领域的一个重要话题，不同软件的数据如何相互转换一直是困挠我们的难题。有的软件提供了转换工具，有的则需要由第三方软件提供转换功能。

> **技 巧**
>
> 1. 一般的数据库软件都会支持与 Excel 2010 的数据交换，或者在数据保存时，单击选择"另存为"对话框，在保存数据类型上，选择 Excel 2010 文件即可。
> 2. 在 Excel 2010 打开对话框中，可以选择不同的文件类型，将相应的文件打开，这样就避免了格式转换的麻烦。

步骤 4：单击【数据—（获取外部数据）—自文本】。

步骤 5：在打开的图 11.7 所示"导入文本文件"对话框中，选择文本文件，或者 csv 文件、prn 文件，操作方法同步骤 2。

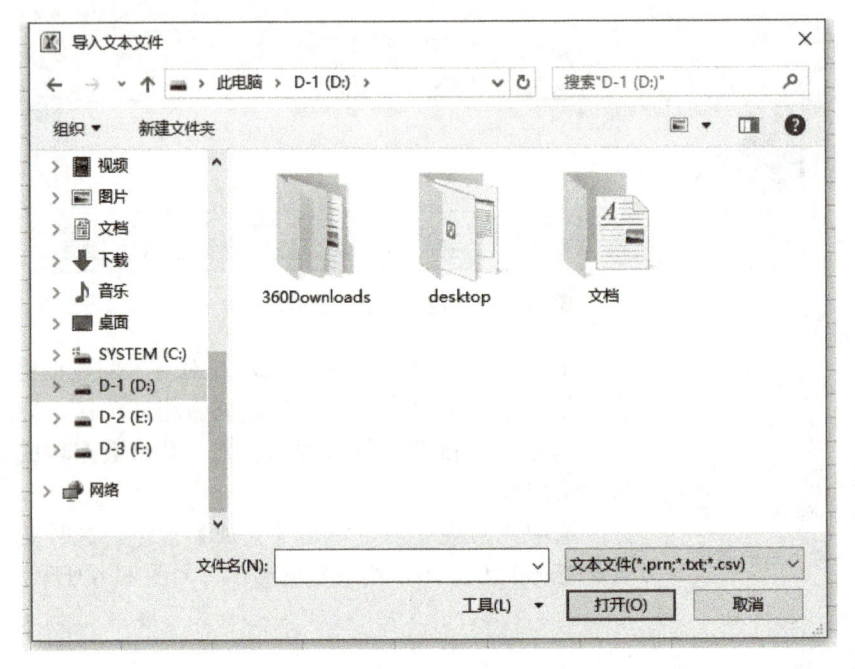

图 11.7 "导入文本文件"对话框

任务 3　编辑与修饰工作簿

任务说明

本任务主要对工作表进行编辑修饰，如字体、字号、单元格的边框、颜色、底纹等，这些属于普通的编辑工作；修饰完毕后，将工作表的打印出来。

本任务中为了防止输入到工作表中的数据出错，有必要对数据进行检查，软件提供了多种数据检查的方法，用户还可以通过不同的方法来浏览工作表数据。

任务结构

子任务 12　选取工作表的行与列
子任务 13　给区域命名
子任务 14　对工作表进行修饰
子任务 15　对数据进行修饰和检查
子任务 16　浏览工作表内容
子任务 17　分类着色浏览工作表内容
子任务 18　打印工作表

子任务 12　选取工作表的行与列

Excel 2010 工作表就是由许多横线与竖线交叉而成的一排排格子。每一行有一个行号，用数字表示；每一列都有一个列号，用字母表示，行列交叉就构成一张二维表格，行列的交叉形成的格子被称为"单元格"，行号与列号构成了单元格的"名字"。

> **注意**
>
> 在 Excel 2010 中，工作表有 1048576 行，16384 列（最后一列为 XFD 列）。早期的工作表没有这么多行与列（Excel 2003 工作表，仅有 65536 行，256 列，最后一列名 IV）。单元格的数量，决定了工作表能够处理数据的最大数量。

Excel 2010 中每个单元格都有一个单元格"名称"，这个"名称"被称为"地址"。单元格地址由列号和行号构成，如：A1，B5，如图 12.1 所示。当选中某个单元格时，行号与列号被加亮显示。

图 12.1 选中 A1 单元格

当选中某个单元格时，在名称框中，就会显示单元格地址。在 Excel 2010 中，若要使用某个单元格内容，只需输入单元格地址就可以了。

> **提 高**
>
> 在 Excel 2010 中，还有一种单元格地址的表示方法，叫做"R1C1"方式，即行号列号式。单击【文件—选项】，在弹出的"Excel 选项"窗口中，单击左侧的"公式"，勾选右侧的"R1C1 引用样式"就可以将地址使用方式改成 R1C1 样式，如图 12.2 所示。

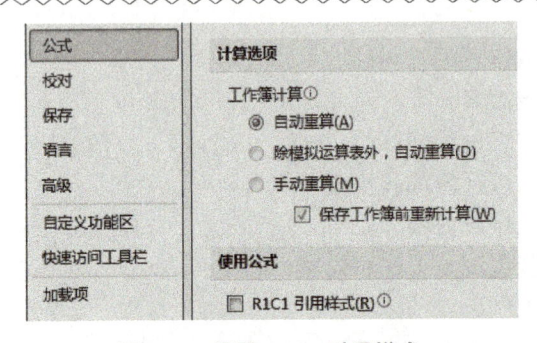

图 12.2 设置 R1C1 引用样式

通过键盘与鼠标相结合，可以进行选定工作表、选定工作表的某个区域、选定多个工作表连续区域或不连续区域、给工作表区域命名等操作。

步骤 1：选定一个连续区域。

拖曳鼠标，可以选中多个单元格，通常是一个矩形区域。如图 12.3 所示，单击 A1 单元格，按住鼠标不放，拖到 C6，就选定 A1 至 C6 区域。通常，书面表示这个区域的方法是：A1：C6。

图 12.3 选中一个区域

步骤 2：选定整行或整列。

单击列号【B】，或单击行号【3】。

> **技 巧**
>
> 1. 整行的表示方法：第一行，表示成"1：1"；A 列，表示成"A：A"；依此类推。
> 2. 如果要表示连续多行，如第三行到第五行，表示成"3：5"；C 列到 F 列，表示成"C：F"。

鼠标单击某个行号标签或者列号标签，即可以选中整行或者整列。当选中某行后，此行的行号标签会改变颜色，所有的列标签会加亮显示，此行的所有单元格也会加亮显示，表示此行当前处于选中状态，如图 12.4 所示。

单击列号【B】，按住鼠标在列号上拖到【D】列，这时选中 B 列到 D 列三个整列。

单击行号【3】，按住鼠标在行号上拖到【5】行，这时选中 3 行到 5 行三个整行。

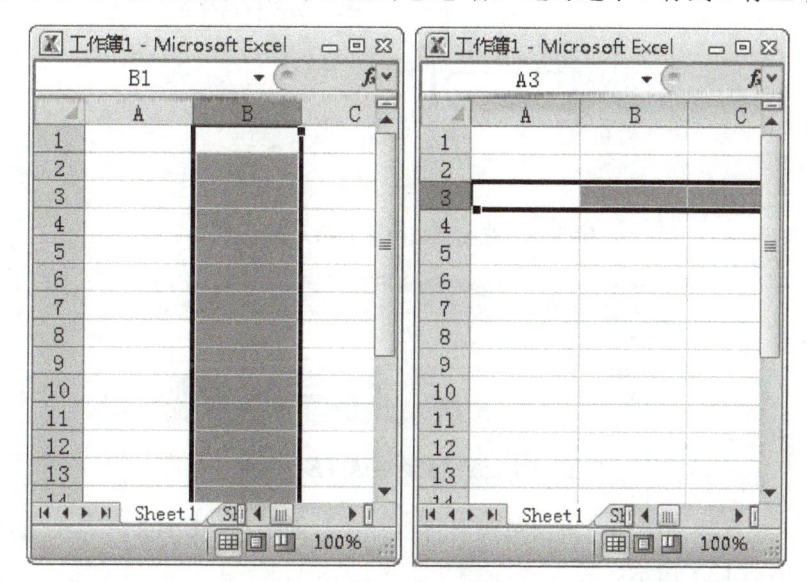

图 12.4 选中一列和选中一行

步骤 3：选定不连续的单元格、行或列。

单击任意单元格，如 A1，按住 Ctrl 键不放，再单击其他任意单元格，如 B4、C5、D3，则选中了这些不连续的单元格。

拖曳鼠标选中任意一个区域，如 A1：B2，再按住 Ctrl 键不放，再次拖曳鼠标选中其他区域，如 C4：D5，则选中了两个不连续区域。

依此类推，可选中不连续的行、列，如图 12.5 所示。

步骤 4：通过名称框输入想要选中的单元格。单击名称框，如图 12.6 所示。

步骤 5：在名称框中输入想要选中的单元格，或单元格区域，如 B3，输入完毕后，按 Enter 键，则选中 B3 单元格。

步骤 6：名称框中可以输入多个单元格或区域。再次单击名称框，在里面输入"A2，B4，C3：D4"，则对应的两个单元格和一个区域被选中，如图 12.7 所示。

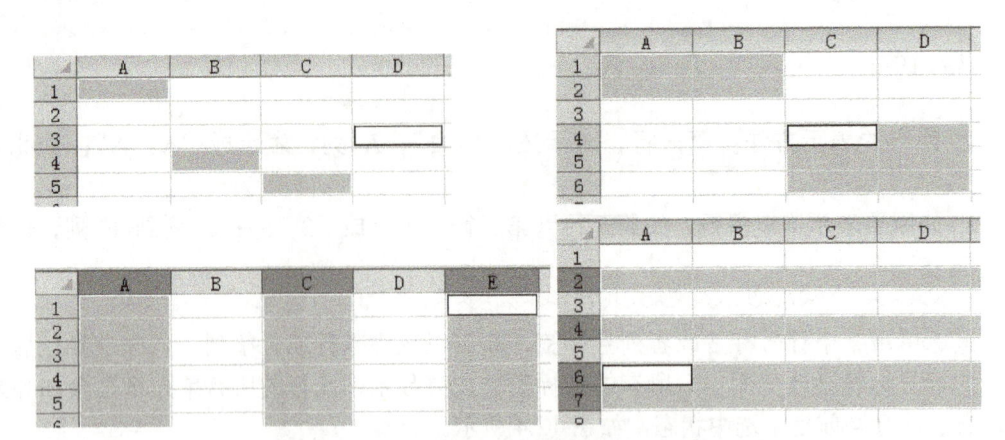

图 12.5　选中不连续的单元格、区域、列或行

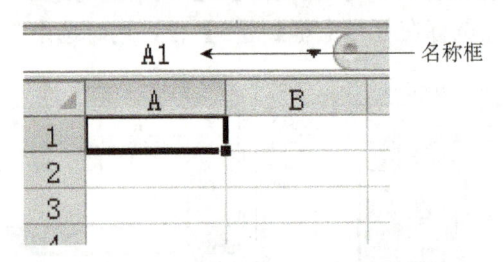

图 12.6　在名称框中输入单元格地址

图 12.7　通过名称框选择多个区域

步骤 7：整行整列选择。再次单击名称框，在里面输入"B:B,2:4"，则选择 B 列和 2 行至 4 行，如图 12.8 所示。

图 12.8　整行整列选择

步骤 8：交叉选择。再次单击名称框，在里面输入"a1:c5　b3:d8"，注意两个区域之间是空格，按 Enter 键后则选择两个区域的交叉区域[①]B3：C5，如图 12.9 所示。

---

① 逗号、冒号、空格可以看做是 Excel 中的三个区域运算符。逗号是枚举运算符，也称联合运算符；冒号是区或运算符；空格最特别，是交叉运算符，后面还会讲到。

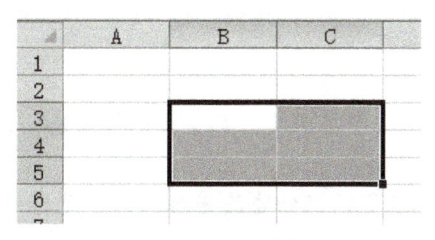

图 12.9　交叉选择

步骤 9：单击【开始—（单元格）—格式—行高】，在弹出的对话框中，输入所需设定的行高，如图 12.10（a）所示。

单击【开始—（单元格）—格式—列宽】，在弹出的对话框中，输入所需设定的列宽，如图 12.10（b）所示。

图 12.10　设置单元格的行高与列宽

在不知具体行高与列宽值时，可以选择菜单中的【自动调整行高】和【自动调整列宽】。

步骤 10：将鼠标移动两个行号或两个列号中间，鼠标会变成"上下调整"或"左右调整"形状，按下鼠标并拖动，可以手动调整行高和列宽，或者在鼠标变成"上下调整"或"左右调整"形状时双击左键，可以实现自动行高或列宽。

提 高

1. 行高的单位是磅（Piont）。这里的磅不是重量单位，而是一种印刷业描述印刷字体大小的专用尺度，是英文 Piont 的音译，又称为点制，点数制。1 磅约等于 0.35278 毫米。列宽的单位是字符。

2. 列宽的单位是字符。列宽的数值是指适用于单元格的"标准字体"的数字 0～9 的平均值。"标准字体"是指在"Excel 选项"对话框"常规"选项卡中的"新建工作簿时"区域的"标准字体"处的设置，包括字体及字号。

子任务 13　给区域命名

区域是多个单元格组成的群组，是单元格概念的延伸。构成区域的多个单元格可以是连续的，也可以是非连续的。最小的区域就是一个单元格，最大的区域就是整个工作表。习惯上，整行整列的区域，直接用行号或列号表示，如第五行表示为：5：5，F 列表示为：F：F。

对应文件"13 区域命名"。

步骤 1：单击工作表标签"区域命名 1"，再单击 A1 单元格，拖动鼠标到 D4，选定一个区域 A1：D4。

Excel 在经济管理中的应用——Excel 2010 任务驱动案例教程

> **注意**
>
> 1. Excel 中光标正常为空心十字形状，是正常选择状态，用于选定单元格或区域，被选中的单元格或区域加黑色边框显示。
> 2. 双击某单元格，光标变成闪烁的竖线光标，该单元格处于编辑状态。

步骤 2：在选定的区域内右击鼠标，在弹出的快捷菜单中选择【定义名称…】，在弹出的"新建名称"对话框中，输入区域名称"data"，如图 13.1 所示。

这样以后使用到这个区域时，就可以使用刚才定义的名称，更加方便直观。当再次选中 A1：D4 时，在名称框中会出现区域名称"data"。

图 13.1 区域命名

单击"名称框"旁的下拉箭头，可以看到当前工作簿里定义的所有区域名称，单击某个区域名称，则该名称对应的区域被选中。

> **技巧**
>
> 1. 区域命名时，所取名称要以字母或下画线开头，名称中不能包含空格，也不能与已有的名称或单元格名称重复。区域名不区分字母大小写。
> 2. 同一个区域可以有多个名称，但一个名称不可以对应多个区域。

在名称框中输入"城市"，将选中的区域命名为"城市"

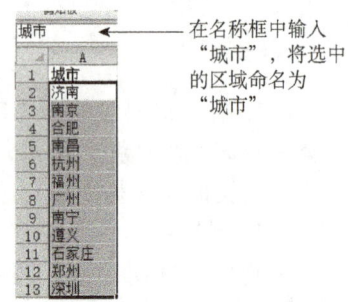

图 13.2 选中区域后命名

步骤 3：区域命名的另一种方法。

单击工作表标签"区域命名 2"。选中 A2：A13 区域，然后在名称框中输入"城市"，按回车键，如图 13.2 所示。

这时，选中的区域 A2：A13 被命名为"城市"，这种方法在区域命名中最为常用。

步骤 4：区域命名的第三种方法。

单击工作表标签"快速命名"。选择 A2：D13 区域，单击【公式—（定义的名称）—根据所选内容创建】，弹出"以选定区域创建名称"对话框。去掉"首行"前面的钩，勾选"最左列"，再单击【确定】按钮，如图 13.3 所示。

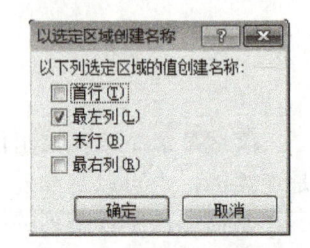

图 13.3 根据选定内容建创名称

42

这样，B2：D13 的区域就被命名为 A2：A13 区域中相应的名称（按行划分不同区域）。例如 B2：D2 区域就被命名为 A2 单元格内容，即"济南"。

步骤 5：管理工作簿中定义的名称。单击【公式—（定义的名称）—名称管理器】，弹出"名称管理器"对话框，如图 13.4 所示。

图 13.4 "名称管理器"对话框

在"名称管理器"对话框中可以查看工作簿中已定义的名称、数值、引用位置等信息，单击【新建】按钮可以定义新的名称；单击【编辑】按钮可以修改当前名称的设置和引用位置；单击【删除】按钮可以删除对应的名称。

单击【关闭】按钮，退出"名称管理器"对话框。

步骤 6：单击工作表标签"区域命名 1"。

在 A1 至 D4 中任意输入一些数字。单击 A5 单元格，输入"＝sum(data)"，如图 13.5 所示，按回车键，出现结果为 136。

图 13.5 使用区域名称求和

sum 是 Excel 2010 的求和函数，求和的对象是 data 区域的引用位置，最后得到 data 区域中所有单元格数据之和。

步骤 7：区域命名的综合应用。

单击工作表标签中的"区域命名 3"。选择 A1：G3 区域，再单击【公式—（定义的名称）—根据所选内容创建】，在打开的"以选定区域创建名称"对话框中仅选中"首行"，单击【确定】按钮，如图 13.6 所示。

43

图 13.6　快速定义名称

步骤 8：构建查询。

在 A8 单元格中输入"省"，在 B8 单元格输入"市"，在 C8 单元格输入"县区"。

步骤 9：单击 A9 单元格，再单击【数据—（数据工具）—数据有效性】，在打开的下拉菜单中选择"数据有效性"。在打开的"数据有效性"对话框的"设置"选项卡中，"允许"下拉列表中选择"序列"，"来源"选择"A2：A3"区域，或者直接输入"＝省"，单击【确定】按钮，如图 13.7 所示。

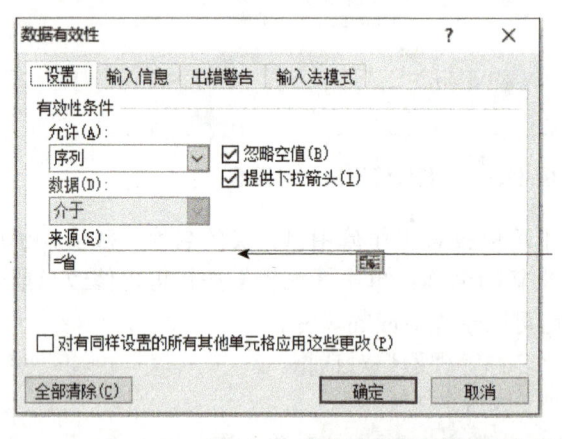

图 13.7　设置选择省名的数据有效性

在 A9 单元格中出现下拉箭头，单击可以选择省名，先选择一个省，如"浙江省"[①]。

步骤 10：单击 B9 单元格，再单击【数据—（数据工具）—数据有效性】，在下拉列表中选择"数据有效性"。在打开的"数据有效性"对话框的"设置"选项卡中，"允许"下拉列表选择"序列"，"来源"框中输入"=indirect（A9）"；单击【确定】按钮。

提　高

1. indirect()函数用于返回文本字符串指定的引用，格式 indirect（引用名称[,引用类型]），返回名称所指引的区域。

2. 区域名称可以跨工作表，即在一个工作表中可以引用此工作簿中其他工作表定义的名称。

[①] 此处先做一个选择，是为了避免后面操作时出现错误信息；如果不做选择，保留空白，也可。

3. 如果跨工作簿引用命名，则需要加上工作簿名，如在工作簿"ABC.xlsx"中有个区域名称为"myname"，在当前工作簿中引用这个区域做数据有效性时，则写成：=indirect("'ABC.xlsx'!myname")，其中引号和感叹号是英文格式的。

设置后在 B9 单元格中出现了下拉箭头，内容是对应省的城市名，A9 单元格内容为"浙江省"，对应 B9 单元格可供选择的是"湖州市"和"丽水市"，如图 13.8 所示。

步骤 11：重复步骤 10，在"来源"框中输入"=indirect(B9)"，即由 B9 单元格的内容作为区域名称，经 indirect 函数转换成相应区域后，作为 C9 单元格数据有效性的数据来源，如图 13.9 所示。

图 13.8 二级数据有效性选择

图 13.9 三级数据有效性选择

步骤 12：更新选择省名，则右侧相应的市、县区的下拉列表会相应变化。这种方法可以用于不同的场合。

子任务 14 对工作表进行修饰

工作表修饰相当于 Word 软件对文档的编辑，主要修饰内容包括：字体字号、单元格设置、工作表设置等。对于有数据的工作表，可以通过简单修饰，得到一张漂亮的工作表，易于阅读，便于打印。

对应文件"14 工作表修饰"。

步骤 1：单击工作表标签"原始数据"。选中 A1 至 H1，再单击【开始—（对齐方式）—合并后居中】。

单击【开始】标签的字号大小下拉列表，选择【12】号，再单击【加粗】按钮，如图 14.1 所示。

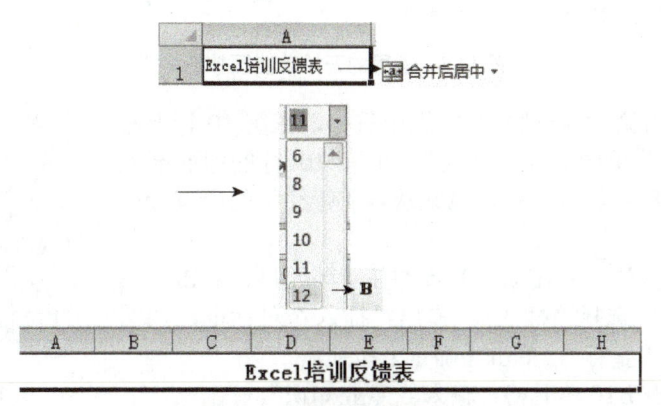

图 14.1 字体字号的修饰

步骤 2：双击 A2 单元格，进入编辑状态，将光标移到"培训内容"前，按 Alt+回车键，进行手动换行。通过添加空格的方法，使两行错开，如图 14.2 所示。

图 14.2 手动换行

步骤 3：右击 A2，在弹出的快捷菜单中选择"设置单元格格式"打开"设置单元格格式"对话框，或按快捷键 Ctrl+1 可以直

45

接打开"设置单元格格式"对话框。选中"边框"选项卡,单击"右斜线",如图 14.3 所示。

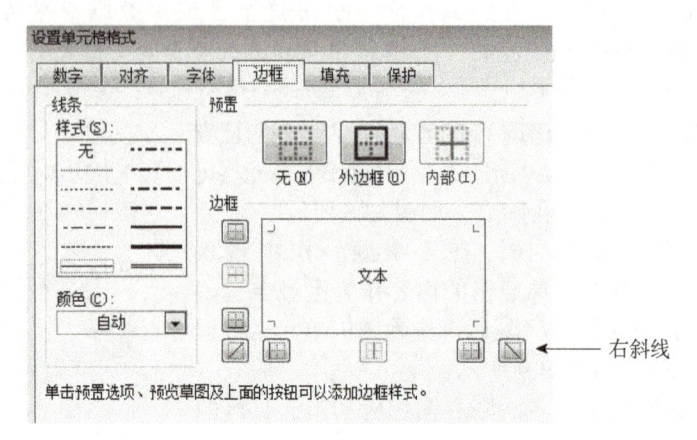

图 14.3 给单元格加斜线

同样设置 G12 单元格,效果如图 14.4 所示。

图 14.4 添加斜线的单元格

步骤 4:选中 A2 至 H12 区域,单击【开始—(字体)—边框】,在"边框"下拉列表选择"所有框线"。单击字号下拉列表,选【12】号。单击"对齐方式"中的"居中"按钮,常用的开始功能区按钮如图 14.5 所示。

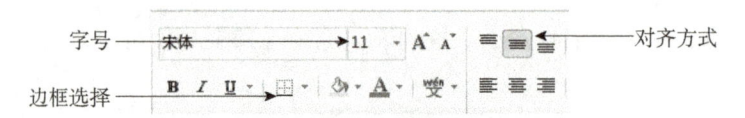

图 14.5 常用的开始功能区按钮

步骤 5:单击第 10 行的行号,选中整行,在第 10 行上右击,弹出的快捷菜单中选择"插入",在第 10 行的前面插入一个空行,成为新的第 10 行,原来从当前行往下的所有行往下移一行。

另一种操作方法:单击第 10 行的任意单元格,右击,在弹出的快捷菜单中选择"插入",弹出"插入"对话框,如图 14.6 所示,选择"整行",单击【确定】按钮。

步骤 6:单击 B10 单元格,输入"专业知识"。

图 14.6 整行插入

> **技 巧**
>
> 1. 在 Excel 中插入整行与整列应遵循"左上原则",即插入的整行或整列位于当前行、列的上侧或左侧。

> 2. 如果插入多行（列），可以从当前行（列）往下（右）选择多行（列），再右击，在弹出的快捷菜单中选择"插入"，插入的行（列）数与选择的行（列）数一样多。

步骤 7：选中 A3 至 A5，单击【开始－合并后居中】进行合并居中设置，同样设置 A6 至 A8 区域、A9 至 A11 区域。

步骤 8：选择 A2 至 H2 区域，按快捷键 Ctrl+1，选择"填充"选项卡，在背景色中选择棕色。

步骤 9：按快捷键 Ctrl+A，再单击"开始"标签"单元格"中"格式"中的【自动调整行高】和【自动调整列宽】，最终效果如图 14.7 所示。

图 14.7 最终修饰的工作表

步骤 10：单击工作表标签"格式复制"。

单击 A4 单元格，再单击【开始—（单元格）—格式—设置单元格格式】，弹出"设置单元格格式"对话框。在"设置单元格格式"对话框中，选中"对齐"选项卡，在"方向"框中，选择垂直方向，如图 14.8 所示。

单击【确定】按钮，单元格的文字变成垂直方向，如图 14.9 所示。

步骤 11：单击 A4 单元格，再单击【开始—（剪贴板）—格式刷 格式刷】，然后分别单击 A5 和 A6 单元格，两个单元格的格式变得与 A4 一样。

单击【开始—（剪贴板）—格式刷 格式刷】或者按 ESC 键，取消格式刷功能。

图 14.8 选择垂直文字方向   图 14.9 垂直的文字方向

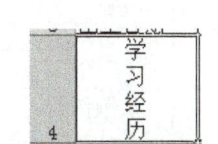

步骤 12：将鼠标移到 C 列与 D 列的中间，鼠标形状变成"左右调整"，双击鼠标左键，C 列的列宽自动调整为最合适的列宽。

步骤 13：单击 A1 单元格，拖曳鼠标到 F6，选中区域 A1：F6。

步骤 14：单击【开始—（剪贴板）—格式刷 格式刷】，再拖动鼠标选择 A10：F15，这时，A10：F15 区域的对应单元格格式与 A1：F6 完全一样。

> **技巧**
>
> 1. 使用"格式刷"时，单击格式刷，则可以使用一次格式刷功能；双击格式刷，则可以使用多次格式刷功能，但用后需要取消格式刷。
> 2. 利用格式刷进行区域格式复制时，两个区域的大小不要求完全一样，但被刷区域的单元格会变得与原区域的对应单元格格式一致，尽管不同的单元格格式可能不一样。
> 3. 双击行号或列号的中间，行高与列宽设置为"自动调整行高（列宽）"。

子任务 15　对数据进行修饰和检查

Excel 2010 中，数据有 6 种类型，分别是：文本、数值、时间日期、公式和函数、逻辑值和错误值，前 5 种数据都可以由用户手动输入。用户在手动输入数据时，往往会出现一些意想不到的结果，为了保证数据的正确性，有必要对数据进行检查。Excel 2010 提供多种方法对数据进行检查。

对应文件"15 数据检查"。

步骤 1：单击工作表标签"职工基本数据"。

选中 D2 至 D11 区域，再单击【数据—（数据工具）—数据有效性—数据有效性】，弹出"数据有效性"对话框。

步骤 2：在"数据有效性"对话框中选中"设置"选项卡，在"允许"下拉列表中选择"日期"，在"数据"下拉列表中选择"介于"。在"开始日期"与"结束日期"分别输入"1980/1/1"和"1985/1/1"，单击【确定】按钮，如图 15.1 所示。

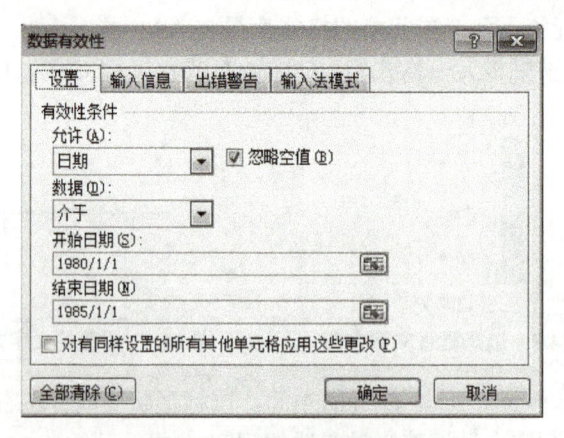

图 15.1　确定数据有效性

步骤 3：再次选中 D2 至 D11，单击【数据—（数据工具）—数据有效性—圈释无效数据】，这时不符合要求的数据被加上了红圈，如图 15.2 所示。

图 15.2 圈释无效数据

> **注意**
>
> 1. 给已有的数据的区域添加数据有效性时，虽然有些数据不符合有效性要求，但不会提示出错。
> 2. 圈释无效数据对同一张工作表中不同的数据有效性区域都有效。

步骤 4：给单元格设置条件格式。

选中 C2：C11 区域，再单击【开始—（样式）—条件格式—突出显示单元格规则—等于】，出现如图 15.3 所示的"等于"对话框。

图 15.3 "等于"对话框

在"等于"对话框中输入"男"，单击【确定】按钮。这时，所有数值为"男"的数据，单元格背景显示为深红色文本，如图 15.4 所示。这种方法可以检查整个数据区域中的某个值。

步骤 5：选中 C2：C11 区域，单击【开始—（样式）—条件格式—清除规则—清除所选单元格规则】，可以将这个区域的规则清除掉。

步骤 6：检查重复人员数据。

图 15.4 条件格式

单击工作表标签"数据检查"，再单击 H1 单元格，输入"辅助列"。

步骤 7：单击 H2 单元格，输入公式"=COUNTIF ($B$2:$B$13,B2)"，如图 15.5 所示。

图 15.5 输入辅助列公式和结果

49

输入完毕后，按回车键，得到结果。

> **提高**
>
> 1. COUNTIF()是条件计数函数，格式为 COUNTIF（区域，条件），返回区域中满足条件的单元格个数。
> 2. 函数的"条件"可以是数字、表达式、单元格引用或文本字符串，例如表示为 32、">32"、B4、"苹果"或"32"、">"&B4，条件中可以使用通配符。

步骤 8： 拖动 H2 单元格的填充柄到 H13 单元格，得到结果，如图 15.6 所示。

在辅助列中，结果为 1 的为唯一值，结果不是 1 的，则表示为重复值。

图 15.6　辅助列计算结果

> **技巧**
>
> 1. 利用 COUNTIF()函数可以统计姓"王"的员工人数，以"数据检查"工作表为例，公式为"=COUNTIF（B：B,"王？？"）"。
> 2. 如果统计"营销部姓王"的职工数量，则用到 COUNTIFS()函数进行多条件计数，公式为"=COUNTIFS（B：B,"王？？",F：F,"营销部"）"。

步骤 9： 通过条件格式进行检查重复数据。

单击 B 列列标，选中整个 B 列。再单击【开始—（样式）—条件格式—新建规则】，弹出"新建格式规则"对话框。在"选择规则类型"中，点选"仅对唯一值或重复值设置格式"。在"编辑规则说明"选项组中，"全部设置格式"选择"重复"，单击【格式】按钮，弹出"设置单元格格式"对话框。在"字形"列表中点选"加粗"，在"颜色"下拉列表中选择"红色"，在"特殊效果"中勾选"删除线"，如图 15.7 所示。

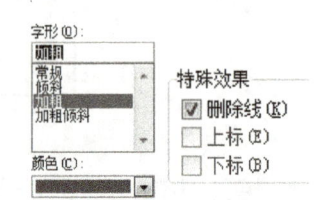

图 15.7　设置文字效果

设置完毕后，单击【确定】按钮返回"新建格式规则"对话框，如图 15.8 所示。

图 15.8　新建规则

设置完毕后，单击【确定】按钮，结果 B 列中所有重复的姓名变成了红色加粗并带删除线，如图 15.9 所示。

图15.9 设置条件后的重复数据

子任务 16　浏览工作表内容

当工作表内容较多，一屏容不下时，就需要用到水平滚动条和垂直滚动条来调整查看区域。此外，Excel 2010 还提供了其他的一些工具来浏览数据。

对应文件"16 浏览工作表内容"。

步骤 1：单击工作表标签"浏览数据"。

拖动水平滚动条和垂直滚动条来浏览整个工作表数据。

步骤 2：单击【视图—（窗口）—冻结窗格—冻结首行】，如图 16.1 所示。这时，数据区域的标题行就会被固定在第一行，无论垂直滚动条怎么滚动，第一行始终在顶端。

单击【视图—（窗口）—冻结窗格—取消冻结窗格】，则可以取消冻结窗格。

如果选择【冻结首列】，则数据区域的第一列被固定，移动水平滚动条将对第一列不产生作用。

步骤 3：选中第 10 行，单击【视图—（窗口）—冻结窗格—冻结拆分窗格】，如图 16.2 所示。这时，前 10 行的数据被冻结，移动垂直滚动条，滚动条的移动不会影响到被冻住的数据区域。单击【视图—（窗口）—冻结窗格—取消冻结窗格】，则可以取消冻结窗格。

图16.1　冻结首行

图16.2　冻结拆分窗格

步骤 4：选中 C 列，单击【视图—（窗口）—冻结窗格—冻结拆分窗格】，这时，前 A 列和 B 列的数据被冻结，水平滚动条的滚动将不会影响到被冻住的数据列。

单击【视图—（窗口）—冻结窗格—取消冻结窗格】，则可以取消冻结窗格。

步骤 5：单击数据区域的任意单元格，如 D5，再单击【视图—（窗口）—拆分】，则窗口分成 4 个小窗口，每个小窗口都可以独立浏览整个数据区域。

步骤 6：单击数据区域的一整行或一整列，如第 5 行，或 G 列，再单击【视图—（窗口）—拆分】，则窗口分为水平或垂直的两个窗口，每个窗口都可以浏览整个数据区域。

步骤 7：单击工作表窗口的【水平拆分】按钮 ，可以将窗口水平拆分为两个窗口，上下两个窗口的数据一样，分别可以浏览不同的数据部位，如图 16.3 所示。

图 16.3　水平和垂直拆分窗口

单击工作表窗口右下角的【垂直拆分】按钮 ，可以将窗口分为左右两个窗口，上下两个窗口的数据一样，分别可以浏览不同的数据部位，如图 16.3 所示。

> **技巧**
>
> 1．拆分窗口、冻结拆分窗口操作都遵循"左上原则"，即从当前行、列的上、左开始拆分或冻结。
> 2．单击【视图—（窗口）—新建窗口】，可以在两个窗口中浏览同一个工作簿，这与在操作系统中两次双击工作簿文件不同（实际也不可以重复打开），一般应用于多显示器的场合，对其中一个副本修改时，另一个副本会同时变化。

步骤 8：分页预览。分页预览模式可以很方便地显示当前工作表的打印区域以及分页设置，并且可以直接在视图中调整分页。

单击【视图—（工作簿视图）—分页预览】，系统提示如图 16.4 所示。

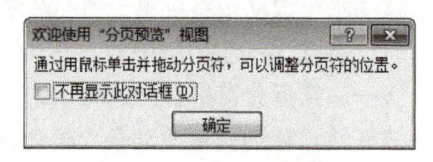

图 16.4　分页预览的提示

单击【确定】按钮，然后页面进入分页预览模式，如图 16.5 所示。在分页预览的模式下，蓝色的边框线就是分页的边界线，虚蓝线为自动分页线，实蓝线为手动分页线。通过鼠标可以调整页面大小，也可以插入分页符手动进行手动分页。

> **注意**
>
> 1．必须在操作系统中安装打印机。
> 2．页面显示效果根据打印机不同、纸张不同而不一样。

图 16.5　分页预览效果图

步骤 9：单击【页面布局—（分隔符）—插入分页符】，可以插入一个水平分页符，如图 16.6 所示，在页面中插入一道蓝色水平分页符。

图 16.6　插入分页符

子任务 17　分类着色浏览工作表内容

数据条是 Excel 2007 开始新增的功能之一，利用该功能可以非常直观地查看区域中数值的大小情况。从 Excel 2010 起，数据条的长度表示更加准确，增添了负值的数据条表示，并且当数据区域包含错误值时，仍可显示数据条。

数据条是在单元格内，将数据图形化成一个带有颜色的横条，如果是一个区域，则根据数据大小决定颜色条的长度。在 Excel 2010 中，广义的数据条还包括色阶、图标集。

对应文件 "17 通过数据条浏览数据"。

步骤 1：单击工作表标签 "股票"，单击 D 列标签，选中整个 D 列。

步骤 2：单击【开始—（样式）—条件格式—数据条—（渐变填充）—蓝色数据条】，如图 17.1 所示。

图 17.1　蓝色数据条　　　　　　图 17.2　蓝色数据条

在整个数据列区域的每一个单元格底部都附加上一根蓝色的"进度条",这根"进度条"被称为"数据条",如图 17.2 所示。

提　高

1. 数据条的长短与单元格数值大小有关,区域中最大数据的数据条长度占满单元格,其他单元格数据条长度根据比例而来。
2. 如果区域中有负值,则正负值的数据条向两个方向绘制,以示区别。

步骤 3：单击 F 列标签,选中 F 列。

步骤 4：单击【开始—(样式)—条件格式—色阶—绿黄红色阶】,如图 17.3 所示。

图 17.3　选择色阶

在一个单元格区域中,显示双色渐变或三色渐变,在本例中,数据最大者显示绿色,其次为黄色、红色,如图 17.4 所示。

步骤 5：单击 G 列标签,选中 G 列。

步骤 6：单击【开始—(样式)—条件格式—图标集—(方向)—三向箭头(彩色)】,如图 17.5 所示。

图 17.4　色阶显示结果

图 17.5　选择三向箭头和结果

步骤 7：查看规则。

单击 G 列标签,选中 G 列。单击【开始—(样式)—条件格式—管理规则】,在弹出的对话框中选中格式样式为"图标集"规则，再单击【编辑规则】按钮，出现规则说明，如图 17.6 所示。

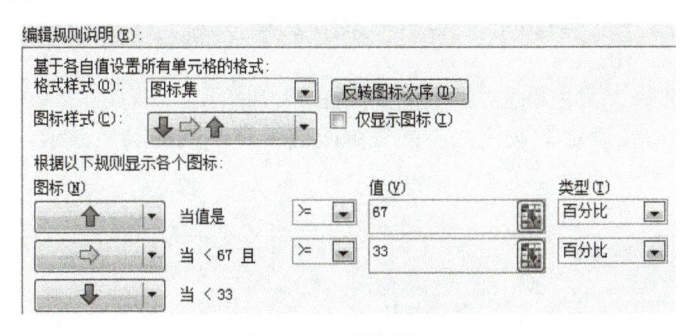

图 17.6 编辑规则

> **注 意**
>
> 1. 编辑规则时，首先需要确定的是"类型"，然后再确定图标类型、比值关系等。
> 2. 规则适用的数据区域是固定的，如果增加数据，新的数据区域不会有条件格式。
> 3. 条件格式效果可以打印。

图 17.7 带有负数的数据条

步骤 8：单击工作表标签"温度"。再单击列标签 B，选中 B 列。

步骤 9：单击【开始—(样式)—条件格式—数据条—(实心填充)—绿色数据条】，在本例中，正负数表示为不同方向的数据条，最大值与最小值在单元格中显示为最长的数据条，其他数据依比例显示。结果如图 17.7 所示。

步骤 10：清除规则。

单击【开始—(样式)—条件格式—清除规则—清除整个工作表的规则】，如图 17.8 所示。

图 17.8 清除规则

步骤 11：假设在 10～20 摄氏度之间的平均气温为适宜温度，用绿色标记，低于 10 摄氏度的用黄色标记，高于 20 摄氏度的用红色标记。

单击 B 列标签，选中 B 列。单击【开始—(样式)—条件格式—新建规则】，弹出"新建格式规则"对话框。

步骤 12：在"新建格式规则"对话框的"选择规则类型"窗格中，选择"基于各自值设置所有单元格的格式"。在"编辑规则说明"窗格中，"格式样式"选择"图标集"，"图标样式"暂不选择。

"图标"规则是：第一个图标选择"红色圆，带边框"，比较运算方式选">"，"类型"为"数字"，在"值"文本框中输入20。

第二个图标选择"绿色圆"，比较运算方式选">="，"类型"为"数字"，在"值"文本框中输入10。

第三个图标选择"黄色圆"。整个设置如图17.9所示。

步骤 13： 单击【确定】按钮，不同气温范围带有不同的颜色显示，一目了然，如图17.10所示。

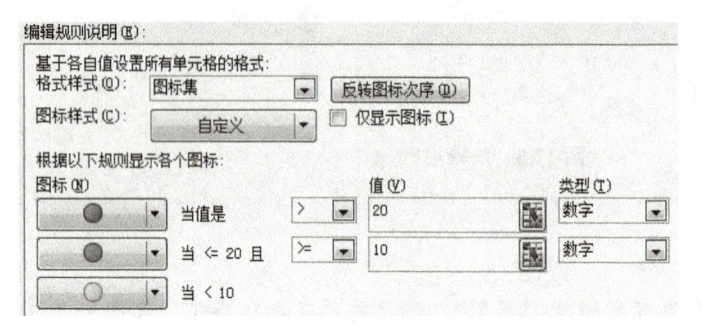

图 17.9 设置规则　　　　　　　　图 17.10 自定义规则结果

子任务 18　打印工作表

打印工作表是利用 Excel 2010 进行办公的常用目的，Excel 2010 可以进行页面设置，方便地将内容打印出来。

Excel 2010 最常用的是快速打印。快速打印指的是不需要用户进行进一步确认，就可以直接打印，如果当前工作表没有进行过任何有关打印选项的设置，Excel 2010 会自动以默认的打印方式对其进行设置，默认的内容如下。

- 打印内容：当前选定工作表中所有包含数据或格式的区域，包括图形、图表，不包括单元格批注。
- 打印份数：1 份。
- 打印范围：整个工作表中包含数据和格式的区域。
- 打印方向：纵向。
- 打印顺序：从上至下，再从左到右。
- 打印缩放：无缩放。
- 页边距：上下页边距为 1.91 厘米，左右边距为 1.78 厘米，页眉页脚边距为 0.76 厘米。
- 页眉页脚：无。
- 打印标题：无标题。

注 意

1. 打印前必须在计算机中正确安装打印机驱动程序。
2. 必须将打印机设为默认打印机。

对应文件"18 打印工作表"。

步骤 1：打印当前工作表。

单击工作表标签"打印"，再单击【文件—打印】，出现"打印"对话框，如图 18.1 所示。单击【打印】按钮，则打印当前工作表。单击"设置"下拉列表，选择"打印整个工作簿"，则打印整个工作簿内容，如图 18.2 所示。

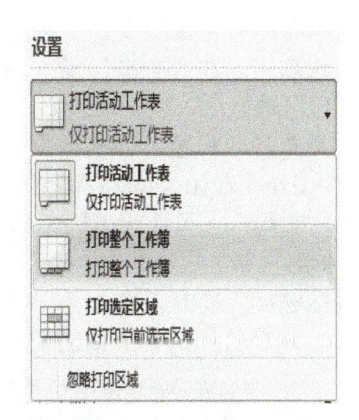

图 18.1 "打印"对话框　　　　　图 18.2 设置打印对象

步骤 2：打印选定区域。

方法一：选定区域：A1：G10，再单击【文件—打印】，在打开的"打印"对话框的"设置"下拉列表中选择"打印选定区域"，再单击【打印】按钮，如图 18.2 所示。

方法二：选定区域：A1：G10，再单击【页面布局—（页面设置）—打印区域—设置打印区域】，如图 18.3 所示。这时该区域被系统自动命名为"Print_Area"，在默认情况下，单击【打印】按钮即打印这个区域；在名称管理器中可以对"Print_Area"进行编辑，参见"任务 3 的子任务 12"。

图 18.3 设置打印区域

> **注意**
>
> 1. 只有在工作簿中的多个工作表都有数据时,"打印整个工作簿"选项才有效。
> 2. 只有设置了"打印区域"后,"设置"选项栏"打印"选项中的"忽略打印区域"才有效;工作表中选定了区域后,"设置"选项栏"打印"选项中的"打印选定区域"才有效。

单击【页面布局—(页面设置)—打印标题】,在弹出的"页面设置"对话框中,选中"工作表"选项卡。在"打印区域"框中出现默认的打印区域,单击【扩展选项】按钮可以更改打印区域。

步骤 3: 设置打印标题。许多数据表格都包含标题行或标题列,在数据内容较多需要多页打印时,Excel 2010 可以将标题行或标题列重复打印在每个页面上。

单击【页面布局—(页面设置)—打印标题】,在打开的"页面设置"对话框中选中"工作表"选项卡。

在"顶端标题行"框中,输入"1:1",或者单击【扩展选项】按钮,选择第一行,如图 18.4 所示。这样打印的每页数据前就会加上标题行。

图 18.4 设置打印标题

步骤 4: 设置工作表背景。单击【页面布局—(页面设置)—背景】,打开"工作表背景"对话框。在该对话框中,首先选择文件类型,常见的图片文件均可以作为工作表背景,如 jpg、bmp、tif、emf、gif 等,如图 18.5 所示。

选择 earth.jpg,单击【打开】按钮,结果如图 18.6 所示。

> **注意**
>
> 1. 设置的背景图片以"平铺"形式"铺"在工作表中,如果图片比工作表小,则"重复"显示,"铺满"工作表。
> 2. 设置的背景不会被打印。

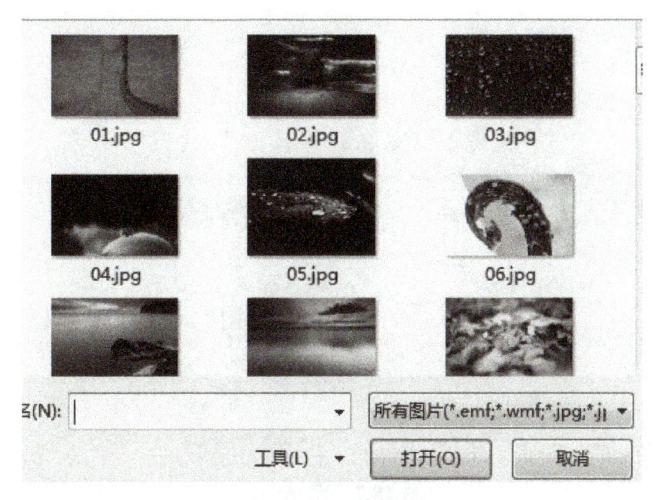

图 18.5　选择背景图片

图 18.6　设置背景后的效果

步骤 5： 单击【页面布局—（页面设置）—删除背景】，可以删除已设置的背景。

步骤 6： 设置可以打印的背景。

单击工作表标签"打印"，再单击数据区域的任意单元格，如 D5 单元格。按快捷键 Ctrl+A，选中全部的数据部分；再按快捷键 Ctrl+C，复制内容。

步骤 7： 单击【新建工作表标签】图标 ，新建一个工作表。在任意单元格右击鼠标，在弹出的快捷菜单中选择【选择性粘贴—（其他粘贴选项）—粘贴图片】，如图 18.7 所示。粘贴后的效果如图 18.8 所示。

步骤 8： 单击【插入—（插图）— 图片】，在打开的"插入图片"对话框中，选择"earth. jpg"。单击【插入】按钮，将图片插入到工作表中。这时，图片（一幅）浮于最上层，如图 18.9 所示。

59

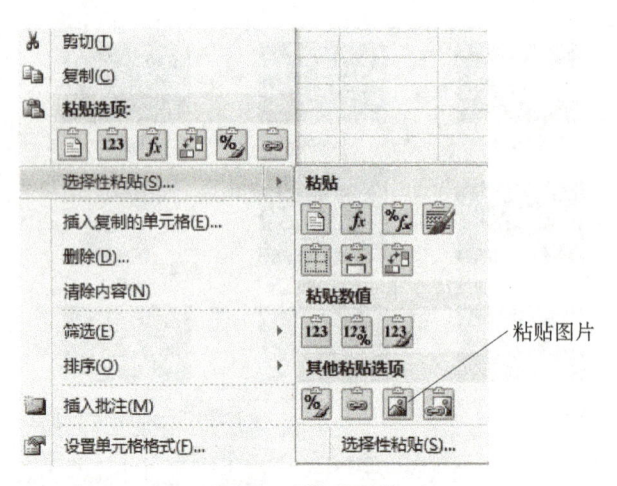

图 18.7　粘贴图片

图 18.8　粘贴效果

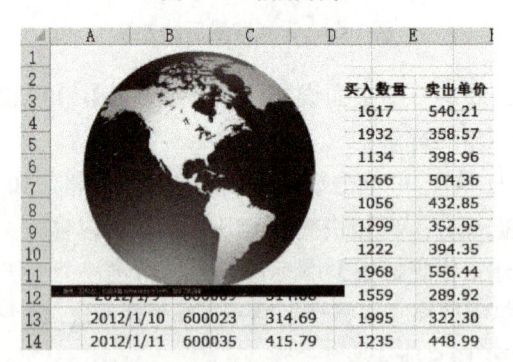

图 18.9　插入图片的效果

步骤 9：拖动图片边框调整图片大小，也可以按 Ctrl 键再拖动图片来复制多张图片。

按 Ctrl 键不放，鼠标分别单击所有图片，则选中所有图片。松开 Ctrl 键，右击鼠标，在弹出的快捷菜单中，选择【组合—组合】，将多幅图片合为一幅，如图 18.10 所示。

图 18.10　组合图片

步骤 10：右击图片，在弹出的快捷菜单中，选择【置于底层—置于底层】，图片移至文字下方，效果如图 18.11 所示。

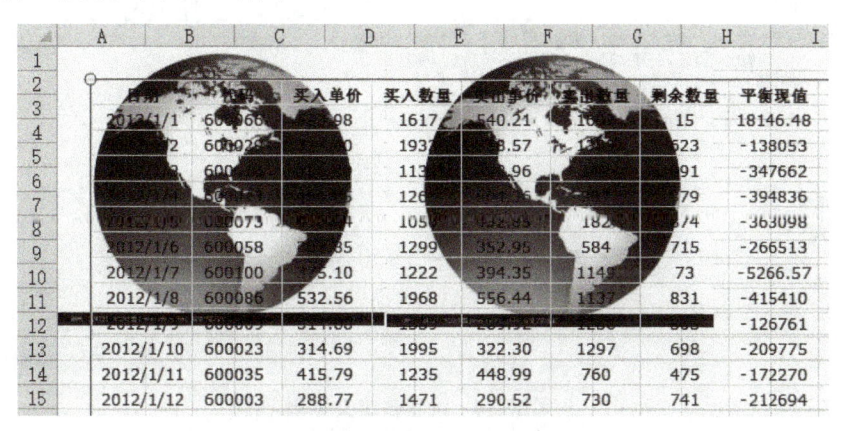

图 18.11　将图片置于文字下方

步骤 11：调整表层文字（其实是粘贴的图片）的位置，就可以打印带背景图片的表格，如图 18.12 所示。

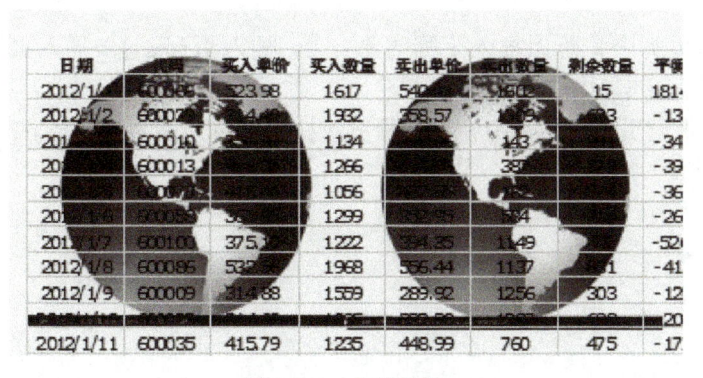

图 18.12　打印效果

> **技 巧**
>
> 1. 插入的背景图片可以"复制平铺"或"单张拉伸"，最终与文字区域一样大小。
> 2. 所有的图片可以"组合"成一幅图，图片与文字（其实是图片）也可以组合成一幅图，这样操作起来更方便。

步骤 12： 设置页眉页脚。

单击【页面布局—（页面设置）— 】，打开"页面设置"对话框。在打开的"页面设置"对话框中，选中"页眉/页脚"选项卡，再单击"页眉"下拉列表，可以选择页眉模板，如图 18.13 所示。

单击【自定义页眉】按钮，弹出"页眉"对话框。

图 18.13　页眉模板

在"中"框中，输入"股票买卖一览表"，单击【确定】按钮，此时页眉设置完毕，如图 18.14 所示。

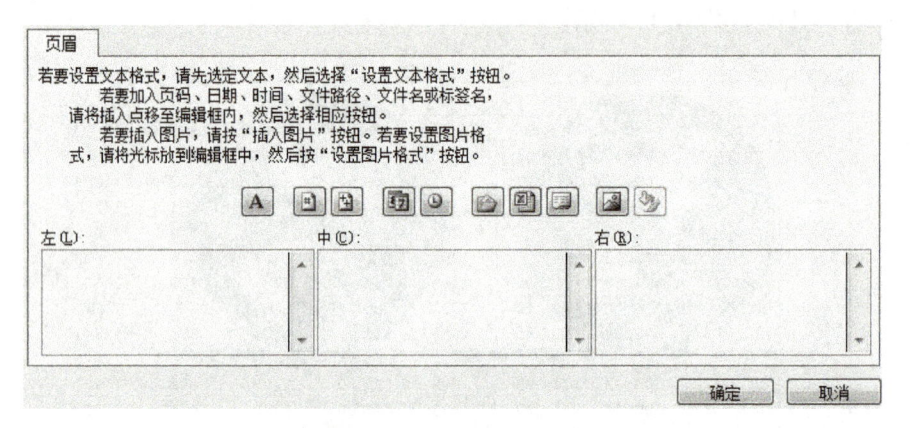

图 18.14　设置自定义页眉

同样，可以设定页脚。

技 巧

1. 在页眉页脚中，可以插入下列对象：　插入页码，　插入页数，　插入日期，　插入时间，　插入图片。
2. 设置完页眉页脚后，只有在打印预览或打印时，才能看到效果。

任务 4　计算职工和营销数据

任务说明

本任务主要是通过 Excel 2010 的函数计算相关数据。计算，在 Excel 软件中是一个宽泛的概念，不仅包括加、减、乘、除等算术运算，还包括文本、财务、统计等领域的特殊运算。在经济领域，Excel 软件的计算功能显得特别重要。在完成该任务的过程中，一方面要熟悉 Excel 2010 常用函数的用法；另一方面，要熟悉如何构造方案，再通过函数来实现方案。

任务结构

子任务 19　提取职工信息
子任务 20　计算工资数据
子任务 21　计算分店的销售数据
子任务 22　填写分析表
子任务 23　分级和合并计算工资
子任务 24　通过表格功能计算和分析销售数据

Excel 2010 本身具有十分强大的计算功能，这些计算功能通过公式与函数来实现。公式（Formula）是以"＝"号[①]为引导，通过运算符号按照一定的顺序组合进行数据运算处理的等式。函数是按特定算法执行计算而产生的一个或一组结果的预定义的特殊公式。

子任务 19　提取职工信息

职工的身份证号码中包含地区信息、出生日期信息和性别信息。通过对身份证号码的分析，可以得出这些信息。

对应文件"19 提取职工信息"。

步骤 1：单击工作表标签"提取职工信息"。B2：B5 区域是职工的身份证号码，其中有两种版本，一种是 15 位身份证号，另一种是 18 位身份证号。15 位身份证号的出生年份是两位，而 18 位身份证号的日期有 4 位。

步骤 2：单击 C2 单元格，输入公式"＝mid(b2,7,8)"，得到结果"19901017"。

[①] 实际操作中，以"+"开头，或者"－－"（两个减号）开头，也是可以的。

提高

1. Excel 2010 中，所有的函数名称，包括函数前导的等号、函数里面的括号、逗号等字符必须是半角英文符号，否则会出错；函数名不区分大小写。

2. MID()函数的作用是摘取字符串中的部分字符，函数的格式为：MID（字符串，起始位置，长度），函数返回摘取的字符串。

3. LEN()函数的作用是返回字符串的长度。函数的格式为：LEN（字符串），函数返回字符串的长度值，即字符个数值。

4. IF()函数的作用是判断并返回结果。函数的格式：IF（逻辑判断，如果真的返回值，如果假的返回值）。

5. "&"用于字符的连接，相当于函数 concatenate()。

单击 C3 单元格，输入公式"=mid（B3，7，6）"，得到结果"960506"。由于日期结果不满 8 位，可以更改公式，让日期达到 8 位格式，新公式为"= " 19 " &mid（B3，7，6）"。

步骤 3： 可以通过 IF()函数将两个函数合二为一。

选择 C4 单元格，输入函数"=IF（LEN（B4）=15，" 19 " &MID（B4，7，6），MID（B4，7，8））"。复制 C4 单元格到 C5，同样得到正确结果，如图 19.1 所示。

	A	B	C
1	姓名	身份证号	出生日期
2	张三	321002199010173322	19901017
3	李四	321002960506321	19960506
4	王五	321002199308025520	19930802
5	赵六	321027941218377	19941218

图 19.1 通过身份证号获取出生日期

注意

1. 同样的一个任务，可以通过不同的公式来完成，这也是 Excel 2010 公式与函数的魅力之所在。

2. 步骤 3 的公式也可以写成："= if（len（B4）=15，19，""）&mid（B4，7，6+（len（B4）=18）*2）"。

步骤 4： 根据出生日期计算年龄。

单击 D2 单元格，输入"=DATEDIF（TEXT（C2，" 0000-00-00 "），TODAY()，" y "）"，得到周岁值。

步骤 5： 根据身份证号得到性别信息。15 位身份证的最后一位，18 位身份证的倒数第 2 位代表性别信息，偶数为女性，奇数为男性。

单击 E2 单元格，输入公式"=IF（MOD（RIGHT（LEFT（B2,17），1），2），" 男 "，" 女 "）"。

> **提　高**
>
> 1. LEFT()函数与 RIGHT()函数是取字符串函数，LEFT()从左起取字符串，RIGHT()从右起取字符串，格式为：LEFT（字符串，位数）、RIGHT（字符串，位数）。
>
> 2. MOD()函数为取余数函数，也称取模函数，返回两个数相除的余数，格式为：MOD（被除数，除数）。
>
> **解释**：通过 LEFT()函数，取出身份证号的左边 17 位，如果不足 17 位，全部取出，然后再用 RIGHT()函数，取出最右边一位，再与 2 模除（MOD），如果为 1，则为奇数，Excel 中，1 也被认为逻辑值"真"，返回 IF()函数的第 2 个参数"男"，否则返回"女"。

步骤 6：分列操作。

单击工作表标签"分列操作"，再单击 A 列标签，选中 A 列。

步骤 7：单击【数据—（数据工具）—分列】，弹出文本分列向导。在向导中选择"分隔符号"，如图 19.2 所示，单击【下一步】按钮。

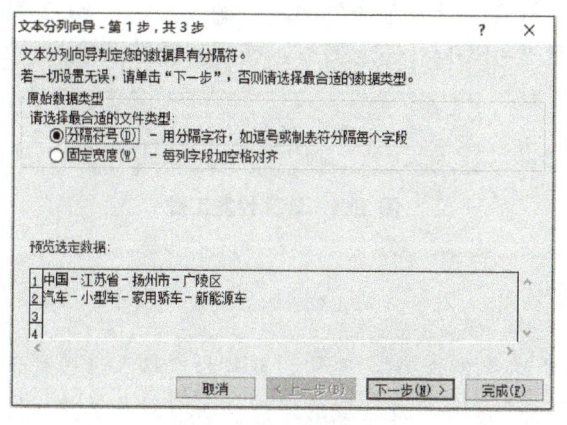

图 19.2　文本分列向导 1

步骤 8：在打开的向导中，"分隔符号"选择"其他"，并输入分隔符"-"，如图 19.3 所示，单击【下一步】按钮。

图 19.3　文分本列向导 2

步骤 9：在打开的向导中，选择"列数据格式"为"文本"，单击【完成】按钮，将原单元格数据分列在同行不同列中，如图 19.4 所示。

	A	B	C	D
1	中国	江苏省	扬州市	广陵区
2	汽车	小型车	家用轿车	新能源车
3				

图 19.4　分列后效果

子任务 20　计算工资数据

个人工资有很多项目，有增加项目、扣款项目，还有个人所得税，而且这些数据经常变动，将这些项目作为模板输入到 Excel 2010 中，这样只需要改动数据，最终结果会随之变化。

对应文件"20 计算工资数据"。

步骤 1：单击工作表标签"计算工资"。

单击 J2 单元格，计算"计发工资"字段，输入公式"＝G2+H2+I2"，或者"＝sum（G2，H2，I2）"，或者"＝SUM（G2：I2）"，按回车键结束输入，如图 20.1 所示。

	G	H	I	J
	基本工资	加班费	餐补	计发工资
	5830.5	800	120	=SUM(G2:I2)

图 20.1　计算计发工资

> **提高**
>
> 表示单元格区域的符号有 3 个：逗号、冒号和空格。逗号表示"枚举"运算符，也称"联合运算符"，即多个单元格或区域的罗列，所有对象是并列的关系；冒号表示"区域运算符"，冒号连接的两个单元格地址为一个矩形区域的两个角单元格，整个矩形区域都包括在内；空格表示"交叉运算符"，即空格连接的两个（或多个）区域的交叉部分，若无交叉则提示出错。

步骤 2：移动鼠标到 J2 单元格的右下角，当鼠标箭头变成填充柄（黑色实心十字）时，拖动填充柄到 J11 单元格，所有单元格的"计发工资"计算出来。

步骤 3：计算公积金，公积金数额为基本工资的 10%。单击 K2 单元格，输入公式"＝G2*10%"，按回车键，如图 20.2 所示。

	G	H	I	J	K
	基本工资	加班费	餐补	计发工资	公积金
	5830.5	800	120	6750.5	=G2*10%

图 20.2　计算公积金

步骤 4：一般公积金为整数，须更改公式，使计算出的公积金为整数。单击 K2 选中单元格，更改公式为"=INT（G2*10%）"，按回车键，如图 20.3 所示。

图 20.3　重新计算公积金

步骤 5：双击 K2 单元格的填充柄，将公式复制到 K11。

> **技巧**
>
> 1. 拖动填充柄与双击填充柄的区别是：拖动填充柄可以拖到任意单元格，而双击则会自动复制到数据区域的最后一行，当遇到第一个空白单元格时停止。
> 2. 选中整个需要输入公式的区域，再输入公式，输入完毕后按 Ctrl+Enter 组合键，可以一步实现输入和复制。

步骤 6：计算"计扣工资"字段。单击 N2 单元格，输入公式"=K2+L2+M2"。复制 N2 单元格到 N3 至 N11 单元格。

步骤 7：计算"实发工资"字段。单击 O2 单元格，输入公式"=J2－N2"。复制 O2 单元格到 O3 至 O11 单元格，如图 20.4 所示。

图 20.4　计算实发工资

> **提高**
>
> 1. 在步骤 6 和步骤 7 中，复制公式时，公式中的单元格地址会随着公式地址的变化而变化，这种地址称为相对地址，例如，O2 单元格公式为"=J2－N2"，复制公式到 O3 时，公式下移一行，则公式内的地址也下移一行，变为"J3－N3"。
> 2. Excel 2010 中的单元格地址有 3 类：相对地址、绝对地址和混合地址。绝对地址需要在列号与行号前加"$"（如$A$5），在使用时其不随公式地址的变化而变化；混合地址则是在行号或列号前加"$"（如$A1，A$1），在使用时，如果公式的行号和列号发生变化，公式中没有加绝对符号（即$）的会发生变化，而加绝对符号的会保持不变。

步骤 8：计算合计值。单击 C12 单元格，再单击【公式—（函数库）—其他函数—统计—COUNTA】，如图 20.5 所示，弹出"函数参数"对话框，如图 20.6 所示。

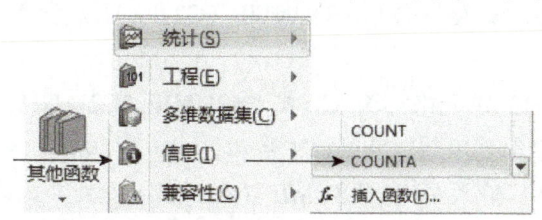

图 20.5　通过函数向导插入函数

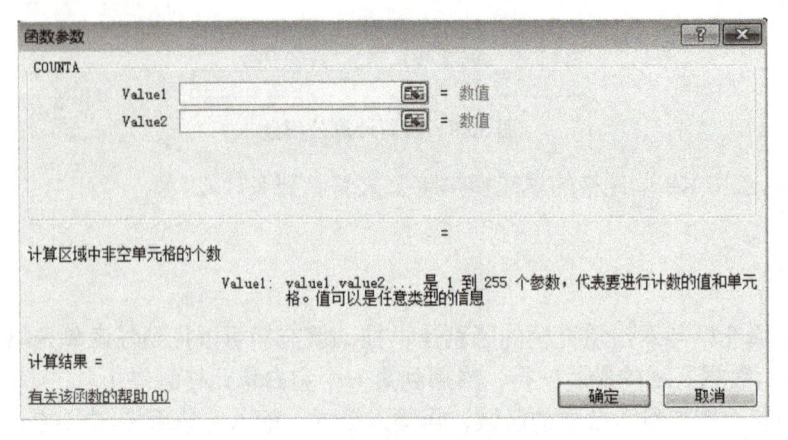

图 20.6 "函数参数"对话框

步骤 9： 在"函数参数"对话框中，可以看到函数的说明"计算区域中非空单元格的个数……值可以是任意类型的信息"。

单击"Value1"参数框后的【选择】按钮，在工作表中拖动鼠标选择 C2：C11 区域，选定的区域自动写进"函数参数"对话框。

再次单击【选择】按钮返回，然后单击【确定】按钮，在单元格中得到函数计算结果 10，同时在 C12 单元格中自动生成函数"＝COUNTA（C2：C11）"。

提 高

1. 与 COUNTA()函数相似的计算函数是 COUNT()函数，COUNT()函数可以统计区域中数字型参数的个数。

2. 任何函数，都可以单击【公式—（函数库）—插入函数】，在弹出的"插入函数"对话框中找到，然后通过向导插入函数，也可以直接在编辑栏中输入函数。

步骤 10： 单击 G12 单元格，拖动鼠标选中 G12：O12。单击"编辑栏"，输入"＝sum（"，再用鼠标从工作表 G2 拖到 G11，按快捷键 Ctrl+Eenter，结果在 G12：O12 区域中全部输入了求和公式。

步骤 11： 单击 C13 单元格，输入公式"=COUNTIF（C2：C11,"男"）"，输入完毕后，按回车键，得到结果。

单击 C14 单元格，输入公式"=COUNTIF（C2：C11,"女"）"，输入完毕后，按回车键，得到结果。

步骤 12： 单击 G13 单元格，输入公式"=SUMIF（C2：C11,"男"，G2：G11）"，输入完毕后，按回车键得到男职工的基本工资和。

单击 G14 单元格，输入公式"=SUMIF（C2：C11,"女"，G2：G11）",输入完毕后，按回车键得到女职工的基本工资和。

> **提 高**
>
> 1. SUMIF()函数是条件求和函数，格式是"SUMIF（条件计算区域，条件[，求和区域]）"；如果"求和区域"省略，则直接计算"条件计算区域"中符合条件的和。
> 2. 步骤 11 和步骤 12 中的第 2 步，不宜采用拖动填充柄的方法，因为在公式中采用的是相对地址，如果拖动，则"条件计算区域"会发生偏差，从而导致计算错误，如图 20.7 所示。

```
区域发生了偏差
应为：C2：C11和G2：G11
=SUMIF(C3:C12,"男",G3:G12)
  SUMIF(range, criteria, [sum_range])
```

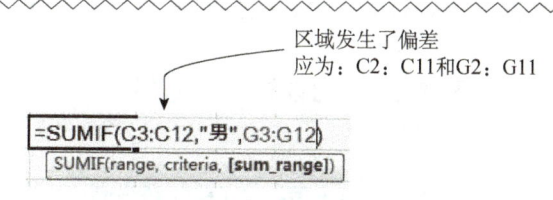

图 20.7 相对引用的区域发生了偏差

步骤 13：单击 G13 单元格，修改第一个参数区域为绝对引用"=SUMIF（$C$2：$C$11，"男"，G2：G11)"，修改完毕后按回车键。

拖动 G13 单元格的填充柄到 O13 单元格，得到所有男职工工资计算结果。

步骤 14：单击工作表标签"计算工资 2"，再单击 G2 单元格，然后单击【数据—（数据工具）—数据有效性—数据有效性】，弹出"数据有效性"对话框。在"设置"选项卡中，"允许"选择"序列"，"来源"框中输入"28，29，30，31"，单击【确定】按钮，如图 20.8 所示。

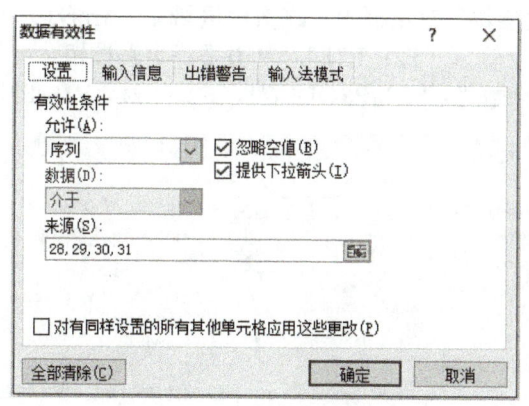

图 20.8 设置数据有效性

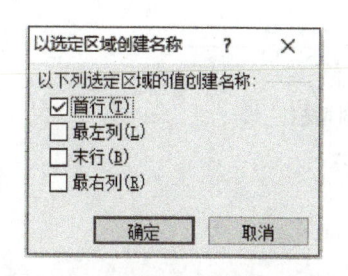

图 20.9 "以选定区域创建名称"

步骤 15：单击 H2 单元格，设置数据有效性，同步骤 14，"来源"框中输入"100，120，150"。选择实际当月的满勤天数，如 31 天，选择缺勤扣款，如 100。

步骤 16：选择 G1：H2 区域，再单击【公式—（定义的名称）—根据所选内容创建】，弹出"以选定区域创建名称"对话框。仅勾选"首行"，如图 20.9 所示，单击【确定】按钮。

69

步骤 17：选择 E2 单元格，输入"＝C2－（满勤天数－D2）*缺勤扣款"，如图 20.10 所示。

步骤 18：拖动 E2 单元格的填充柄到 E11，完成计算。改变 G2 和 H2 中的数值，可以动态计算工资。

图 20.10 计算工资

> **技巧**
>
> 1. 上例中，满勤天数与缺勤扣款两个数据，如果使用单元格地址，应是绝对引用，否则会出错。
> 2. 在公式或函数中使用区域名称，可以解决烦琐的绝对引用问题。

子任务 21 计算分店的销售数据

销售数据中包括分店名、产品名、单价和数量，在统计分析时，需要以人员或产品将销售额统计出来。在 Excel 2010 中，通过 SUMPRODUCT()函数可以将符合条件的数据抽取出来，并进行一定的运算且求和，方便地得到想要的结果。

对应文件"21 计算分店的销售数据"。

步骤 1：单击工作表标签"销售数据"，再单击 K1 单元格，然后单击【公式—（函数库）—数学和三角函数—SUMPRODUCT】，弹出 SUMPRODUCT"函数参数"对话框，如图 21.1 所示。

步骤 2：在"函数参数"对话框中，在数组区域 1（Array1）中输入"E2：E21"，在数组区域 2（Array2）中输入"F2：F21"，单击【确定】按钮。

在 K2 单元格生成函数"=SUMPRODUCT（E2：E21，F2：F21)"，如图 21.2 所示。

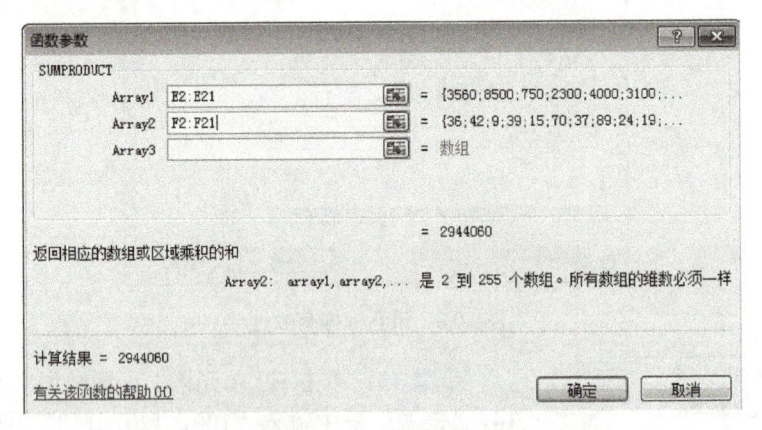

图 21.1 SUMPRODUCT"函数参数"对话框

图 21.2 SUMPRODUCT 函数

> **提　高**
>
> 1. SUMPRODUCT()函数的功能是区域乘积求和，函数格式是 SUMPRODUCT（区域1，[区域 2]…），要求所有区域的大小形状一样，函数返回所有区域中对应位置的数值乘积之和。
>
> 2. 步骤 2 的 K2 单元格函数也可以写成"= SUMPRODUCT（(e2：e21）*（f2：f21））"。

步骤 3：单击 K2 单元格，输入公式 "=SUMPRODUCT((F2:F21)*((D2:D21)="冰箱"))"，按回车键得到冰箱的总销量，如图 21.3 所示。

| 冰箱的销售总数量 | =SUMPRODUCT((F2:F21)*((D2:D21)="冰箱")) |

图 21.3　计算冰箱销量

解释：F2：F21 为全部产品的销量；(D2：D21）= "冰箱"，产生一个新的区域（数组），结果为 1 或 0，单元格内容是"冰箱"的结果为 1，否则为 0；两个区域相乘，则将后一区域中为 1 的销量保留下来，其余清为 0，再将这个区域求和，可以得到冰箱的总销量。

步骤 4：单击 K3 单元格，输入公式 "=SUMPRODUCT（(C2：C21=" 广陵 "）*（E2：E21）*（F2：F21））"，如图 21.4 所示。

解释：同上，只不过多了一个区域，结果为 3 个区域相乘后再求和。

| 广陵的销售总额 | =SUMPRODUCT((C2:C21="广陵")*(E2:E21)*(F2:F21)) |

图 21.4　计算广陵的销售总额

步骤 5：单击 K4 单元格，输入公式 "=SUMPRODUCT（(B2:B21="薛晨"）*（C2：C21="邗江"）*（E2：E21）*（F2：F21））"，如图 21.5 所示。

解释：同上，再增加一个区域，4 个区域相乘再求和。

| 薛晨在邗江的销售总额 | =SUMPRODUCT((B2:B21="薛晨")*(C2:C21="邗江")*(E2:E21)*(F2:F21)) |

图 21.5　计算薛晨在邗江的销售总额

> **提　高**
>
> 1. SUMPRODUCT()函数默认支持数组，步骤 3、步骤 4 和步骤 5 均使用了数组功能，即区域直接相乘实为数组操作。
>
> 2. 将步骤 3、步骤 4 和步骤 5 中的函数名称从 SUMPRODUCT 换成 SUM，其他不变，输入完成后，按 Ctrl+Shift+Enter 组合键，同样也能得到正确结果，这也是利用 Excel 2010 的数组功能。

步骤 6：单击 B26 单元格，再单击【数据—（数据工具）—数据有效性—数据有效性】，弹出"数据有效性"对话框。在"设置"选项卡中，"允许"选择"序列"，"来源"框中选择 B2：B21 区域，单击【确定】按钮，如图 21.6 所示。

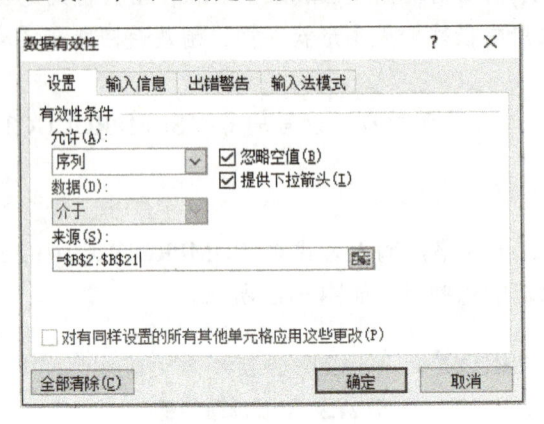

图 21.6　设置数据有效性

任意选择一个销售员。

步骤 7：单击 C26 单元格，同步骤 6，数据来源为 C2：C21；同样在 D26 单元格，设置数据有效性，数据来源 D2：D21。

为相应单元格选择任意数。

步骤 8：单击 E26 单元格，输入"=sumproduct（（B2：B21=B26）*（C2：C21=C26）*（D2：D21=D26）*（E2：E21）*（F2：F21））"，在 E26 单元格中计算出销售员在对应地区的对应产品的销售额。

技巧

1. 步骤 8 中公式的区域均可以定义成名称，这样公式就更容易读懂。
2. 在步骤 8 中，可以使用条件格式，在数据区域将所选的销售员、地区、产品标记出来。

步骤 9：选择 B1：B20 区域，再单击【开始—（样式）—条件格式—突出显示单元格规则—等于】，弹出"等于"对话框。再单击 B26 单元格，如图 21.7 所示，单击【确定】按钮。

图 21.7　设置条件格式

步骤 10：地区与产品的条件格式设置同步骤 9，效果如图 21.8 所示。

任务 4　计算职工和营销数据

	A	B	C	D	E	F
1	序号	销售员	地区	产品	价格	数量
2	1	方思儒	江都	冰箱	3560	36
3	2	黄蔚	高邮	空调	8500	42
4	3	李想	宝应	微波炉	750	9
5	4	薛晨	邗江	彩电	2300	39
6	5	张峰	仪征	电脑	4000	15
7	6	黄蔚	广陵	手机	3100	70
8	7	李想	维扬	电扇	200	37
9	8	薛晨	江都	冰箱	3560	89
10	9	张峰	高邮	空调	8500	24
11	10	黄蔚	宝应	微波炉	750	19
12	11	李想	邗江	彩电	2300	2
13	12	薛晨	仪征	电脑	4000	57
14	13	张峰	广陵	手机	3100	75
15	14	黄蔚	维扬	电扇	200	4
16	15	李想	江都	冰箱	3560	21
17	16	薛晨	高邮	空调	8500	79
18	17	张峰	宝应	微波炉	750	18
19	18	薛晨	邗江	彩电	2300	90
20	19	张峰	仪征	电脑	4000	2
21	20	李佳慧	广陵	手机	3100	33

图 21.8　设置条件格式的数据区域

子任务 22　填写分析表

在计算分析数据时，常常会有一些例外的数据让计算出错，虽然 Excel 2010 的容错功能十分强大，但是用户还是可以选择多种方法来处理错误数据或计算。

对应文件"22 填写分析表"。

步骤 1：单击工作表标签"数据分析"，再单击 G3 单元格，计算非常满意率，输入公式"=C3/（C3+D3+E3+F3）"，按回车键得到结果，结果是"1.00"。右击 G3 单元格，在弹出的快捷菜单中选择【设置单元格格式】，弹出"设置单元格格式"对话框。选择"数字"选项卡，在"分类"中选择"百分比"，如图 22.1 所示。

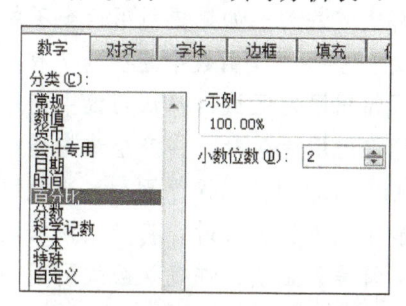

图 22.1　设置数字格式为百分比

单击【确定】按钮，计算结果变成

非常满意率
100.00%

步骤 2：单击 G4 单元格，拖曳鼠标到 G11 单元格，选中 G4:G11 区域。按住鼠标不放，再选中 F3:F11 区域，在选中的区域单击鼠标右键，在弹出的快捷菜单中选择【设置单元格格式】，弹出"设置单元格格式"对话框。选择"数字"选项卡，在"分类"中选择"百分比"，如图 22.1 所示，这样为整个选中区域设定了百分比格式。

步骤 3：单击 G3 单元格，拖动填充柄到 G11 单元格，结果如图 22.2（a）所示。

由于售前服务没有输入数据，因此 G9 出现了错误，主要原因是公式的分母为 0，为了避免这种情况出现，要修改 G 列的公式。

非常满意率	非常满意率
100.00%	100.00%
70.00%	70.00%
90.00%	90.00%
90.00%	90.00%
80.00%	80.00%
70.00%	70.00%
#DIV/0!	0.00%
80.00%	80.00%
70.00%	70.00%
(a)	(b)

图 22.2　对比不同公式的结果

单击 G3 单元格，将 G3 单元格中的公式改为"=IF（sum（C3：F3），C3/sum（C3：F3），0）"，到填充柄到 G11，得到正确结果，G9 单元格的值为 0.00%，如图 22.2 所示。

解释：sum（C3：F3）是求和得到总票数，在公式中首先作为 IF 函数的逻辑判断表达式，如果是非 0，则认为是"真"，取第 2 个参数：C3/sum（C3:F3），如果为 0，取第 3 个参数 0，从而有效地避免了分母为 0 的情况。

提 高

1. 在逻辑判断时，有时不出现逻辑判断表达式，而直接用数字来表示，因为在 Excel 2010 中，非 0 的数在逻辑表达式中被当作"真"，而 0 在逻辑表达式中被当作"假"。例如"=if（0，2，4）"的结果为 4，而"=if（1，2，3）"的结果为 2。

2. Excel 2010 中的错误信息有 8 种：①####，输入到单元格中的数值太长或公式产生的结果太长，单元格容纳不下。解决方法为：适当增加列的宽度。②#div/0!，错误原因为：进行除法运算时被除数为 0。解决方法为：改被除数为非零值。③#N/A，错误原因为：函数或公式中没有可用的数值。解决方法为：如果工作表中某些单元格暂时没有数值，在这些单元格中输入#N/A，公式在引用这些单元格时，将不进行数值计算，而是返回#N/A。④#NAME!，错误原因为：在公式中使用了 Microsoft Excel 不能识别的文本。解决方法为：确认使用的名称确实存在，如所需的名称没有被列出，添加相应的名称，如果名称存在拼写错误，则修改拼写错误。⑤#NULL!，错误原因为：当试图为两个并不相交的区域指定交叉点时，将产生以上错误。解决方法为：如果要引用两个不相交的区域，则使用合并运算符。⑥#NUM!，错误原因为：当公式或函数中某些数字有问题时，将产生该错误信息。解决方法为：检查数字是否超出限定区域，确认函数中使用的参数类型是否正确。⑦#REF!，错误原因为：当单元格引用无效时，将产生该错误信息。解决方法为：更改公式中的单元格或区域引用。⑧#VALUE!，错误原因为：当使用错误的参数或运算对象类型时，或当自动更改公式功能不能更正公式时，将产生该错误信息。解决方法为：确认公式或函数所需的参数或运算符是否正确，并确认公式引用的单元格所包含的均为有效的数值。

步骤 4：单击 C12 元格，输入公式"=IF（sum（C3：C11），average（C3：C11），0）"，拖动 C12 单元格的填充柄到 F12 单元格，得到全部结果，如图 22.3 所示。

反馈 分析内容	反馈项目	非常满意	比较满意	基本满意	不满意	非常满意率
	产品颜色	10				100.00%
产品外观	产品手感	7	2	1		70.00%
	产品重量	9	1			90.00%
产品功能	操作方便	9	1			90.00%
	运行噪声	8	2			80.00%
	产品能耗	7	1	2		70.00%
产品服务	售前服务					0.00%
	售中服务	8	2			80.00%
	售后服务	7	2	1		70.00%
	平均票数	8.13	1.57	1.33	0.00	

图 22.3　整个分析表

> **提高**
>
> 1. AVERAGE()函数是求平均值函数，格式为"=AVERAGE（单元格或区域 1[，单元格或区域 2]，…）"。
> 2. AVERAGE()函数在计算平均值时，如果区域或单元格引用参数包含文本、逻辑值或空单元格，则这些值将被忽略，而 0 值将被计算在内。

子任务 23　分级和合并计算工资

对于既有明细又有汇总的数据，可以分级显示：将明细隐藏起来，仅显示汇总，方便用户使用。对于没有汇总行的数据，可以手动插入汇总行，形成符合要求的数据格式。

当有多个零散的数据需要合并时，可以采用合并计算。合并计算可以将行标签、列标签完全一样的数据合并起来，免去了一一对比再合并计算的麻烦。

对应文件"23 分级和合并计算工资"。

步骤 1：单击工作表标签"分级显示"。

步骤 2：单击 G2 单元格，查看计发工资项，它是汇总项。同样查看 K 列和 L 列，它们都是汇总项，单元格内容是求和公式。

单击 D12 单元格，查看一月合计，本行是合计行，是一月份工资的合计内容。

步骤 3：单击 C7 单元格，输入公式"=B1*(1+C3)^10"，得到结果为 137.69 万元。

步骤 4：单击工作表内任意单元格，如 B5，再单击【数据—（分级显示）—创建组—自动建立分级显示】，如图 23.1 所示。

图 23.1　创建分级显示

步骤 5：在工作表内行、列自动创建数据分级显示，如图 23.2 所示。

图 23.2　分级显示

分级的依据是数据表中的汇总行（列）。

步骤 6：单击行级别数字"1"，再单击列级别数字"1"，隐藏内容明细，仅显示汇总项，如图 23.3 所示。分级显示数字，调整显示级别。

图 23.3　仅显示汇总项的分级显示

> **技巧**
>
> 1. 单击分级区域的"+"或"-",可以展开或隐藏明细数据。
> 2. 分级显示操作不可以撤销,但是可以取消分级显示。

步骤 7:单击【数据—(分级显示)—取消组合—取消分级显示】,数据区域的分级显示被取消,恢复原始状态。

> **提高**
>
> 数据分组也可以实现分级效果,选中数据明细行,如 2:11,再单击【数据—(分级显示)—创建组—创建组】,则对一月数据创建一个组,其他月份依此类推。这样在行上就创建了 3 个组,隐藏明细,则可以仅显示 3 个月的汇总行,如图 23.4 所示。

图 23.4　分组显示

步骤 8:单击工作表标签"合并计算"。

步骤 9:单击 A31 单元格,再单击【数据—(数据工具)—合并计算】,弹出"合并计算"对话框。在"函数"下拉列表中,选择"求和"。直接在数据区域拖动鼠标,选择 A1:L9 区域,单击对话框中的【添加】按钮。再拖动鼠标选择 A11:L19 区域,单击对话框中的【添加】按钮。然后拖动鼠标选择 A21:L29 区域,单击对话框中的【添加】按钮。

最后勾选对话框中的"首行"和"最左列"选项如图 23.5 所示。

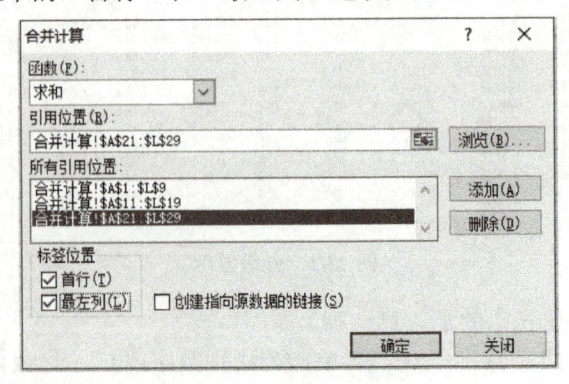

图 23.5　设置合并计算

单击【确定】按钮完成合并计算，结果如图 23.6 所示。

	月份	部门	基本工资	加班费	餐补	计发工资	公积金	房租	水电费	计扣工资	实发工资
32	王家鹏		11291.5	1242	231	12764.5	1531.74	900	200	2631.74	10132.76
33	冯志杰		9801	1414	224	11439	1372.68	900	200	2472.68	8966.32
34	吴青松		19868.8	1545	295	21708.8	2605.056	1350	300	4255.056	17453.74
35	印玉洁		11971	1036	218	13225	1587	900	200	2687	10538
36	高俊		13845	1184	173	15202	1824.24	900	200	2924.24	12277.76
37	丁俊		16098	1464	310	17872	2144.64	1350	300	3794.64	14077.36
38	张军玲		17569.5	1876	312	19757.5	2370.9	1350	300	4020.9	15736.6
39	赵星宇		7035.6	1447	168	8650.6	1038.072	900	200	2138.072	6512.528
40	贾昊茜		11422.3	1339	223	12984.3	1558.116	900	200	2658.116	10326.18
41	张嘉惠		22260.7	1864	205	24329.7	2919.564	1350	300	4569.564	19760.14

图 23.6　合并计算的结果

> **提 高**
>
> 1. 合并计算可以将几组数据区域合并起来。合并的计算方式可以是求和、平均、计数等。
> 2. 合并时，仅当行、列标签相同的情况下，才执行合并计算。
> 3. 合并计算的数据内容可以分布在不同的工作表中。

步骤 10：合并计算可以用于数据的差异比较。

单击工作表标签"数据对比"，再单击 A15 单元格，然后单击【数据—（数据工具）—合并计算】，弹出"合并计算"对话框。

在"函数"下拉列表中选择"求和"，然后直接在数据区域选择 A1：B11 区域，单击【添加】按钮。在数据区域再拖动鼠标选择 D1:E11 区域，单击【添加】按钮。勾选对话框中的"首行"和"最左列"，如图 23.7 所示。

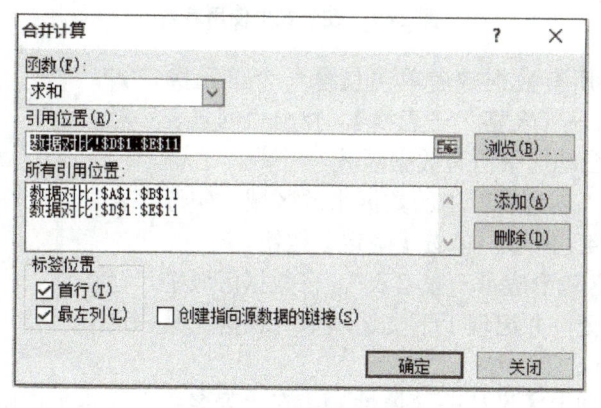

图 23.7　设置合并计算

单击【确定】按钮，在 A15：C25 区域显示合并计算结果，如图 23.8 所示。

步骤 11：单击 D16 单元格，输入公式："=if（B16=C16"，" "，" 不同"）"，并将公式复制到 D25 单元格。如果新旧工号不一样，则会在 D 列显示"不同"，如图 23.9 所示。

		旧工号	新工号
15			
16	王家鹏	1001	1001
17	冯志杰	1002	1002
18	吴青松	2003	2004
19	印玉洁	2008	2008
20	高俊	3102	3104
21	丁俊	4509	4508
22	张军玲	3328	3328
23	赵星宇	7630	7629
24	贾灵茜	8820	8820
25	张嘉惠	5532	5532

图 23.8　合并计算结果

		旧工号	新工号	
15				
16	王家鹏	1001	1001	
17	冯志杰	1002	1002	
18	吴青松	2003	2004	不同
19	印玉洁	2008	2008	
20	高俊	3102	3104	不同
21	丁俊	4509	4508	不同
22	张军玲	3328	3328	
23	赵星宇	7630	7629	不同
24	贾灵茜	8820	8820	
25	张嘉惠	5532	5532	

图 23.9　优化合并计算结果

子任务 24　通过表格功能计算和分析销售数据

表格，也称"列表"，不是指 Excel 的普通工作表，而是 Excel 提供的一种"表格化"功能。表格功能可以独立于工作表的其他行和列中的数据，管理表行和列中的数据。

对应文件"24 通过表格功能计算和分析销售数据"。

步骤 1：单击工作表标签"表格功能"，查看工作表数据。

单击【文件—选项—公式】，勾选"在公式中使用表名"，如图 24.1 所示。

图 24.1　在公式中使用表名

步骤 2：选中所有数据或者单击任意一个单元格，如 D5，再单击【插入—（表格）—表格】，弹出"创建表"对话框。此时，软件自动选中所有数据区域。

步骤 3：查看"创建表"中的数据来源区域，勾选"表包含标题"，如图 24.2 所示，单击【确定】按钮。

步骤 4：数据区域形成了一张"表"。在数据区域中，标题行增加了筛选标记，并出现上下文选项卡"表格工具—设计"，如图 24.3 所示。

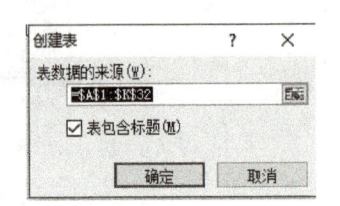

图 24.2　创建表

单击上下文选项卡【设计—（属性）】，在"表名称"文本框中输入新建的表格名称"mytable"，如图 24.4 所示。

图 24.3　上下文选项卡　　　　图 24.4　命名表格

注意

1. 表格命名，相当于"区域命名"，但是表格命名后，名称指向的数据区域会随着数据行的增加而扩大，如上面步骤中，mytable 指向的数据区域是 A2：K32，如果用户在 33 行增加数据，则 mytable 指向的数据区域是 A2：K33。
2. 创建后的表格，可以删除，或转换成区域。

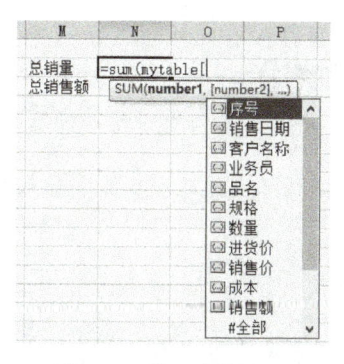

图 24.5 输入表格公式

步骤 5：单击 M2，输入"总销量"，再单击 M3，输入"总销售额"。

步骤 6：单击 N2，输入公式"=SUM(mytable[数量])"，得到总销量。在输入时，Excel 会自动出现表格提示，如图 24.5 所示。

单击 N3 单元格，输入公式"=SUM（mytable[销售额]）"，得到总销售额。

步骤 7：单击 A33，任意输入一行数据，N2、N3 单元格会自动更新表格汇总结果。

步骤 8：单击 L1 单元格，输入"利润率"，输入后按回车键，L 列自动纳入到表格"mytable"中。

步骤 9：单击 L2 单元格，输入公式"=（[@销售价]－[@进货价]）/[@进货价]"，输入完毕按回车键后，L 列数据区域自动出现公式计算结果。

技巧

1. 步骤 9 中输入公式时，直接单击同行的字段，就会出现表格字段名，如："[@销售价]"。
2. 同行表格可以使用表格区域符，格式为：[@[字段名]:[字段名]]。

步骤 10：选中 L 列，单击【开始－（数字）－百分比%】，并单击 使数据增加两位小数，如图 24.6 所示。

步骤 11：单击表格内任意一个单元格，如 B10，再单击【设计－（表格样式选项）】，勾选"汇总行"，如图 24.7 所示，在表格区域最后一行，增加汇总行，如图 24.8 所示。

图 24.6 设置利润率

图 24.7 设置增加汇总行

图 24.8　表格汇总行

> **提　高**
>
> 1. 步骤 11 中，汇总单元格的公式是"=subtotal(109,[销售额])"，subtotal（）是分类汇总函数，109 是求和代号忽略隐藏值，可参见任务 6 中子任务 34。
> 2. 如果带有汇总行，则只有在汇总行前插入的内容，才会被纳入到表格中。而在汇总行下面的内容，不会被自动纳入表格中。

任务 5　查询与筛选职工和销售数据

任务说明

本任务主要是在数据清单中查找目标数据,查找数据有两种情况:一是直接搜索目标数据,二是搜索与目标数据相关的数据。在任务中,查找数据可以进行多重优化,Excel 2010 不仅可以在数据区域中突显被查数据,还可以单独显示查找结果。

在 Excel 2010 中,另一种查找数据的方法是筛选,本任务中用户可以通过自动筛选和高级筛选分别来筛选数据。

任务结构

子任务 25　查找和替换职工数据
子任务 26　利用函数查询职工数据
子任务 27　优化职工数据查询
子任务 28　自动筛选销售数据
子任务 29　高级筛选销售数据
子任务 30　自定义条件筛选销售数据

子任务 25　查找和替换职工数据

一般意义上的查找就如同 Windows 平台的搜索。利用 Excel 2010 提供的编辑功能,可以查找或替换一个工作表中的单元格数据。

对应文件"25 查找替换工资数据"。

步骤 1: 单击工作表标签"工资",再单击任意单元格,如 D2,然后单击菜单【开始—(编辑)—查找和选择—查找】。在打开的"查找和替换"对话框中,选择"查找"选项卡,在"查找内容"框中输入"赵创",如图 25.1 所示。

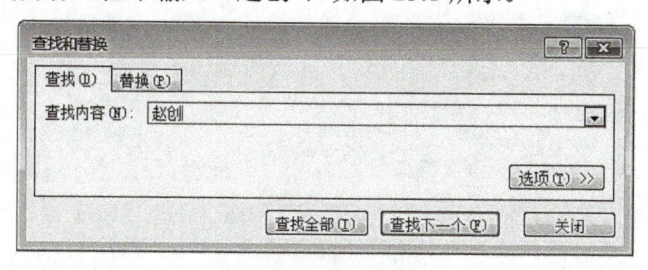

图 25.1　查找数据

单击【查找下一个】按钮，光标停留在第一个找到的单元格上，如果找不到，则弹出如图 25.2 所示对话框。

图 25.2　没有找到出现的对话框

步骤 2： 单击任意单元格，如 D2，再单击菜单【开始—（编辑）—查找和选择—替换】。在打开的"查找和替换"对话框中，选中"替换"选项卡，在"查找内容"框中输入"财务部"，在"替换为"框中输入"人事部"，如图 25.3 所示。

图 25.3　"查找和替换"对话框

单个替换，单击【替换】按钮，一次性全部替换数据则单击【全部替换】按钮。

> **注 意**
>
> Excel 2010 中，单击"查找和替换"对话框中的【选项】按钮，查找与替换可以按"范围"选择，有"工作表"和"工作簿"；"搜索"方式可以"按行"或"按列"；"查找范围"可以是按"公式"、"值"和"批注"；所有的查找与替换均可以"区分大小写"、"单元格匹配"和"区分全/半角"，这些选项在搜索时可以提高搜索效果。

步骤 3： 替换为带格式的文本。

单击任意单元格，如 E5，再单击菜单【开始—（编辑）—查找和选择—替换】。在打开的"查找和替换"对话框中，选中"替换"选项卡，在"查找内容"框中输入"信贷部"，在"替换为"框中输入"信贷部"，单击【选项】按钮，显示扩展选项，如图 25.4 所示。

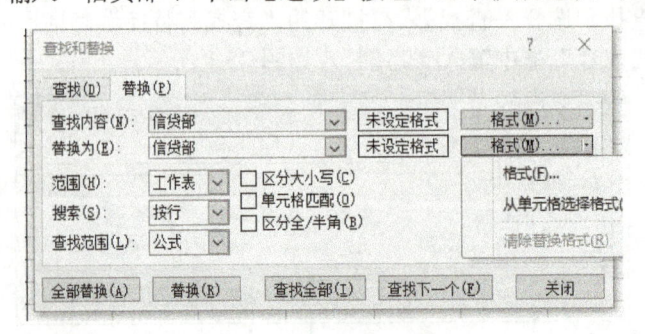

图 25.4　扩展"替换"选项

步骤 4： 在对话框中单击【格式—格式】，显示"替换格式"对话框。选择"字体"选项卡，设置为"黑体、红色、加粗"，如图 25.5 所示。

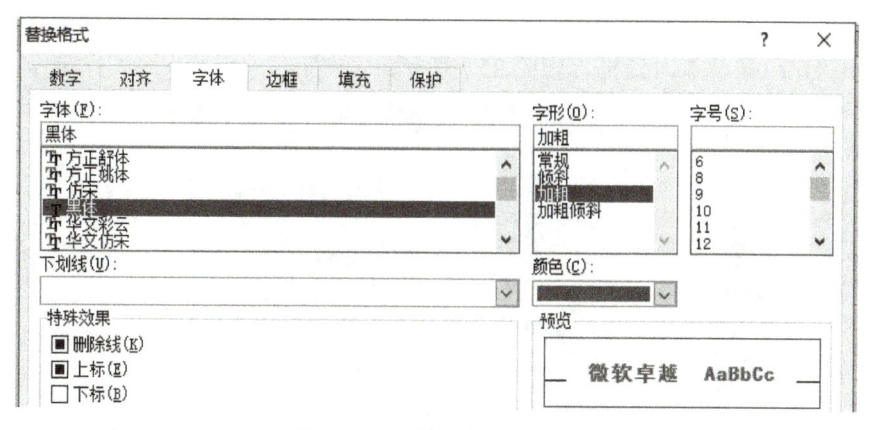

图 25.5 设置替换对象格式

单击【确定】按钮返回"查找与替换"对话框，再单击【全部替换】按钮，则数据区域中所有的"信贷部"的格式变成"黑体、红色、加粗"格式，如图 25.6 所示。

图 25.6 带有格式替换后的效果

> **技 巧**
>
> 1. 如果对工作表中较多重复内容设置了格式，则采用带格式替换是简单有效的方法。
> 2. 如果数据区域中，同样的内容，有的带格式，有的不带格式。在替换时，可以针对带有格式（或不带格式）的内容进行替换，但在替换时，查找内容的格式设置一定要正确。

图 25.7 "转到"选项

步骤 5： 定位到单元格。单击【开始—（编辑）—查找和选择—转到】，如图 25.7 所示，弹出"定位"对话框。

在"定位"对话框中的"引用位置"文本框中，输入想要转到的单元格，如 E10 单元格，如图 25.8 所示。

图 25.8 定位到某个单元格

输入完毕后，单击【确定】按钮，则光标定位到 E10 单元格。

步骤 6：定位到特定单元格。将扣发工资没有数据的，统一输入 50。

单击 I 列标签，选定整个 I 列。再单击【开始—（编辑）—查找和选择—定位条件】，弹出"定位条件"对话框，如图 25.9 所示。

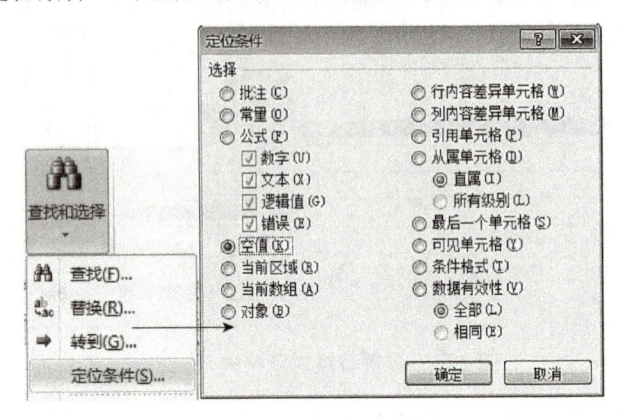

图 25.9 定位条件

在"定位条件"对话框中选中"空值"，再单击【确定】按钮，则选定了本列数据区域中所有空单元格，如图 25.10 所示。

图 25.10 选中空单元

> **注 意**
>
> 1. 空单元格与 0 值单元格是两个概念。空值即没有任何数值，而 0 是一个数值型数据。
>
> 2. 可以用 ISNUMBER() 函数来测试两种单元格，如果是空单元格，返回 FALSE；如果是 0 值单元格，则返回 TRUE。

步骤 7：输入"50"，输入完成按 Ctrl+Enter 组合键，复制输入到所有空白单元格中。

步骤 8：单击工作表行标签"2"，再拖动鼠标到第 6 行，选中 2 至 6 行。在选定区域右击鼠标，在弹出的快捷菜单中选择【隐藏】，如图 25.11 所示。

步骤 9：单击数据区域任意单元格，如 A1 单元格，再按快捷键 Ctrl+A，选中整个数据区域。单击【开始—（编辑）—选查和选择—定位条件】，弹出"定位条件"对话框。

在"定位条件"对话框中，点选"可见单元格"再单击【确定】按钮返回工作表。

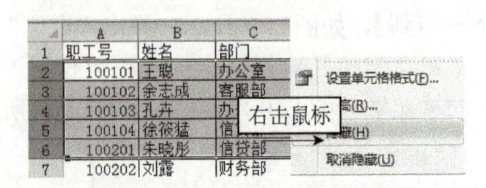

图 25.11 选定区域并隐藏

步骤 10：在选定区域，右击，在弹出的快捷菜单中选择【复制】，再单击工作表标

84

签栏的"新建工作表"图标 ，然后单击新工作表 A1 单元格，右击，在弹出的快捷菜单中选择【粘贴】，则"工资"工作表中所有可见的单元格被复制到新工作表中。如果不定位"可见单元格"，则会连同隐藏数据一起被复制过来。

子任务 26　利用函数查询职工数据

在本任务子任务 25 中，查找的特征是"输入查找对象进行查找"，即查找源与查找结果相同。而在数据库中，一般是按行来组织数据的[①]，而查找可以在不同字段（属性）之间传递，即通过一个字段值查找到另一个字段值，如通过某人的姓名查到此人的家庭住址。利用函数查询是 Excel 2010 的特色。VLOOKUP()、HLOOKUP()和 LOOKUP()函数是查询数据时使用频率非常高的函数。这 3 个函数主要用于搜索用户查找范围的首行（首列）中满足条件的数据，并根据指定的列号（行号），返回对应的值。

对应文件"26 查询职工数据"。

步骤 1： 单击工作表标签"查询数据"，在 B12 单元格输入店名，如"银河店"。

步骤 2： 在 B13 单元格输入"=VLOOKUP(B12,A2:I10,9,0)，如图 26.1 所示。

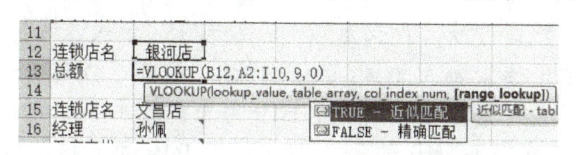

图 26.1　用 VLOOKUP 函数查找数据

函数输入完毕后，按回车键，得到查询的结果：624。

> **提　高**
>
> VLOOKUP() 函数第一种格式是"VLOOKUP（查找值，查找区域，返回列号，查找方式）"。公式在"查找区域"的第 1 列搜索"查找值"，如果找到则返回行号，然后返回"返回列号"的那一列的同一行的数据。"查找方式"有两种，方式一是"TRUE"，是近似匹配，方式二是"FALSE"，是精确匹配，TRUE 和 FALSE 可以用数字 1 和 0 代替。在上例中，B12 为查找单元格，A2：I10 为被查找区域，9 为返回列号（因为"总额"位于数据区域的第 9 列）；意思是在 A2：I10 的第 1 列查找与 B12 单元格值相同的值，结果为第 5 行（"银河店"是第 1 列第 5 行数据），找到后，返回 A2：I10 中第 9 列第 5 行的值。

步骤 3： 根据连锁店名查询经理姓名。单击 B15 单元格，输入"文昌店"，再单击 B16 单元格，输入公式"=VLOOKUP(B15，A2：I10，2，1)"，输入完毕后按回车键，单元格得到的结果为"孙佩"，结果不正确。

[①] 关系型数据模型就是一张二维表，数据按行组织。

提高

在查找方式中，1 表示模糊查找，这种方式查询时，采用二分法查找，要求查找区域的信息是按升序排序的，如果没有排序，则可能返回错误结果；0 表示糊确查找，软件会一一比对，如果没有找到，则返回#N/A 错误。

步骤 4： 双击 B16 单元格，将 B16 公式改为"=VLOOKUP(B15，A2：I10，2，0)"，输入完毕后按回车键，得到正确结果"李丽"。

步骤 5： 单击 B20 单元格，输入公式"=HLOOKUP(B19，A2：I10，4，0)"，如图 26.2 所示。输入结束按回车键，得到正确结果：182。

19	产品	电脑
20	望月店	=HLOOKUP(B19,A2:I10,4,0)

图 26.2 利用 HLOOKUP 进行查询

提高

HLOOKUP 函数与 VLOOKUP 函数相近，只不过做了行列变换。格式为："HLOOKUP（查找值，查找区域，返回行号，查找方式）"。公式在"查找区域"的第 1 行搜索"查找值"，如果找到则返回列号，然后返回"返回行号"的那一行的同一列的数据。"查找方式"与 VLOOKUP()函数一样。在上例中，B19 为查找单元格，A2：I10 为被查找区域，4 为返回行号，意思是在 A2：I10 的第 1 行查找与 B19 单元格值相同的值，结果为第 6 列（"电脑"在第 1 行的第 6 列），找到后，返回第 4 行（"望月店"是查找区域第 1 列的第 4 行）中第 6 列的值。

步骤 6： 反向查找，即查找值不是位于查找区域的第一列，如对应 A2：B10 区域，根据经理姓名查找店名。

单击 B24 单元格，输入公式"=VLOOKUP（B23，IF（{1，0}，B2：B10，A2：A10），2，0)"，如图 26.3 所示，输入完毕后按回车键，得到"电视机销售额为 109 的经理姓名"是"赵巍"。

23	经理	孙佩
24	店名	=VLOOKUP(B23,IF({1,0},B2:B10,A2:A10),2,0)

图 26.3 反向查找

技巧

1. VLOOKUP()函数不可以进行反向查找，即查代值必须位于查找区域的第 1 列；要实现反向查找，只能将数据区域中的列顺序进行调整。

2. 在任务 6 中，用 IF()函数可以调整查找列与返回列。IF（{1，0}，B2：B10，A2：A10）中，第 1 个参数{1，0}是个数组，当取 1 时，函数实际是：IF（1，B2：B10，A2：A10），结果为 B2：B10 区域；当取 0 时，函数实际是：IF（0，B2：B10，A2：A10），结果为 A2：A10。这样，就构成了一个从 B 列到 A 列的反向区域。

> **注 意**
>
> 1. 反向查找可以通过多种方式实现，读者可以尝试。
> 2. HLOOKUP()函数、VLOOKUP()函数均可以使用反向查找。
> 3. 精确查找时，如果查找值在查找区域有多个值时，返回第一个值所有的行（列）。

子任务 27　优化职工数据查询

前例中的数据查询主要由人工输入查询数据，如果输入有误差，则查询会发生偏差，或者查询不到正确结果。Excel 2010 中，可以通过数据有效性和单元格条件格式来优化查询，让查询更加可靠和直观。

对应文件"27 优化职工数据查询"。

步骤 1：单击工作表标签"查询优化"。

步骤 2：单击单元格 B12，冉单击【数据—（数据工具）—数据有效性—数据有效性】，弹出"数据有效性"对话框。

在"数据有效性"对话框中选择"设置"选项卡，在"允许"下拉列表选择"序列"，单击"来源"框，在工作表中拖动区域 A3：A10，如图 27.1 所示。

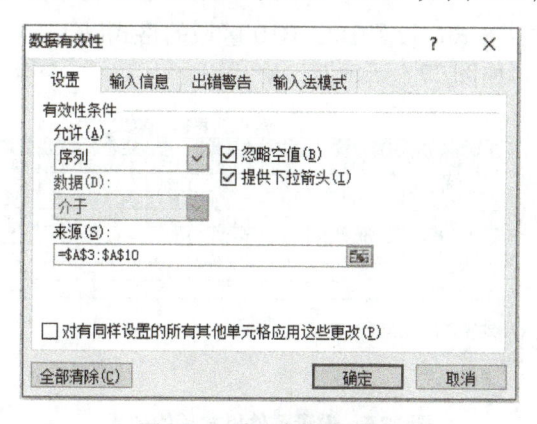

图 27.1　建立数据有效性

图 27.2　数据有效性中的序列效果

单击【确定】按钮返回，这时单击 B12 单元格，会出现下拉箭头，在下拉列表中可以选择连锁店名，如图 27.2 所示。

步骤 3：单击 B13 单元格，输入公式"=VLOOKUP（B12，A2：I10，2，0）"，输入完毕后按回车键。

单击 B14 单元格，输入公式"=VLOOKUP（B12，A2：I10，9，0）"，输入完毕后按回车键。

这时在 B12 单元格中任意选择某个店名，在 B13 显示查到的经理姓名，在 B14 显示查到的总销售额。

技 巧

如果对 A2：I10 区域命名（选择 A2：I10，单击名称框，输入"sales"），则步骤 3 公式中的区域可以用对应的名称来代替，如"=VLOOKUP(B12，sales，2，0)"，这样公式显得更加简洁。

步骤 4：选择 A2：A10 区域，再单击【开始—（样式）—条件格式—突出显示单元格规则—等于】，弹出"等于"对话框，如图 27.3 所示。

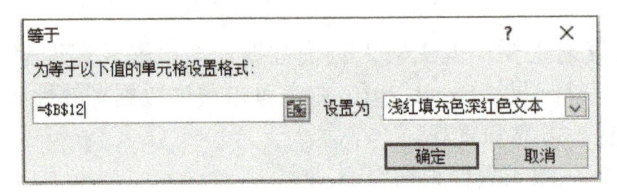

图 27.3　设置等于条件格式

直接单击 B12 单元格，再单击【确定】按钮。在数据区域中，与 B12 单元格内容相同的单元格被设置成"浅红填充色深红色文本"格式，这样可以方便地在数据区域找到被查数据，如图 27.4 所示。

图 27.4　带条件格式的查找

步骤 5：采用同样的方式，设置 B2：B10 区域的格式以及 I2：I10 区域的格式，如图 27.5 所示。

图 27.5　设置条件格式后的效果

注 意

1. 上面的步骤中，一定要先选择需要设置条件格式的区域，再设置规则类型，然后选取规则指向的单元格，顺序不可乱。
2. 只要规则指向的单元格不同，规则设置就必须分步骤操作。

步骤 6：单击工作表标签"查询优化 2"。

单击 B12 单元格，设置数据有效性[①]，对应区域为 A2：A10。

---

① 设置数据有效性的方法，参见任务 2 的子任务 10。

单击 B13 单元格，设置数据有效性，对应区域为 D2：I2。两个单元格选取任意一个值，如图 27.6 所示。

	连锁店名	经理	性别	电视机	空调	电扇	电脑	冰箱	总额
3	火车站店	李丽	女	￥130	￥113	￥96	￥177	￥83	￥599
4	淮海店	赵巍	男	￥109	￥133	￥103	￥172	￥90	￥607
5	望月店	孙佩	女	￥119	￥114	￥110	￥182	￥91	￥616
6	银河店	钱洋	女	￥116	￥134	￥100	￥186	￥88	￥624
7	荷花池店	武清	女	￥117	￥134	￥102	￥189	￥95	￥637
8	城北店	王璋	男	￥129	￥135	￥98	￥191	￥87	￥640
9	文昌店	陈亮	男	￥125	￥137	￥92	￥190	￥97	￥641
10	大学城店	周远	女	￥126	￥121	￥107	￥195	￥96	￥645
11									
12	连锁店名	淮海店	← 设置完后，选择一个任意值						
13	产品	冰箱							
14	销售额								

图 27.6 设置数据有效性值

步骤 7：单击 B14 单元格，输入公式："=VLOOKUP（B12，A2：I10，MATCH（B13，A2：I2，0），0）"，按 Enter 键后得到结果：90，即"淮海店"的"冰箱"的销售额。

> 📚 **提高**
>
> 1. MATCH() 是文本匹配函数，返回文本在区域内的位置。格式为：MATCH（查找值，区域，匹配类型），在"区域"中查找"查找值"，如果找到，则返回该值在区域中的位置值；如果找不到，则返回错误值#N/A。
>
> 2. MATCH() 函数中的匹配类型有：－1、0、1。类型"1"或者省略匹配类型值，表示查找小于或等于查找值的最大值（返回位置值）；"0"表示查找完全等于查找值的第 1 个值（返回位置值）；"－1"表示查找大于或等于查找值的最小值（返回位置值）。
>
> 3. 公式："=VLOOKUP（B12，A2：I10，MATCH（B13，A2：I2，0），0）"的理解是：在 A2：I10 区域的第 1 列查找 B12 单元格的内容，如"淮海店"，返回列号由"冰箱"在 A2：I2 中的位置决定，这样实现了行、列的动态查询。

步骤 8：修改 B12 和 B13 的值，可以实现动态查询。

步骤 9：选择 A2：I10 区域，再单击【开始—（样式）—条件格式—新建规则】，弹出"新建格式规则"对话框。

步骤 10：在"新建格式规则"对话框中，选中"使用公式确定要设置格式的单元格"，在"编辑规则说明"的"为符合此公式的值设置格式"中，输入公式："=$a2=$B$12"，如图 27.7 所示。单击【格式】按钮，弹出"设置单元格格式"对话框，选中"填充"标签，再单击颜色方块"红色"，如图 27.8 所示。

单击【确定】按钮，完成格式设置，返回到"新建格式规则"对话框。单击【确定】按钮，数据区域中店名与 B12 相同的整行数据变成了红色，如图 27.9 所示。

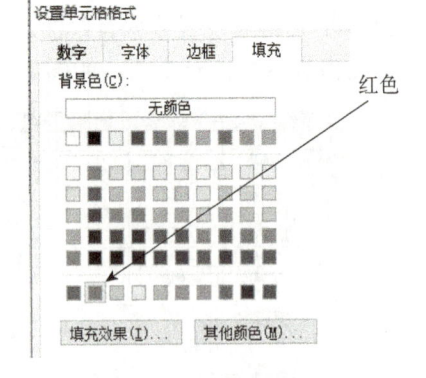

图 27.7　设置格式规则　　　　　图 27.8　设置填充色

图 27.9　设置店名的区域格式

> **提　高**
>
> 条件格式中公式："=$A2=$B$12" 的理解是：B12 是连锁店名，区域中连锁店名为 A 列，因此采用绝对引用 "$A"，而数据区域的首行是第 2 行，所以用 "$A2"，即任意一个单元格的数据，都转换成该行的 A 列与 B12 比较，相等则应用条件格式，如当前单元格是 D5，应用条件格式的公式时转换为 "=$A5=$B$12"，结果为 false，不应用条件格式。

步骤 11：选择 A2：I10 区域，再单击【开始—（样式）—条件格式—新建规则】，弹出"新建格式规则"对话框。在"新建格式规则"对话框中，选择"使用公式确定要设置格式的单元格"，在编辑规则说明中输入公式："=a$2=$B$13"。

单击【格式】按钮，弹出"设置单元格格式"对话框。单击"填充"标签，再单击颜色方块"红色"。单击【确定】按钮，完成格式设置，返回到"新建格式规则"对话框。单击【确定】按钮，数据区域中产品名与 B13 相同的整列数据变成了红色，如图 27.10 所示。

	A	B	C	D	E	F	G	H	I
1	网点销售额一览表								
2	连锁店名	经理	性别	电视机	空调	电扇	电脑	冰箱	总额
3	火车站店	李丽	女	￥130	￥113	￥96	￥177	￥83	￥599
4	淮海店	赵巍	男	￥109	￥133	￥103	￥172	￥90	￥607
5	望月店	孙佩	女	￥119	￥114	￥110	￥182	￥91	￥616
6	银河店	钱洋	女	￥116	￥134	￥100	￥186	￥88	￥624
7	荷花池店	武清	女	￥117	￥134	￥102	￥189	￥95	￥637
8	城北店	王璋	男	￥129	￥135	￥98	￥191	￥87	￥640
9	文昌店	陈亮	男	￥125	￥137	￥92	￥190	￥97	￥641
10	大学城店	周远	女	￥126	￥121	￥107	￥195	￥96	￥645
11									
12	连锁店名	淮海店							
13	产品	冰箱							
14	销售额	90							

图 27.10　双重条件格式的效果

步骤 12：更改连锁店名或产品名，销售额随之变化，数据区域中店名行和产品名列的红色条也随之变化。

子任务 28　自动筛选销售数据

筛选是让 Excel 2010 按照用户指定的条件过滤数据，满足条件的数据显示在工作表中，不满足条件的数据将被隐藏，通过筛选工作表中的数据，可以快速查找数据。

Excel 2010 可以筛选一个或多个数据列。不但可以利用筛选功能控制要显示的内容，而且还能控制要排除的内容。既可以基于从列表中做出的选择进行筛选，也可以创建仅用来限定要显示的数据的特定筛选器。

在筛选操作中，可以使用筛选器界面中的“搜索”框来搜索文本和数字。

在筛选数据时，如果一个或多个列中的数值不能满足筛选条件，整行数据都会隐藏起来。用户可以按数字值或文本值筛选，或按单元格颜色筛选那些设置了背景色或文本颜色的单元格。

对应文件“28 自动筛选销售数据”。

步骤 1：单击工作表标签“自动筛选数据”。单击数据区域任意单元格，如 A2 单元格，再单击【数据—（排序和筛选）—筛选】，数据区域的第一行（标题行）的每个字段都加上了下拉箭头，如图 28.1 所示。

	A	B	C	D	E	F
1	销售地区	销售人员	品名	数量	单价￥	销售金额￥
2	上海	陈昕怡	微波炉	36	500	18,000
3	北京	孙智婷	按摩椅	28	800	22,400
4	上海	李乐聿	跑步机	17	2,200	37,400
5	上海	李晔	微波炉	24	500	12,000
6	上海	孙智婷	液晶电视	1	5,000	5,000

图 28.1　自动筛选

步骤 2：单击"销售地区"单元格右侧的下拉箭头，选择"降序"，所有数据清单的数据按销售地区降序排序。

步骤 3：单击"销售金额"单元格右侧的下拉箭头，选择【数据筛选—介于】，弹出"自定义自动筛选方式"对话框。在"自定义自动筛选方式"对话框中，在"大于或等于"框中输入 20000，"小于或等于"框中输入 30000，如图 28.2 所示。

图 28.2　自定义自动筛选

单击【确定】按钮，数据区域中不满足筛选条件的数据被隐藏，而"销售金额"字段右侧的下拉箭头变成了，带上了"筛选"标记。

> **注 意**
>
> 1. 在 Excel 2010 自动筛选中，同一数据区域有多个筛选时，筛选条件会叠加；自动筛选中的排序不可以叠加，即不好对一个字段排序，同时再对另一字段排序。
> 2. Excel 2010 自动筛选中，可以按颜色排序。

步骤 4：单击"销售金额"单元格右侧的下拉箭头，选择【从"销售金额￥"中清除筛选】，如图 28.3 所示，则清除"销售金额"的筛选。

步骤 5：单击"销售人员"单元格右侧的下拉箭头，选择【降序】。拖动鼠标选中 B4：B5 区域，再单击【开始—（单元格）—格式—设置单元格格式】，或者按快捷键 Ctrl+1，弹出"设置单元格格式"对话框。

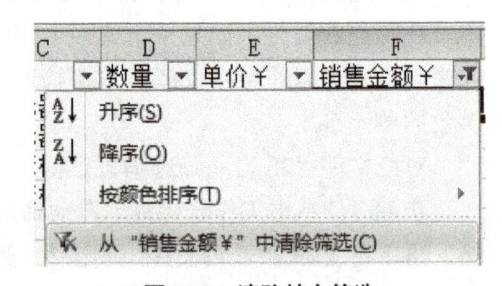

图 28.3　清除某个筛选

在"设置单元格格式"对话框中，选中"填充"选项卡，再单击"红色"，如图 28.4 所示。单击【确定】按钮返回。

步骤 6：选择 B23：B26 区域，同步骤 4，设置为"绿色"背景。

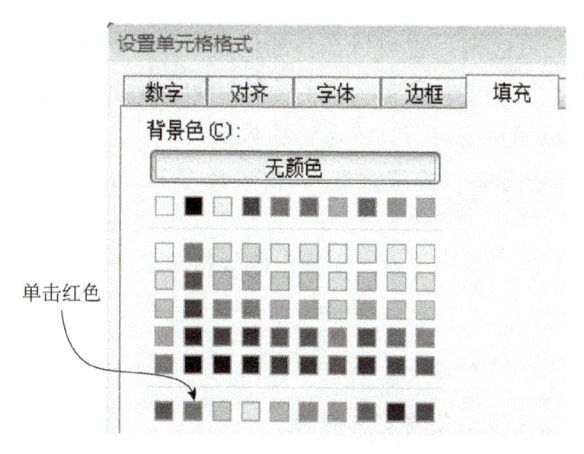

任务 5　查询与筛选职工和销售数据

图 28.4　设置单元格背景色

步骤 7：单击 B1"销售人员"右侧的下拉箭头，选择【按颜色排序—"红色"】，如图 28.5 所示。

图 28.5　按颜色排序

在数据区域中，红色单元格对应的数据排在了数据区域的前面。

单击 B1"销售人员"右侧的下拉箭头，选择【按颜色排序—"绿色"】，绿色单元格对应的数据排在了数据区域的前面，如图 28.6 所示。

销售地区	销售人员	品名	数量	单价¥	销售金额¥
山东	陈坚	跑步机	14	2,200	30,800
南京	陈坚	显示器	29	1,500	43,500
南京	陈坚	微波炉	19	500	9,500
北京	陈坚	按摩椅	45	800	36,000
山东	沈子依	跑步机	2	2,200	4,400
杭州	沈子依	微波炉	39	500	19,500
上海	孙智婷	液晶电视	1	5,000	5,000
北京	孙智婷	按摩椅	28	800	22,400
杭州	缪林鑫	显示器	24	1,500	36,000

图 28.6　按颜色排序的结果

子任务 29　高级筛选销售数据

自动筛选一般用于条件简单的筛选操作，符合条件的记录显示在原来的数据表格中。若要筛选的多个条件间是"或"的关系，或者需要将筛选的结果在新的位置显示出来，那只有用"高级筛选"来实现。

高级筛选一般用于条件较复杂的筛选操作，其筛选的结果可显示在原数据表格中，

93

不符合条件的记录被隐藏起来，也可以在新的位置显示筛选结果，不符合条件的记录同时保留在数据表中而不会被隐藏起来，这样就更加便于进行数据的比对了。

对应文件"29 高级筛选和自定义筛选销售数据"。

步骤 1：单击工作表标签"高级筛选"，再选择 A1：H1，右击，在弹出的快捷菜单中选择【复制】。

步骤 2：单击 A31 单元格，右击，在弹出的快捷菜单中选择【粘贴】。

> **注 意**
>
> 1. 高级筛选的数据区域必须要有标题行。
> 2. 高级筛选的条件区域的标题行内容与数据区域的标题行内容必须一致，可以采用复制、粘贴的方法来制作条件区的标题行。
> 3. 条件区的标题字段数量不必与数据区的字段数量完全一致，可以只包括数据区标题的一个字段或部分字段。
> 4. 无论是宽度不足还是超宽，结果区域的列宽都一定要与数据区域的列宽一致，否则会提示出错，如图 29.1 所示。

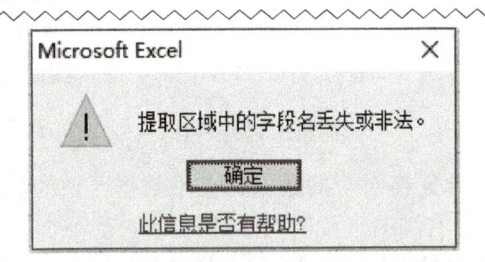

图 29.1 结果区域宽度不一致出现的错误信息

步骤 3：在 D32 单元格中，输入">30"。

步骤 4：单击【数据—（排序和筛选）—高级】，出现"高级筛选"对话框，如图 29.2 所示。

图 29.2 "高级筛选"对话框（1）

提 高

1. 高级筛选有两种模式：一种是在原有数据区域中进行筛选，将不满足条件的记录隐藏；第二种方式是将满足条件的数据复制到另一区域。

2. 高级筛选的条件区域，如果写在同一行，条件间的关系是"且"，如果写在不同行，条件之间的关系是"或"。

3. 在条件区域中，描述条件时，可以用通配符"*"和"?"。"*"表示与任意多字符相匹配，"?"表示与一个字符相匹配。描述条件时，还有一个波形符号"～"，如"～?"、"～*"，此时"?"和"*"不作为通配符，而表示"?"和"*"本身，在条件中表示筛选含有"?"或"*"的数据。

步骤 5： 在"高级筛选"对话框中，选中"将筛选结果复制到其他位置"，同时，"复制到"框高亮显示。单击"列表区域"，选择 A1：H29 区域。再单击"条件区域"，选择 A31：H32 区域。然后单击"复制到"框，选择 A34：H53 区域。最后单击【确定】按钮，如图 29.2 所示。

步骤 6： 在 A34：H53 区域，出现筛选结果，如图 29.3 所示。

31	销售地区	销售人员	品名	数量	单价¥	销售金额¥	销售年份	销售季度
32				>30				
33								
34	销售地区	销售人员	品名	数量	单价¥	销售金额¥	销售年份	销售季度
35	上海	陈昕怡	微波炉	36	500	18,000	2006	2
36	山东	李晔	微波炉	69	500	34,500	2006	3
37	南京	顾资然	按摩椅	32	800	25,600	2006	3
38	杭州	顾资然	微波炉	76	500	38,000	2006	3
39	杭州	沈子依	微波炉	39	500	19,500	2006	2
40	北京	陈坚	按摩椅	45	800	36,000	2006	3
41	北京	缪林鑫	微波炉	69	500	34,500	2005	1
42	北京	曾维	微波炉	65	500	32,500	2006	3

图 29.3　高级筛选结果

图 29.4　筛选条件

图 29.5　"高级筛选"对话框（2）

步骤 7： 单击 J1 单元格，输入"销售地区"，再单击 K1 单元格，输入"品名"。

单击 J2 单元格，输入"上海"；再单击 J3 单元格，输入"山东"；然后单击 K3 单元格，输入"跑步机"；结果如图 29.4 所示。

步骤 8： 单击【数据—（排序和筛选）—高级】，出现"高级筛选"对话框，如图 29.5 所示。选中"在原有区域显示筛选结果"，再单击"列表区域"，选择 A1：H29 区域，然后单击"条件区域"，选择 J1：K3 区域。最后单击【确定】按钮，得到筛选结果，在原有数据区域，部分数据被隐藏，如图 29.6 所示。

销售地区	销售人员	品名	数量	单价¥	销售金额¥	销售年份	销售季度
上海	陈昕怡	微波炉	36	500	18,000	2006	2
上海	李乐建	跑步机	17	2,200	37,400	2006	4
上海	李晔	微波炉	24	500	12,000	2006	4
上海	孙智婷	液晶电视	1	5,000	5,000	2006	2
上海	李乐建	显示器	15	1,500	22,500	2006	4
山东	陈坚	跑步机	14	2,200	30,800	2006	2
山东	沈子依	跑步机	2	2,200	4,400	2006	1

结果区域——不符合筛选条件的数据被隐藏

图 29.6　数据区域与结果区域合并的筛选

解释：第一行筛选"销售地区"是"上海"的数据，第二行筛选"销售地区"是"山东"而且"品名"是"跑步机"的数据；第一行与第二行不在同一行，是"或"的关系，即"销售地区"是"上海"的数据或者"销售地区"是"山东"的"跑步机"数据。

子任务 30　自定义条件筛选销售数据

自动筛选是一种简单的筛选方式。高级筛选可以通过不同的条件组合，实现复杂条件的数据筛选，但是高级筛选是基于现有数据的字段的，也就是说所有条件都必须在现有字段的基础上实现，离开这些字段，筛选不能实现。

在 Excel 2010 中，用户也可以通过一些方法来构造一些"字段"，通过构造出来的"字段"参与筛选条件的创建，可筛选出想要的数据。

对应文件"30 自定义条件筛选销售数据"。

步骤 1：单击工作表标签"自定义筛选"。

步骤 2：单击 A32 单元格，输入"平均销售金额"。单击 A33 单元格，输入公式"=AVERAGE（f2：f29）"，输入完毕后，按回车键，得到平均销售额。

步骤 3：单击 B32 单元格，输入"大于平均销售额"。单击 B33 单元格，输入公式"=F2>$A$33"，得到运算结果"FALSE"。这里区域 B32：B33 构成了一个新条件。

步骤 4：单击【数据—（排序和筛选）—高级】，弹出"高级筛选"对话框。在"高级筛选"对话框中，选中"将筛选结果复制到其他位置"。单击"列表区域"，选择 A1：H29 区域。单击"条件区域"，选择 B32：B33 区域。单击"复制到"框，选择 A35：H64 区域。由于不知道筛选结果有多少数据，因此这个区域要尽可能大些，否则会提示筛选结果超出范围。所有输入完毕，如图 30.1 所示。单击【确定】按钮，得到筛选结果，如图 30.2 所示。

图 30.1　自定义条件高级筛选参数

任务 5　查询与筛选职工和销售数据

平均销售金额	大于平均销售额
20,371	FALSE

⎫ 自定义条件

销售地区	销售人员	品名	数量	单价	销售金额	销售年份	销售季度
北京	孙智婷	按摩椅	28	800	22,400	2006	2
上海	李乐聿	跑步机	17	2,200	37,400	2006	4
山东	陈坚	跑步机	14	2,200	30,800	2006	2
南京	顾资然	按摩椅	32	800	25,600	2006	3
山东	李晔	微波炉	69	500	34,500	2006	3
南京	陈坚	显示器	29	1,500	43,500	2006	1
山东	戴昊玮	显示器	14	1,500	21,000	2006	4
杭州	顾资然	微波炉	76	500	38,000	2006	3
杭州	缪林鑫	显示器	24	1,500	36,000	2006	3
北京	陈坚	按摩椅	45	800	36,000	2006	3
北京	缪林鑫	微波炉	69	500	34,500	2005	1
上海	李乐聿	显示器	15	1,500	22,500	2006	4
北京	曾维	微波炉	65	500	32,500	2006	3

⎫ 筛选出所有销售金额大于平均值的数据

图 30.2　自定义条件筛选结果

提　高

1. 自定义条件筛选的过程是：将数据区域中的数据一行一行地通过条件比对，将满足条件的记录复制到结果区。

2. 在步骤 3 中输入自定义条件时，被比对的地址一定要采用绝对引用，这样在进行其他行比对时，仍然与设定的平均值比对，否则会出错。

步骤 5：将"销售人员"姓名中带"乐"字的人员筛选出来。

单击 J2 单元格，输入公式"=ISNUMBER（FIND（"乐"，B2）），得到结果"FALSE"。

步骤 6：单击【数据—（排序和筛选）—高级】，弹出"高级筛选"对话框。在"高级筛选"对话框中，选中"将筛选结果复制到其他位置"。单击"列表区域"，选择 A1：H29 区域。单击"条件区域"，选择 J1：J2 区域。单击"复制到"框，选择 J4：Q16 区域。由于不知道筛选结果有多少数据，因此这个区域要设置得尽可能大些，否则会提示筛选结果超出范围。所有输入完毕，如图 30.3 所示。

图 30.3　自定义条件高级筛选参数

注　意

1. 构造条件时，条件一定要是一个逻辑表达式，其结果为逻辑值。
2. 构造的条件可以使用"空白标题字段"，因此"高级筛选"对话框中的"条件区域"指定为 J1：J2 区域，J1 实为空白，但一定要指定。

单击【确定】按钮，得到筛选结果，如图 30.4 所示。

图 30.4　自定义条件筛选结果

> **提　高**
>
> 1. FIND()函数是用来查找某个字符串在文本中的位置，语法是"＝FIND（查找字符，被查找文本，起始位置）"，如果在"被查找文本"中找到"查找字符"，则返回该字符在文本中的位置，否则返回错误；"起始位置"默认为1。
>
> 2. ISNUMBER()函数是一个信息函数，也称 IS 函数，用来获取单元格信息。这个函数用于判断参数是否是数值型数据，语法为"＝ISNUMBER（参数）"，如果参数是数值型则返回 TRUE，否则返回 FALSE。
>
> 3. 其他的信息函数有：判断空白单元格函数 ISBLANK()、判断错误值函数（不包括 N/A 错误）ISERR()、判断逻辑值函数 ISLOGICAL()、判断是否为 N/A 错误函数 ISNA()、判断是否为引用函数 ISREF()、判断是否为文本函数 ISTEXT()。

任务 6　统计职工和销售数据

任务说明

本任务主要是统计相关营销数据。统计内容包括排序、区间统计、分类汇总等。排序是最基本的数据统计方式。区间统计是利用 Excel 2010 的模糊查找功能来实现的。分类汇总是一种基于排序字段的统计方法，它可以为分类数据进计数、平均、最值、乘积等汇总统计。

任务结构

子任务 31　对职工工资数据进行排序
子任务 32　对职工数据自定义排序
子任务 33　对销售数据进行模糊统计与频率统计
子任务 34　对销售数据进行分类汇总
子任务 35　对销售数据进行叠加分类汇总
子任务 36　自动分类统计
子任务 37　对销售数据进行预测

子任务 31　对职工工资数据进行排序

对数据进行排序是数据分析不可缺少的组成部分。排序操作可以将名称列表按字母顺序排列、将库存按从高到低的顺序排列、按颜色或图标对行进行排序等。对数据进行排序有助于快速直观地显示数据并更好地理解数据，有助于组织并查找所需数据，有助于最终做出更有效的决策。

对应文件"31 排序"。

步骤 1：单击工作表标签"排序"。

步骤 2：单击 H 列的任意单元格，如 H5。单击【数据—（排序和筛选）—升序 ↓】，结果显示所有数据按照"月工资"升序排列。

> **注意**
> 1. 快速排序时，默认按列排序，且有标题行。
> 2. 快速排序时，如果选择了某个区域，则会提示是否仅对区域内数据排序，还是扩展到整个数据区域。

步骤 3：单击【数据－（排序和筛选）－排序】，出现"排序"对话框，如图31.1 所示。

在"排序"对话框中，默认"数据区域包含标题"，因此勾选"数据包含标题"。对话框中已存在按"月工资"升序排序的一个条件，其中"主要关键字"为"月工资"字段，"排序依据"是"数值"，即按数值大小排序："次序"为"升序"排序；单击每一项的下拉列表，可以进行更改；单击【删除条件】则可以将这个排序条件删除。

图 31.1 "排序"对话框

步骤 4：单击【添加条件】按钮，在"排序"对话框中出现第二个排序关键字，如图 31.2 所示。"次要关键字"选择"入职日期"，"排序依据"选择"数值"，"次序"选择"降序"。完成后单击【确定】按钮。在数据区域，所有数据在月工资升序的基础上，如果月工资相同，则按入职日期降序排序。

图 31.2 添加排序关键字

> **提 高**
>
> 1. Excel 2010 的排序关键字突破了以往的 3 个的限制，最多可达 64 个排序条件。
> 2. 后面的排序条件必须在不改变之前排序结果的情况下才有意义。
> 3. Excel 2010 的排序可以按格式（包括单元格颜色、字体颜色或图标集）进行排序。
> 4. 排序的方法可以是"字母"和"笔划"："字母"即英文字母或汉字拼音首字母，"笔划"是以汉字笔划多少排列，笔划相同则按起笔顺序排列（横、竖、撇、捺、折），再其次按字形结构排列（左右、上下、整体字）。

步骤 5：单击【数据—(排序和筛选)—排序】，出现"排序"对话框。单击对话框中的【选项】按钮，出现"排序选项"对话框，如图 31.3 所示。

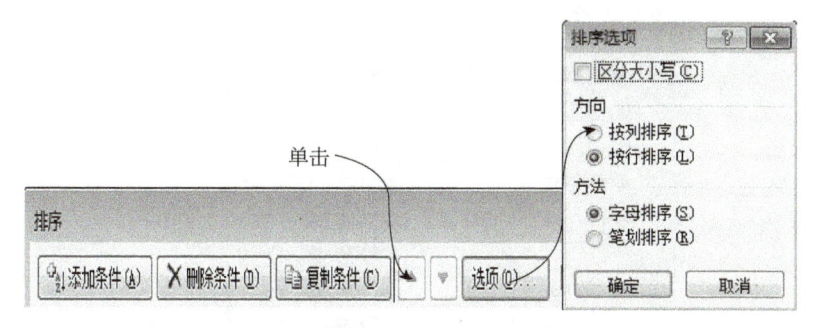

图 31.3　排序选项

选中"按行排序"，单击【确定】按钮。

步骤 6：在"排序"对话框中，"主要关键字"选择"行 1"，"排序依据"为"数值"，"次序"为"升序"，如图 31.4 所示，单击【确定】按钮。

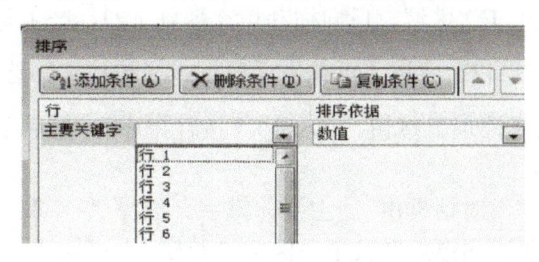

图 31.4　按行排序

排序结果为：以第一行标题行各个标题字段的升序重新组织数据，如图 31.5 所示，"出生日期"、"工号"、"工作地点"就是按升序排序的。这种方法可以用来调整数据区域的左右顺序，但是数据区域中如果有函数或引用，可能会引发错误。

图 31.5　按行排序

> **技 巧**
>
> 解决因行排序导致有公式的单元格数据出错的方法是：先复制内容，再用"选择性粘贴—数值"，然后将原数据删除；如果格式不一致，则用格式刷，将格式"刷"成一样。

步骤 7：单击数据区域内任意单元格，如 D5 单元格；按快捷键 Ctrl+A，全选数据区域；再按快捷键 Ctrl+C，复制数据区域。

步骤 8： 单击"新建工作表"标签，右击，在弹出的快捷菜单中选择【选择性粘贴—（粘贴数值）—值】，如图 31.6 所示。

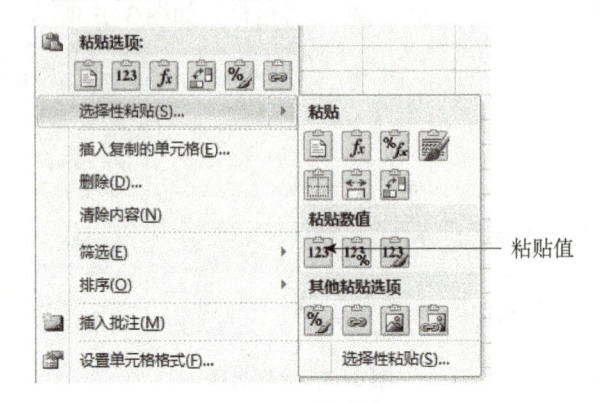

图 31.6 粘贴值

步骤 9： 在粘贴后的数据区域的下面一行，输入数字。再单击 J22 单元格，输入 1，再单击 I22 单元格，输入 2。

步骤 10： 选中 I22：J22 区域，反向拖动填充柄到 A22，产生降序序列。

步骤 11： 选中 A1：J22 区域，再单击【数据—（排序和筛选）—排序】，弹出"排序"对话框。单击【选项】按钮，再点选"按行排序"，然后单击【确定】按钮，返回"排序"对话框。

步骤 12： 在"排序"对话框中，"主要关键字"选择"行 22"，即新建的最后一行；"排序依据"保持"数值"不变；"次序"保持"升序"不变，单击【确定】按钮。原数据区域的列按最后一行的数值升序排序。

步骤 13： 单击 22 行的行号，按 Delete 键，删除该行的内容。

> **技巧**
>
> 在数据区域增加辅助行（也可以是辅助列），并输入数字，数字顺序就是用户对字段（如果是辅助列，则为数据行）的排序顺序，再通过行排序的方法，可以快速调整数据区域字段（数据行）的顺序。

子任务 32　对职工数据自定义排序

对数据的排序如果仅按照 Excel 2010 提供的排序方法就只有两种，一是"字母"顺序，另一种是"笔划"顺序。如果想让数据按照用户的顺序来排序，则要用到自定义排序。

对应文件"32 自定义排序"。

步骤 1： 单击工作表标签"自定义排序"。

步骤 2： 单击 B 列的任意一个单元格，如 B5，再单击【数据—（排序和筛选）—升序】。数据排序的结果是按照"二公司、三公司、一公司"顺序来排序，这是按照拼音的升序来排序的。而用户心中的排序应是"一公司、二公司、三公司"。

步骤 3：单击【文件—选项—高级】，在"Excel 选项"对话框右侧，单击【编辑自定义列表】按钮，如图 32.1 所示。

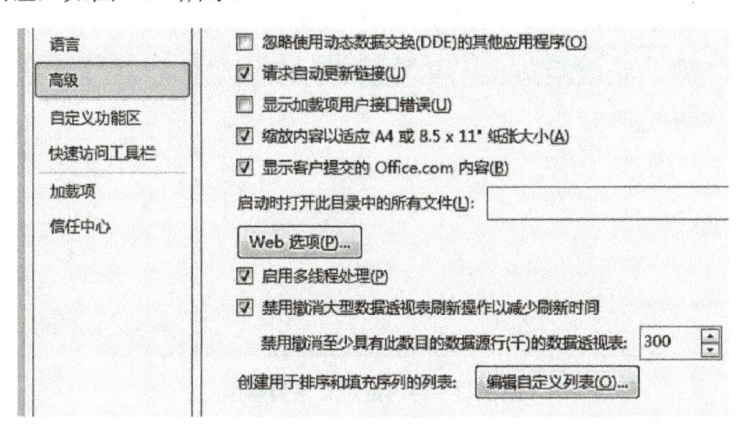

图 32.1　自定义序列

在打开的"自定义序列"对话框中，输入自定义序列的内容"一公司、二公司、三公司"；每个数据占一行，没有标点符号，输入完毕后，单击【添加】按钮，再单击【确定】按钮，如图 32.2 所示。定义序列时也可以单击【导入】按钮，再拖动鼠标左键，选中目标数据区域，从现有工作表的数据导入到自定义列表中，从而简化定义操作。

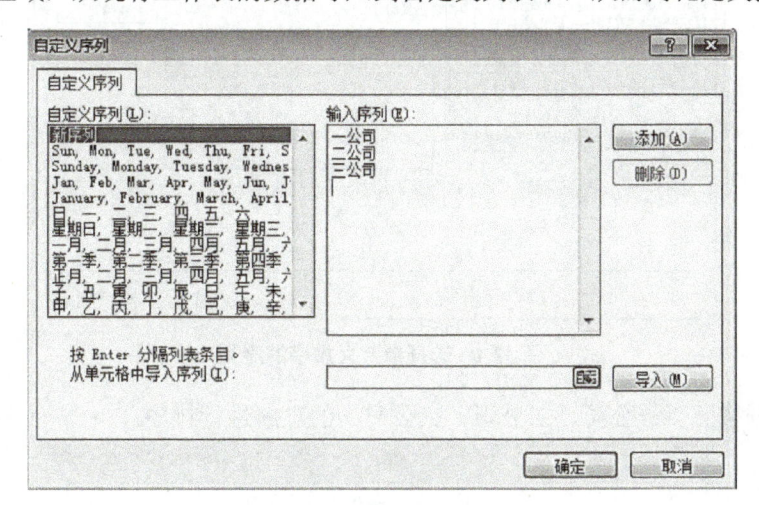

图 32.2　自定义序列

> **提　高**
>
> 1. Excel 2010 中可以从数据区域中导入定义序列值，如图 32.2 所示，单击【导入】按钮，可以选择一个区域的数据导入到自定义序列表中。
> 2. 如果排序数据超出序列范围，则序列包含的值排在前。

步骤 4：单击【数据—（排序和筛选）—排序】，在弹出的"排序"对话框中，"次序"下拉列表选择"自定义序列"，如图 32.3 所示。

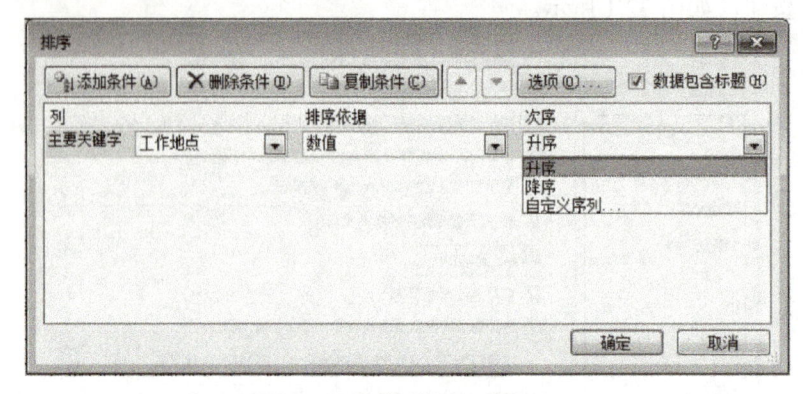

图 32.3　利用自定义序列排序

在弹出的"自定义序列"对话框中，选择刚才定义的序列"一公司、二公司、三公司"，单击【确定】按钮，如图 32.4 所示。

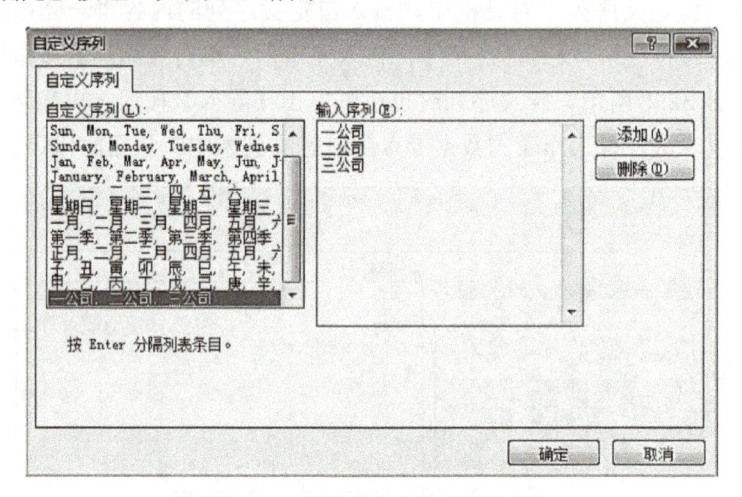

图 32.4　选择自定义排序的序列

整个数据按照"一公司、二公司、三公司"的顺序进行排序。

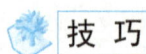

> **技 巧**
>
> 1. Excel 2010 在对姓名进行排序时，如果想让某个人或某些人一直排在前面（如公司领导），可以将这些姓名放在自定义序列中，然后用这个序列去排序，这样序列中的姓名会一直排在前面。
>
> 2. Excel 2010 可以根据字体颜色或单元格颜色来排序，这样可以将用户标注颜色的数据进行单独排在数据清单的顶端或底端。

子任务 33 对销售数据进行模糊统计与频率统计

模糊统计是利用 LOOKUP（）函数的统计特征进行统计的。对于升序排序的数据，用 LOOKUP（）进行查找时，如果没有找到所查找数据，会返回数据区域中小于（小于或等于）查找值的最大值，利用这个特征，可以进行模糊查找。

频率统计一般是针对大量数据而言的，设置几个区间点，统计各个区间点的数据分布情况，相当于在不同的数据区间计数。

对应文件“33 模糊统计与频率统计”。

步骤 1： 单击工作表标签“销售奖金”。

步骤 2： 查看“销售奖金”工作表的内容，如图 33.1 所示。

	A	B
1	销售额	奖金比率
2	M<5000	0.60%
3	5000≤M<50000	0.30%
4	M≥50000	0.10%

图 33.1 销售奖金标准

> **注 意**
>
> 1. Excel 2010 中，模糊统计用到最多的是 LOOKUP（）函数。用 LOOKUP（）函数查询时（查找数据需升序排序），如果找不到匹配数据，则会返回小于或等于查找值的最大值。
>
> 2. 传统的数据区间列表需要转换为 Excel 2010 能够识别的数据格式，这样的数据才能统计出正确的结果。

首先转换区间列表。单击 A1：B4 单元格区域，在该区域右击，在弹出的快捷菜单中选择【复制】，再右击 D1 单元格，在弹出的快捷菜单中选择【粘贴】即可。

步骤 3： 单击 D2 单元格，输入 0；再单击 D3 单元格，输入 5000；然后单击 D4 单元格，输入 50000，如图 33.2 所示。

	A	B	C	D	E
1	销售额	奖金比率		销售额	奖金比率
2	M<5000	0.60%	⇨	0	0.60%
3	5000≤M<50000	0.30%		5000	0.30%
4	M≥50000	0.10%		50000	0.10%

图 33.2 统计区间的转换

步骤 4： 单击 B7 单元格，输入公式“=B6*LOOKUP（B6,D2:D4,E2:E4）”，得到结果为 80。修改 B6 的销售金额，B7 的奖金自动修改。

公式解释： LOOKUP（）函数在 D2：D4 单元格区域查找 B6 单元格的值 80000；没有找到 80000，函数返回小于等于 80000 的最大值（查到的值是 50000）所在的行号（数据区的第 3 行），再从 E2：E4 区域找到第 3 行的值 0.10%返回；再将 0.10%与 B6 单元格的值相乘，得到结果 80。

	A	B
1	考核方法	等次
2	销售额<100	优秀奖
3	100<=销售额<150	四等奖
4	150<=销售额<200	三等奖
5	200<=销售额<300	二等奖
6	300<=销售额	一等奖

图 33.3 销售业绩的划分

步骤 5： 单击工作表标签“销售评价”。浏览销售业绩的划分标准，如图 33.3 所示。

步骤 6： 复制 A1：B6 区域的内容到 D1：E6，更改 D2：D6 区域的内容，依次输入“0、100、150、200、300”，如图 33.4 所示。

考核方法	等次
销售额<100	优秀奖
100<=销售额<150	四等奖
150<=销售额<200	三等奖
200<=销售额<300	二等奖
300<=销售额	一等奖

考核方法	等次
0	优秀奖
100	四等奖
150	三等奖
200	二等奖
300	一等奖

图 33.4　更改成 Excel 2010 能够识别的数据格式

步骤 7： 拖动鼠标选中 C10：C19 区域，在编辑栏中输入“= LOOKUP（B10,$D$2:$D$6,$E$2:$E$6)”，按 Ctrl+Enter 组合键，得到成绩统计结果，如图 33.5 所示。

姓名	销售额	等次
王聪	115	四等奖
余志成	96	优秀奖
孔卉	378	一等奖
徐筱猛	275	二等奖
朱晓彤	198	三等奖
刘露	139	四等奖
朱屹承	77	优秀奖
李婷	143	四等奖
赵创	425	一等奖
朱园园	127	四等奖

图 33.5　销售业绩统计结果

步骤 8： 有多个考核方法的快速统计。

单击工作表标签“双重销售评价”，查看评价标准，如图 33.6 所示。

考核方法一	等次
0	优秀奖
100	四等奖
150	三等奖
200	二等奖
300	一等奖

考核方法二	等次
0	四等奖
120	三等奖
240	二等奖
360	一等奖

图 33.6　两个评价标准

步骤 9： 选择 A2：B6 区域，在名称框中输入“考核一”，将区域命名为“考核一”。

选择 D2：E5 区域，在名称框中输入“考核二”，将区域命名为“考核二”。

步骤 10： 单击 C9 单元格，再单击【数据—（数据工具）—数据有效性—数据有效性】，在弹出的“数据有效性”对话框的“设置”选项卡中，“允许”下拉列表选择“序列”，“来源”框输入“考核一，考核二”。单击【确定】按钮，完成设置，再单击 C9 单元格的下拉箭头，任选一个数据。

姓名	销售额	考核二
王聪	115	
余志成	96	四等奖
孔卉	378	一等奖
徐筱猛	275	二等奖
朱晓彤	198	三等奖
刘露	139	三等奖
朱屹承	77	四等奖
李婷	143	三等奖
赵创	425	一等奖
朱园园	127	三等奖

图 33.7　双重销售评价

步骤 11： 单击 C10 单元格，输入公式“=LOOKUP（B10,INDIRECT（$C$9))”，输入完毕后按 Enter 键。拖动 C10 单元格的填充柄到 C19 单元格，所有单元格中产生相应的考核结果。

步骤 12： 单击 C9 单元格，更换考核方式，C10：C19 区域中考核结果发生相应变化，如图 33.7 所示。

步骤 13： 单击工作表标签“频率统计”。数据清单为某产品的一段时间的销售量表，现在统计销售量小于 10 台、10~20 台、20~30 台、30~40 台、50 台以上各有多少天。

> **注 意**
>
> 1. 频率统计函数将 N 个区间点划分为 $N+1$ 个区间，按照向上舍入原则进行统计，结果生成 $N+1$ 个统计值。
> 2. FREQUENCY（）函数是 Excel 2010 中最常用的频率分布函数。

单击 D1 单元格，输入"统计区间"，单击 E1 单元格，输入"天数"。在 D2：D6 区域，输入区间点"10、20、30、40、50"。拖曳鼠标选中 E2：E7 区域，在编辑栏输入"=FREQUENCY（B2:B31,D2:6）"，按 Ctrl+Shift+Enter 组合键，出现统计结果如图 33.8 所示。

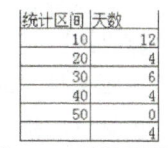

统计区间	天数
10	12
20	4
30	6
40	4
50	0
	4

图 33.8　统计区间与统计结果

> **提 高**
>
> 1. FREQUENCY（）函数的统计结果是一个一维数组，故函数输入结束时，要按数组的方式结束输入，按 Ctrl+Shift+Enter 组合键。
> 2. FREQUENCY（）函数的统计区间点为 N 时，结果区间为 $N+1$ 个，区间的划分的意义为（-∞，10]、（10，20]、（20，30]、（30，40]、（40，50]、（50，+∞）。

步骤 14： 计算排名。单击 C2 单元格，再在 C2 单元格输入函数"=RANK（B2,$B$2:$B$31）"，输入完毕后，按回车键。计算结果为 B2 单元格在 B2：B31 区域的数值从大到小的排名顺序值。拖动 C2 单元格的填充柄到 C31，得到整个计算结果。

> **提 高**
>
> 1. RANK（）函数用于统计数值在区域中的排名，格式为"=RAND（需要排名的数值或引用，排名区域[，排名方式]）"，"排名方式"默认为 0，表示降序；1 为升序；函数返回排名值。
> 2. 如果某些数值相同，则它们的排名值相同；如果有 N 个排名值相同，则下面会有 $N-1$ 个排名值空缺，如图 33.9 所示。
> 3. 在函数中，区域引用中使用到了绝对引用。因为在公式复制时，如果是相对引用，则排名区域会发生变化，而本意为在固定区域中排名，因此要采用绝对引用。

销售日期	销量（台）	排名
2013年1月1日	2	30
2013年1月2日	25	10
2013年1月3日	25	10

两个排名相同，下一排位为12

图 33.9　空缺排位

子任务 34　对销售数据进行分类汇总

分类汇总是对数据清单进行数据统计的最常用的方法。分类汇总先对数据区域"分类",也就是排序,然后再进行"汇总"。分类汇总能够快速地以某一个字段为分类项,对数据列表中的其他字段的数值进行各种统计计算,如求和、计数、平均值、最大值、最小值、乘积等。

在 Excel 2010 中,分类汇总之前,必须对分类字段进行排序。排序的目的不是获得一个带有顺序的数据区域,而是将分类字段进行"分类"——相同的数据放在一起,便于计算机进行统计。

对应文件"34 对销售数据进行分类汇总"。

步骤 1:单击工作表标签"分类汇总",再单击 C 列的任意单元格,如 C2;然后单击【数据—(排序和筛选)—升序 ↓】,整个数据区域按"客户名称"升序排序。

步骤 2:单击【数据—(分级显示)—分类汇总 】,弹出"分类汇总"对话框。在"分类汇总"对话框中,"分类字段"选择"客户名称","汇总方式"选择"求和","选定汇总项"勾选"销售额",如图 34.1 所示。单击【确定】按钮,出现汇总结果如图 34.2 所示。

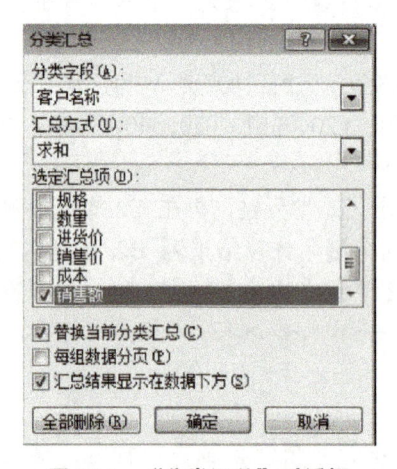

图 34.1　"分类汇总"对话框

图 34.2　分类汇总的结果(部分)

Excel 2010 会根据客户名称进行分类，将同类结果的销售额求和。

步骤 3：在窗口左上角有 3 个分级显示按钮，单击【分级】按钮 1，整个数据明细被收缩，只显示汇总部分，明细数据被隐藏，如图 34.3 所示。

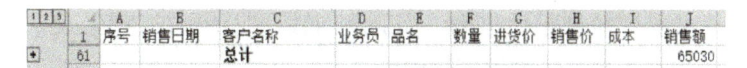

图 34.3　只显示分类汇总的总计项

步骤 4：单击【分级】按钮 2，显示分项汇总和总计，如图 34.4 所示。

图 34.4　分项汇总

单击 J16 单元格，查看编辑栏内的公式是"=SUBTOTAL（9,j2:j15）"。

> **提高**
>
> SUBTOTAL（）函数返回列表或数据库中的分类汇总。格式为：SUBTOTAL（统计代号，区域），统计代号分为两类，一类是区域中包含隐藏值（统计代号小于 100），另一类是忽略隐藏值（统计代号大于 100）。常用的统计代号有：1—平均、2—数值计数、3—普通计数[①]、4—最大值、5—最小值、6—乘积、7—标准偏差、8—总体标准偏差、9—求和、10—方差、11—总体方差。

步骤 5：转移分项汇总数据。单击【分级】按钮 2，显示分项汇总和总计。单击 C1 单元格，拖曳鼠标到 K34 单元格，在选定区域右击，在弹出的快捷菜单中选择【复制】。单击 C40 单元格，右击，在弹出的快捷菜单中选择【粘贴】，分项汇总和数据细节一齐被粘贴出来。

> **注意**
>
> 1. 分类字段不排序，也可以做分类汇总，但是汇总出来的结果会出现重复值。
> 2. 在 Excel 2010 中，如果复制区域含有隐藏数据，在粘贴时，隐藏数据会显示出来。
> 3. 分级显示时，单击 + 或 -，可以展开或收缩数据。

步骤 6：单击 C1 单元格，拖曳鼠标到 K34 单元格，再单击【开始—（编辑）—查找和选择—定位条件】，弹出"定位条件"对话框，如图 34.5 所示。

[①] 数值计数即仅统计数值型数据，普通计数即统计非空的所有数据。

选中"可见单元格",选中的色框变成虚框[①],如图34.6所示。

按快捷键Ctrl+C,或在选中区域中右击,在弹出的快捷菜单中,选择【复制】。

步骤7:单击M40单元格,按快捷键Ctrl+V,或右击鼠标,在弹出的快捷菜单中选择【粘贴】。可见数据区域被粘贴出来,而隐藏的数据明细则被忽略。

图34.5 "定位条件"对话框　　图34.6 仅选中可见数据

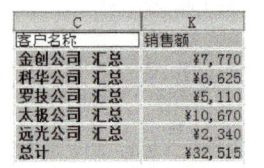

步骤8:单击【数据—(分级显示)—分类汇总 】,在打开的"分类汇总"对话框中,单击【全部删除】按钮,则可以将当前的分类汇总删除。

子任务35　对销售数据进行叠加分类汇总

分类汇总操作一次只能对一个字段进行分类汇总,但可以多次进行分类汇总操作,每次选择不同的分类字段,从而实现分类汇总的叠加,使数据分析更加细致。

对应文件"35 对销售数据进行叠加分类汇总"。

步骤1:单击工作表标签"分类汇总叠加"。

步骤2:单击【数据—(排序和筛选)—排序 】,弹出"排序"对话框。在"排序"对话框中,"主要关键字"选择"客户名称",按"数值"、"升序"排序。

单击【添加条件】按钮,"次要关键字"选择"业务员",按"数值"、"升序"排序,设置如图35.1所示。

图35.1 排序

设置完毕后,单击【确定】按钮。

[①] 图34.6中虚框没有表现出来,可在计算机中展示。

> **注意**
>
> 1. 叠加分类汇总字段必须先排序，而且第一次分类汇总的字段在排序时必须是主要关键字，第二次分类汇总的字段是次要关键字。
> 2. 叠加分类汇总可以多重。

步骤 3：单击【数据—（分级显示）—分类汇总】，弹出"分类汇总"对话框。在"分类汇总"对话框中，"分类字段"选择排序的主要关键字"客户名称"，"汇总方式"选择"求和"，"选定汇总项"仅勾选"销售额"，如图 35.2 所示。单击【确定】按钮，第一次分类汇总完成。

步骤 4：单击任意一个分级视图标签，如第三个分级视图 3。再单击【数据—（分级显示）—分类汇总】，弹出"分类汇总"对话框。

在"分类汇总"对话框中，"分类字段"选择次要关键字"业务员"，"汇总方式"选择"求和"，"选定汇总项"勾选"数量"和"销售额"。

因为已经存在一个分类汇总，而且不能被替换，所以去掉"替换当前分类汇总"前面的钩，如图 35.3 所示。

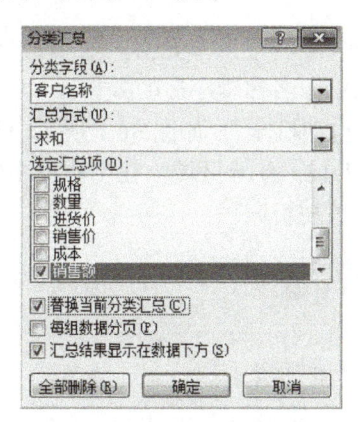

图 35.2　第一级分类汇总

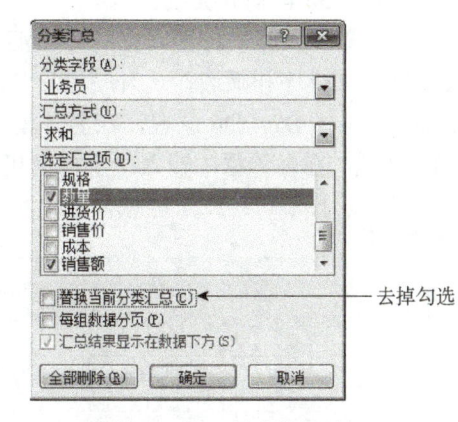

图 35.3　第二级分类汇总

单击【确定】按钮，第二级分类汇总完成。

步骤 5：窗口的左侧分级显示变为 4 级 1 2 3 4，单击第 3 级，两次分类汇总叠加显示出来，如图 35.4 所示。

步骤 6：单击第 3 级分类视图，再单击【开始—（编辑）—查找和选择—替换】，弹出"查找和替换"对话框。在该对话框中，"查找内容"输入"汇总"，"替换为"框中输入空格，如图 35.5 所示。

图 35.4　叠加的分类汇总

图 35.5　替换"汇总"一词

单击【全部替换】按钮，工作表的单元格中所有"汇总"一词均被替换成空格。单击【关闭】按钮，关闭"查找和替换"对话框，汇总数据变得更加简洁，如图 35.6 所示。

客户名称	业务员	数量	销售额
	金合	1	¥540
	令才	6	¥4,080
	刘金谷	6	¥1,060
	张海	3	¥2,090
金创公司			¥7,770
	金合	8	¥2,170
	令才	9	¥2,415
	张海	2	¥2,040
科华公司			¥6,625

图 35.6　替换后的汇总表

子任务 36　自动分类统计

对于收集的数据，可以采用不同的统计方法来进行数据分析。在 Excel 中，可以对同样的数据采用不同的统计方法进行分析，方便地得到相应的分析结果。这样做可以从多个角度分析数据，辅助企业决策。

对应文件"36 自动分类统计"。

步骤 1：单击工作表标签"自动分类汇总"，再单击 B 列任意单元格，如 B2，然后单击【数据—（排序和筛选）—升序排序 ↓】，得到按机床名称排序后的数据。

步骤 2：选择 D2：D6 区域，在名称框中输入"半自动机床"，如图 36.1 所示。选择 D7：D11 区域，在名称框中输入"全自动机床"。选择 D12：D16 区域，在名称框中输入"手动机床"。选择 D17：D21 区域，在名称框中输入"数控机床"。

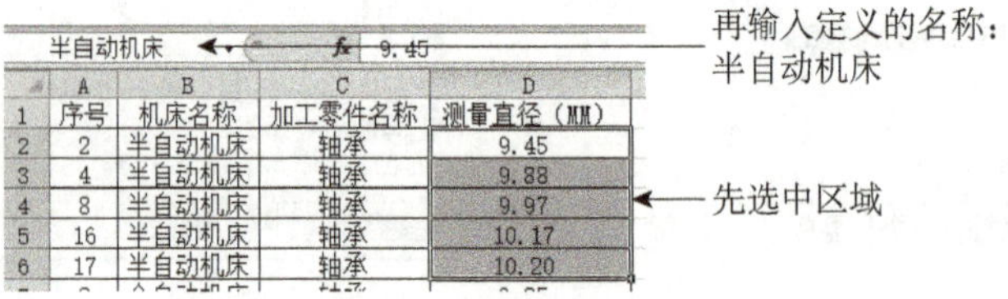

图 36.1　定义名称

步骤 3：单击 B26 单元格，输入"机床名称"，再单击 C26 单元格，输入"统计方式"，然后单击 D26 单元格，输入"统计结果"。

步骤 4：单击 B27 单元格，再单击【数据—（数据工具）—数据有效性—数据有效性】，弹出"数据有效性"对话框。"允许"下拉列表中选择"序列"，在"来源"框中输入"半自动机床,全自动机床,手动机床,数控机床"，如图 36.2 所示；输入完毕后单击【确定】按钮。

步骤 5：单击 C27 单元格，再单击【数据—（数据工具）—数据有效性—数据有效性】，弹出"数据有效性"对话框。"允许"下拉列表中选择"序列"，在"来源"框中输入"01—平均,02—计数,04—最大值,05—最小值,07—标准偏差,08—总体标准偏差,09—求和,10—方差,11—总体方差"，如图 36.3 所示。输入完毕后单击【确定】按钮。

112

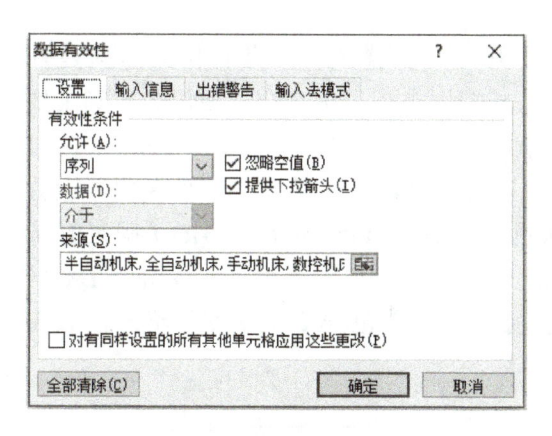

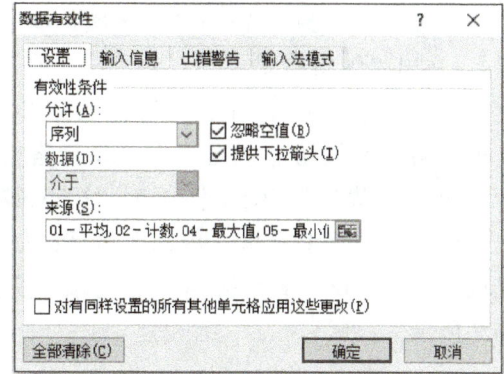

图 36.2　名称数据有效性　　　　　图 36.3　统计方式数据有效性

> **技巧**
>
> 1. 步骤 4 中，数据有效性的内容与定义的名称相对应，这样可以用 INDIRECT（）函数将其转换成对应区域。
>
> 2. 步骤 5 中，统计代号故意设计成两位数字，它是为了统一代号长度，方便下面 LEFT（）函数提取用。代号后面加上文字说明，是为了方便用户理解。

步骤 6：任意选择 B27、C27 单元格的内容。单击 D27，输入公式 "=SUBTOTAL（left（C27，2），indirect（B27））"，得到相应机床的对应统计结果，如图 36.4 所示。

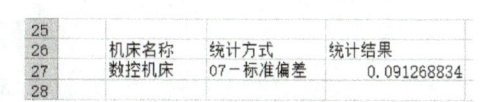

图 36.4　统计结果

步骤 7：查看不同机床的平均值和方差值。半自动机床、全自动机床、手动机床、数据机床的平均值分别是：9.934、10.016、9.986、9.976，从数据上看最优机床是手动机床。

再查看半自动机床、全自动机床、手动机床、数据机床的方差值，它们分别是：0.09132、0.01918、0.15893、0.00833，从数据上看最优机床是数控机床。

究竟哪个机床性能好呢？

> **提高**
>
> 对测量数据统计中，平均值法可能将正、负测量数据抵消，容易产生一个错误的统计结果。而方差反映了测量数据偏离中心数据的程度，正负偏差不会抵消，方差越大，说明样本偏离越大，反之则偏离越小，机床的性能也最好。

步骤 8：选择 A1：D21 区域，单击【开始—（样式）—条件格式—新建规则】，弹出"编辑格式规则"对话框。在"选择规则类型"中选中"使用公式确定要设置格式的单元格"，在"为符合此公式的值设置格式"中输入"=$B1=$B$27"。再单击【格式】按钮，弹出"设置单元格格式"对话框，在"填充"选项卡中，设置背景色为"黄色"，图案样式为"6.25%灰色"，如图 36.5 所示，单击【确定】按钮，返回到的"编辑格式规则"对话框如图 36.6 所示。单击【确定】按钮，在数据区域中，与 B27 单元格相同的机床名所在行变成"黄色 6.25%灰度"格式，如图 36.7 所示。

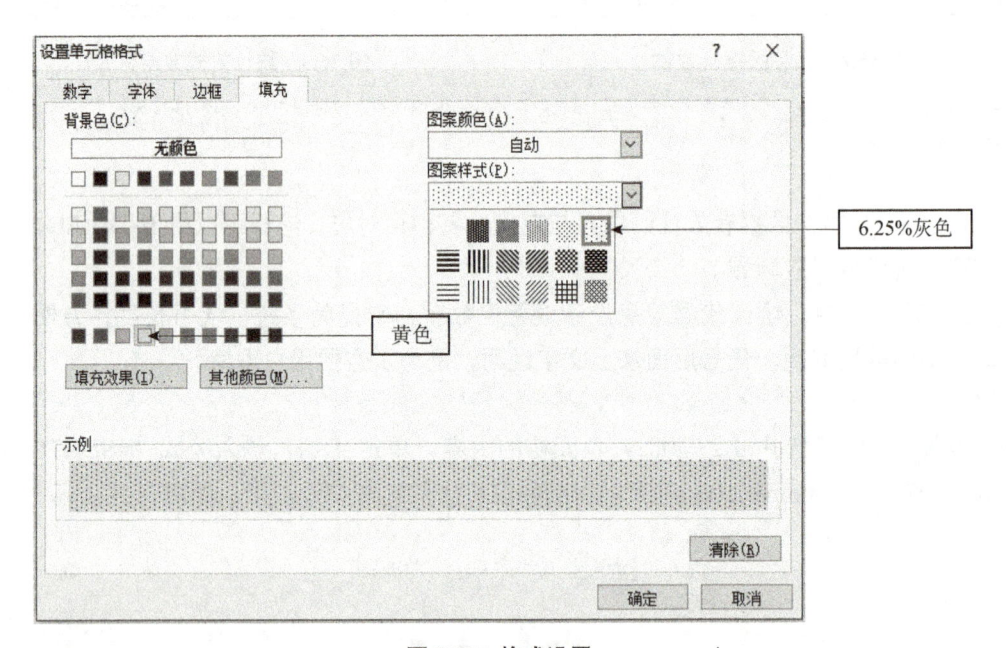

图 36.5 格式设置

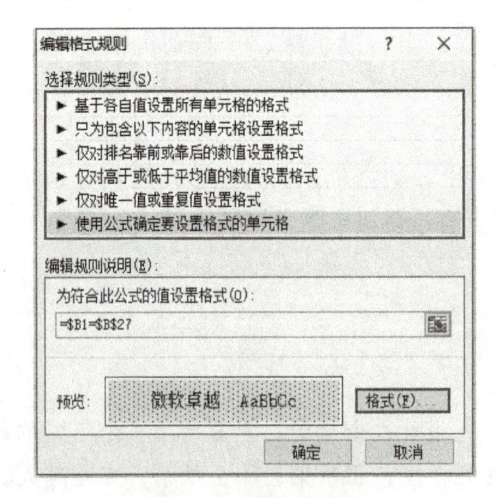

图 36.6 设置条件格式

图 36.7 格式设置效果

子任务 37　对销售数据进行预测

移动平均法是用一组最近的实际数据值来预测未来一期或几期内公司产品的需求量、公司产能等的一种常用方法。移动平均法适用于即期预测，当产品需求既不快速增长也不快速下降，且不存在季节性因素时，移动平均法能有效地消除预测中的随机波动，预测的拟合程度十分高。

销售预测常用的方法是通过 FORECAST 函数进行预测的。FORECAST 函数根据一条线性回归拟合线返回一个预测值，使用此函数可以对未来销售额、库存需求、消费趋势进行预测。

对应文件"37 对销售数据进行预测"。

步骤 1：加载分析库，如果已加载，此步跳过。单击【文件—选项】，弹出"Excel 选项"对话框。在弹出的"Excel 选项"对话框中单击左侧的"加载项"，在右侧窗口中单击【转到】按钮，弹出"加载宏"对话框，如图 37.1 所示，勾选"分析工具库"，单击【确定】按钮。

步骤 2：单击工作表标签"移动平均"，再单击工作表任意单元格，如 B2 单元格。单击【数据—（分析）—数据分析】，弹出"数据分析"对话框。

在"数据分析"对话框中，单击"移动平均"，如图 37.2 所示，再单击【确定】按钮，弹出"移动平均"对话框。

图 37.1　"加载宏"对话框　　　　图 37.2　选择分析工具

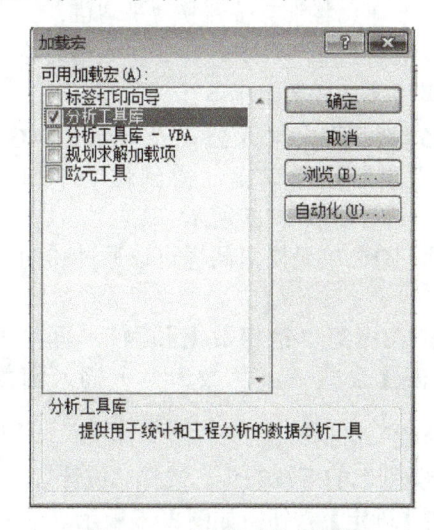

步骤 3：在"移动平均"对话框中，单击"输入区域"框，选择 B1：B14 区域，并勾选"标志位于第一行"，因为这个区域包括了标题行。单击"间隔"文本框，输入"3"，表示移动平均计算的项数，即每 3 年计算一次平均。单击"输出区域"框，选择 C2：C15 区域，如图 37.3 所示，单击【确定】按钮。

图 37.3 设置移动平均参数

> **注 意**
>
> 1. 移动平均的"间隔"只有大于或等于 2 才有意义，原始数据项数必须大于间隔长度才有意义。
> 2. 移动平均的计算可以直接用 AVERAGE（）函数来代替，移动平均就是计算间隔周期的平均值。

图 37.4 移动平均计算结果

图 37.5 直接输入公式计算移动平均

步骤 4：观察 C 列，得到移动平均计算的结果，如图 37.4 所示。

解释：输出区域的第一行和第二行出现错误信息"#N/A"，表示在前两个计算周期内没有可用的数据，因为本次移动平均的项数是 3；C15 单元格没有得到移动平均值，虽然在图 37.3 中将此单元格包括在内，原因是 C15 单元格的结果要由 B13：B15 区域计算平均值得到，而 B15 没有数值。

步骤 5：单击 B15 单元格，输入公式"=AVERAGE（B12：B14）"，输入完毕后按回车键，得到移动平均值 212，与 C14 单元格值一样，如图 37.5 所示。

复制 B15 单元格到 B16 单元格，同样可以通过移动平均获得预测值。

步骤 6：单击工作表标签"销售数据预测"，再单击 B15 单元格，然后单击【公式—（函数库）—插入函数 f_x】，弹出"插入函数"对话框。

在弹出的"插入函数"对话框中，单击"或选择类别"的下拉箭头，选择"统计"，在"选择函数"列表框中选择"FORECAST"函数，单击【确定】按钮，如图 37.6 所示。

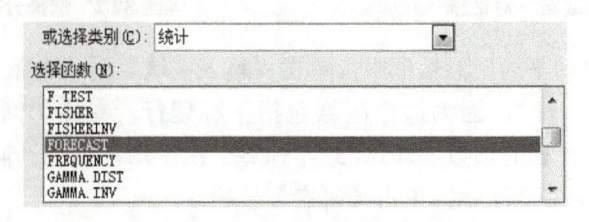

图 37.6 插入 FORECAST 函数

插入函数的步骤也可以单击【公式—（函数库）—其他函数—统计—FORECAST】。

步骤 7：在弹出的"函数参数"对话框中，"X"为预测参数的自变量值，单击 A15；"Known_y's"为已知结果的值的区域，拖动工作表"B2：B14"区域；"Known_x's"为已知结果的自变量区域，拖动工作表"A2：A14"区域，如图 37.7 所示，单击【确定】按钮。

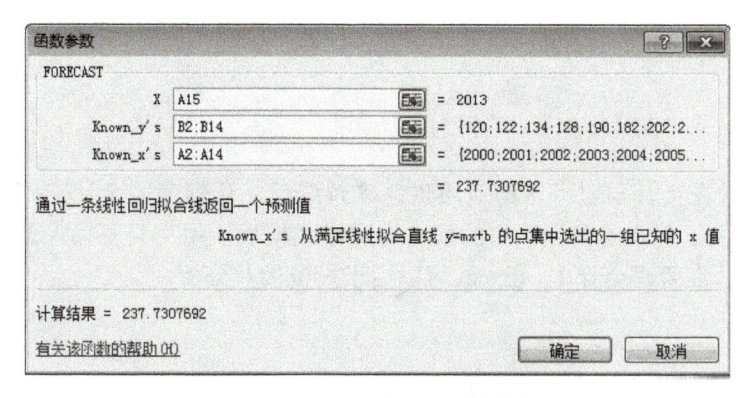

图 37.7 FORECAST 函数参数

在 B15 单元格中得到预测结果 237.7307692。

步骤 8：单击 B15，按快捷键 Ctrl+1，在打开的"设置单元格格式"对话框中设置单元格格式，再选择"数值"，小数位数为 0。

> **提　高**
>
> 1. FORECAST()函数的格式是：FORECAST（X 值，已知因变量区域，已知自变量区域）。
> 2. FORECAST()函数通过已知自变量与因变量拟合出一条直线：$Y=aX+b$，再将函数中的 X 值代入公式计算出预测值。

步骤 9：单击 B15，按快捷键 Ctrl+1，在打开的"设置单元格格式"对话框中设置单元格格式，选择"数值"，小数位数为 0。

任务 7　会计与财务管理

> 任务说明

Excel 软件在会计与财务中的应用也越来越广泛，让烦琐的会计工作变得快捷、高效。本任务提供了基本的会计工作的基本文字格式模板，用户只要输入公式就可以完成基础会计工作。在管理会计中，Excel 可以用于投资效益分析。

> 任务结构

子任务 38　制作记账凭证
子任务 39　制作科目汇总表
子任务 40　制作工资条
子任务 41　存款方案比较
子任务 42　计算等额还款额
子任务 43　计算项目投资的净现值与内部收益率

子任务 38　制作记账凭证

记账凭证又称记账凭单，是会计人员根据审核无误的原始凭证按照经济业务事项的内容加以分类，并据以确定会计分录后所填制的会计凭证。它是登记账簿的直接依据。

对应文件"38 制作记账凭证"。

步骤 1：单击工作表标签"科目表"，按快捷键 Ctrl+A，选择全部内容，在名称框中输入名称"KMB"，将数据区域定义名称为"KMB"。再单击 A 列，在名称框中输入"KMDM"，将 A 列命名为"KMDM"。

步骤 2：单击工作表标签"记账凭证"，工作表中记账凭证的文字和表格已设置完成，只需将凭证相关的内容要求设置好。

选择 C6：C11 区域，再单击【数据—（数据工具）—数据有效性—数据有效性】，弹出"数据有效性"对话框。在"设置"选项卡的"允许"下拉列表中选择"序列"，"来源"框中输入"=kmdm"，如图 38.1 所示，单击【确定】按钮。

单击 C6 单元格的下拉箭头，任意选择一个代码，如选择"1001"。

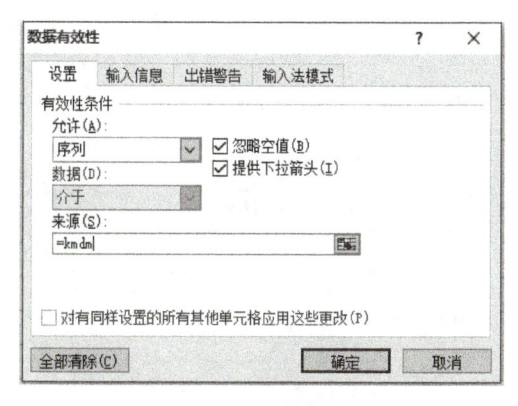

图 38.1 设置数据有效性

步骤 3：选择 D6 区域，输入"=IF（ISERROR（VLOOKUP（C6,kmb,2,0）），""VLOOKUP（C6,kmb,2,0））"，拖动 D6 单元格的填充柄，复制公式到 D11 单元格。

步骤 4：单击 F12 单元格，输入公式"=sum（F6:F11）"。单击 H12 单元格，输入公式"=sum（H6:H11）"。

步骤 5：选择 F6：F12 区域，按快捷键 Ctrl+1，打开"设置单元格格式"对话框。选择"数字"选项卡，在"分类"中选择"会计专用"，"小数位数"设为"2"位，"货币符号"选择"无"，如图38.2所示，单击【确定】按钮。同样的方法设置H6：H12区域[①]。

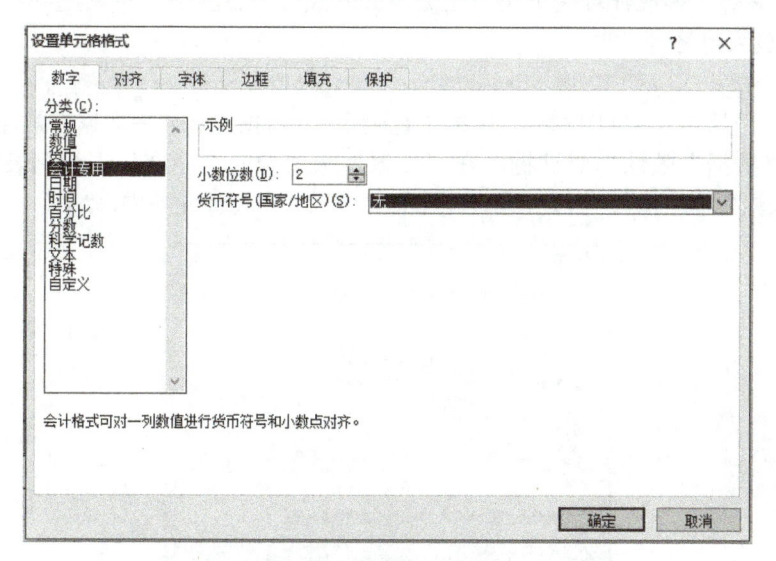

图 38.2 设置单元格格式

步骤 6：选择 F6：F12 区域，按住 Ctrl 键的同时选择 H6：H12 区域，再单击【开始—（样式）—条件格式—新建规则】，弹出"编辑格式规则"对话框。在"选择规则类型"中选择"使用公式确定要设置的单元格"，在"为符合此公式的值设置格式"框中输入公式"=$F$12<>$H$12"。单击【格式】按钮，弹出"设置单元格格式"对话框。选中"填充"选项卡，选择"背景色"为"红色"，再单击【确定】按钮返回"编辑格式规则"对

[①] 同时选中这两个区域进行设置也是可以的。

119

话框，如图 38.3 所示。

图 38.3 设置条件格式

> **注意**
>
> 1．在步骤 5 中，条件格式设置的公式中一定要用绝对引用。
> 2．一般来讲，如果针对一个区域设置条件格式，而条件公式中又是一个单元格，这个单元格一般采用绝对引用。

步骤 7：选择 G6：G11 区域，再单击【数据—（数据工具）—数据有效性—数据有效性】，弹出"数据有效性"对话框。在"设置"选项卡的"允许"下拉列表中选择"序列"，在"来源"框中输入"V，X"，如图 38.4 所示。在会计业务中，"V"表示已记账。

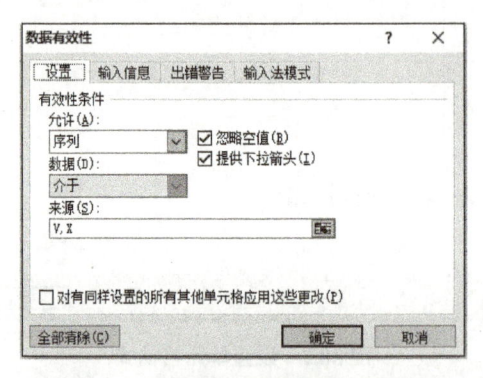

图 38.4 设置凭证符号的数据有效性

步骤 8：输入数据。单击 E2 单元格，输入当前日期；再单击 I2 输入"1"；然后单击 I3 输入"1"。

单击 B6 单元格，输入"产品销售"，再单击 C6 输入"1002"，D6 自动出现总账科目名称"银行存款"。单击 F6 输入"514800"，F 列、H 列变成红色，因为借贷不平衡。

单击 C7 单元格，输入"6001"，再单击 E7 输入"面包"，然后单击 H7 输入"3000000"。

单击 E8 单元格[①]，输入"蛋糕"，再单击 H8 单元格输入"140000"。

单击 C9 单元格，输入"2221"，再单击 E9 单元格输入"应交增值税（销）"，然后单击 H9 单元格输入"74800"，借贷平衡，F 列、H 列的红色消失。

单击 K8 单元格，输入 3。再选择 B1：K13 区域，然后单击【页面布局—（页面设置）—打印区域—设置打印区域】，这样就只打印该凭证内容了。任意输入凭证最后一行的人员名单，完成凭证输入，如图 38.5 所示。

凭证号	日期：	2017/1/5			分号	1	
摘要	会计科目		借方金额	凭证符号	贷方金额	记账符号	
	科目代码	总账科目	明细科目				
产品销售	1002	银行存款		514,800.00			附凭证3张
	6001	主营业务收入	面包			300,000.00	
	6001	主营业务收入	蛋糕			140,000.00	
	2221	应缴税费	应交增值税（销）			74,800.00	
合计				514,800.00		514,800.00	
核准：		复核：		记账：	出纳：	制单：	

记 账 凭 证

图 38.5 记账凭证

子任务 39　制作科目汇总表

科目汇总表（亦称记账凭证汇总表、账户汇总表），是根据一定时期内所有的记账凭证定期加以汇总而重新编制的记账凭证，其目的是简化总分类账的登记手续[②]。

科目汇总表一般一个月汇总一次，具体情况视单位会计业务总量而定。在制作科目汇总表之前，需要将一个时期内会计凭证数据集中起来，然后进行汇总。

对应文件"39 制作科目汇总表"。

步骤 1： 单击工作表标签"凭证汇总表"，表中已将一个记账周期内的所有记账凭证集中在一起。

> **注意**
> 1. 将记账凭证汇总时，为了方便后续操作，标题行压缩成了一行。
> 2. 在 Excel 中，也可以将跨周期的凭证汇总到一个工作表中，不影响科目汇总（需要增加筛选操作），但在汇总表中要增加日期列，本例中没有增加。

步骤 2： 选择 B4：J34 区域，再单击【数据—（排序和筛选）—排序】，弹出"排

[①] 在会计中，C8 单元格可以不输入科目代码，表示与 C7 的科目代码一样；但是为了便于后面的科目汇总表，建议输入科目代码。

[②] 百度百科词条"科目汇总表"。

序"对话框。勾选"数据包含标题",对"主要关键字"为"科目代码"的进行"升序"排序[①],如图39.1所示。

图39.1 排序

步骤3:单击数据区域任意单元格,如 C4 单元格,再单击【数据—(分级显示)—分类汇总】,弹出"分类汇总"对话框。"分类字段"选择"科目代码","汇总方式"选择"求和","选定汇总项"勾选"借方金额"和"贷方金额",如图39.2所示,单击【确定】按钮。

步骤4:在出现的分类汇总中,单击 2 第 2 级视图,选择 C 列所有子汇总数据,如图39.3所示。

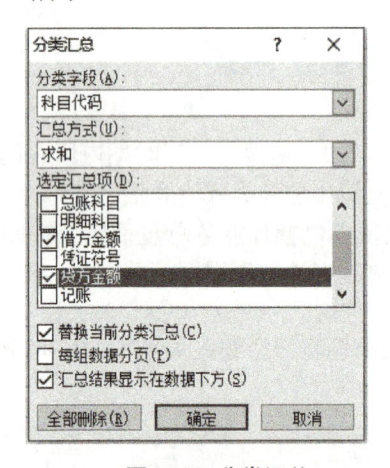

图39.2 分类汇总　　　　　　　　　图39.3 选择子汇总数据

单击【开始—(编辑)—查找和选择—定位条件】,弹出"定位条件"对话框。选中"可见单元格",如图39.4所示,单击【确定】按钮。

在 C 列选中的数据区域右击鼠标,在弹出的快捷菜单中选择【复制】,或者直接按快捷键 Ctrl+C,再单击工作表标签"科目汇总表",然后单击 B6 单元格,按快捷键 Ctrl+V。

步骤5:单击【开始—(编辑)—查找和选择—替换】,弹出"查找和替换"对话

---

① 排序的具体操作参见"子任务31"。

122

框。"查找内容"设为"汇总","替换为"设为"空格",如图 39.5 所示,单击【全部替换】按钮,替换完成后单击【确定】按钮。

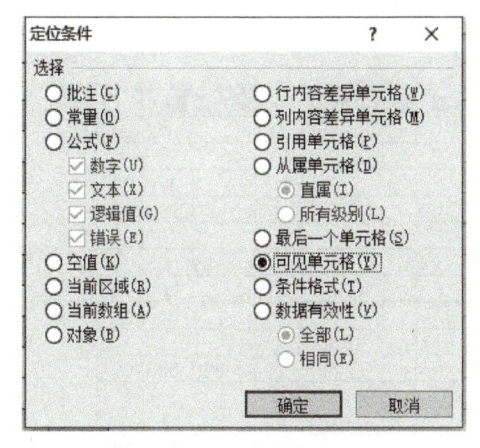

图 39.4 定位可见单元格

图 39.5 替换

步骤 6:单击 C6 单元格,输入公式"=VLOOKUP(B6,kmb,2,0)",再双击 C6 填充柄,完成总账科目的输入。

步骤 7:单击工作表标签"凭证汇总表",重复"步骤 4",将"借方金额"和"贷方金额"的可见单元格复制到"科目汇总表"中的 E6 和 F6,如图 39.6 所示。

科目代码	总账科目	明细科目	借方金额	贷方金额
1001	库存现金		1000	1672
1002	银行存款		514800	0
1401	材料采购		0	2430
1403	原材料		0	3900
1405	库存商品		0	62100
1407	商品进销差价		0	39000
2101	交易性金融负债		0	200
2221	应缴税费		0	74800
5001	生产成本		1000	0
6001	主营业务收入		0	598550
6401	主营业务成本		95430	0
6601	销售费用		72	0
101201	外埠存款		0	300000
101202	银行本票存款		164092.5	0
101203	银行汇票存款		0	1094.5
101204	信用卡存款		0	200
110101	本金		0	140800
221102		职工福利	300000	0
222102		未交增值税	140800	26953.5
660201	办公用品		34505.5	0

图 39.6 科目汇总表

步骤 8:对科目汇总表进行修饰。选择 B5:F25 区域,单击 ⊞,增加边框。再选择 E6:F25 区域,按快捷键 Ctrl+1,打开"设置单元格格式"对话框。在"数字"选项卡中,选择"会计专用","小数位数"设为"2","货币符号"设为"无",单击【确定】按钮,结果如图 39.7 所示。

123

	A	B	C	D	E	F
1			科　目　汇　总　表			
2		日期：	2017/1/5			
3						
4						
5		科目代码	总账科目	明细科目	借方金额	贷方金额
6		1001	库存现金		1,000.00	1,672.00
7		1002	银行存款		514,800.00	-
8		1401	材料采购		-	2,430.00
9		1403	原材料		-	3,900.00
10		1405	库存商品		-	62,100.00
11		1407	商品进销差价		-	39,000.00
12		2101	交易性金融负债		-	200.00
13		2221	应缴税费		-	74,800.00
14		5001	生产成本		1,000.00	-
15		6001	主营业务收入		-	598,550.00
16		6401	主营业务成本		95,430.00	-
17		6601	销售费用		72.00	-
18		101201	外埠存款		-	300,000.00
19		101202	银行本票存款		164,092.50	-
20		101203	银行汇票存款		-	1,094.50
21		101204	信用卡存款		-	200.00
22		110101	本金		-	140,800.00
23		221102	职工福利		300,000.00	-
24		222102	未交增值税		140,800.00	26,953.50
25		660201	办公用品		34,505.50	-

图 39.7　最终的科目汇总表

> **提　高**
>
> 1. 科目汇总表可以通过其他方法构建，通常的方法是通过"表格"和"数据透视表"来建，后面将会学到。
> 2. 会计科目和会计制度不断变化，读者应根据最新的会计要求制表，与时俱进。

子任务 40　制作工资条

企业财务人员按月发放员工工资，一般工资通过银行转至员工账户，并发放一张工资条作为核对用。原始的工资数据是一张总表，仅顶行带有标题，而工资条中每一行数据都要带有标题行，本任务可以实现此功能。

对应文件"40 制作工资条"。

步骤 1：单击工作表标签"工资条"，再单击 K1，输入"辅助列"。接着单击 K2 单元格，输入 1，然后单击 K3 单元格，输入 2。选择 K2：K3 区域，双击填充柄，产生数值序列。

步骤 2：复制 K2：K25 区域，单击 K26 单元格，再进行粘贴操作。

步骤 3：单击 A1 单元格，按快捷键 Ctrl+A，再单击【数据—（排序和筛选）—排序】，弹出"排序"对话框。勾选"数据包含标题"，"主要关键字"选"辅助列"，"排序依据"选择"数值","次序"选择"升序",如图 40.1 所示,单击【确定】按钮。

图 40.1 排序

步骤 4:选择 A1:J1 区域,按快捷键 Ctrl+C。直接按快捷键 Ctrl+A,选择所有区域,再单击【开始—(编辑)—查找和选择—定位条件】,弹出"定位条件"对话框。点选"空值",如图 40.2 所示,单击【确定】按钮。

图 40.2 定位空值

直接按快捷键 Ctrl+V,将复制的内容,即工资条的标题,按行粘贴到空白区域,如图 40.3 所示。

图 40.3 工资条

步骤 5:单击 K 列,右击鼠标,在弹出的快捷菜单中选择【删除】,删除辅助列。

单击行号 49,右击鼠标,在弹出的快捷菜单中选择【删除】,删除多余行。

按快捷键 Ctrl+A,单击【开始—(字体)—边框】,在"边框"下拉列表中选择 ⊞,为所有数据增加边框,再单击【开始—(对齐方式)— ≡】,将所有数据居中显示。

125

步骤 6： 为了方便裁剪工资条，在每个工资条间增加一个空行。

单击 K1，输入 1，再单击 K2，输入 2，然后选择 K1：K2 区域，双击填充柄，产生数据序列。

步骤 7： 单击 K49 单元格，输入 2.5，再单击 K50 单元格，输入 4.5，然后选择 K49：K50 区域，拖动填充柄到 K72 单元格。

步骤 8： 单击 K1 单元格，再单击【数据—（排序和筛选）—升序 】，在每个工资条下面增加了一行空白行，如图 40.4 所示。

	A	B	C	D	E	F
1	职工号	姓名	部门	基本工资	奖金	津贴
2	100101	王聪	办公室	1535.36	955.00	550.00
3						
4	职工号	姓名	部门	基本工资	奖金	津贴
5	100102	余志成	客服部	1412.50	955.00	550.00
6						
7	职工号	姓名	部门	基本工资	奖金	津贴
8	100103	孔卉	办公室	1913.67	1064.87	550.00
9						

图 40.4　增加了空行的工资条

步骤 9： 单击 K 列，右击鼠标，在弹出的快捷菜单中【删除】，删除辅助列。

提 高

1. 不同的企业要求，工资条的样式也不一样，制作工资条的方法有很多。

2. 可以通过公式产生工资条。在工资区域下方的 A 列，直接输入公式："=OFFSET($A$1,CHOOSE(MOD(ROW(A1)－1,3)+1,0,（ROW(A1)－1)/3+1,65535),COL UMN()－1）&"""，并拖动填充柄到最后一列和最后一行，自动产生工资条。

子任务 41　存款方案比较

方案说明 1： 企业现有存款 100 万元，准备存入银行，存期为 10 年。可选的存款方案有 4 种，分别为：①3 个月，年利率 2.85%；②1 年，年利率 3.25%；③2 年，年利率 3.75%；④5 年，年利率 4.75%。如果都采用复利计算，分析 10 年后哪种方案的本息和最大。

方案分析： 对于方案①，年利率为 2.85%，3 个月利率为 2.85%/4，3 个月后可以连本带息再次存入。对于方案③，年利率为 3.75%，必须存足 2 年，2 年后才能连本带息再次存入，计算复利。方案④同方案③。

对应文件"41 存款方案"。

步骤 1： 单击工作表标签"存款方案 1"。

步骤 2： 单击 C6 单元格，输入公式"=B1*（1+C2/4）^40"，得到结果：132.84 万元。

步骤 3： 单击 C7 单元格，输入公式"=B1*（1+C3）^10"，得到结果：137.69 万元。

步骤 4： 单击 C8 单元格，输入公式"=B1*（1+C4*2）^5"，得到结果：143.56 万元。

步骤 5： 单击 C9 单元格，输入公式"=B1*（1+C5*5）^2"，得到结果：153.14 万元。

最终结果如图 41.1 所示。

因此，应选择 5 年期存款方案。

方案说明 2：有两种存款方案：①每年年初固定地存 10 万元到银行，连续存 10 年；利率为 3.25%；②每半年存 5 万元到银行，连续存 10 年；半年期的年利率为 3.05%。

存款金额（万元）		100
定期整存整取年利率	三个月	2.85%
	一年	3.25%
	二年	3.75%
	五年	4.75%
十年后终值	三个月	132.8418962
	一年	137.6894304
	二年	143.5629326
	五年	153.140625

图 41.1　存款方案比图

方案分析：从第一年起存入银行 10 万元，一年后连本带息重新存入，并加上新追加的 10 万元，这样到第 11 年，得到最终的本息之和；半年期的方案与之类似。

步骤 6：单击工作表标签"存款方案 2"。

步骤 7：单击 B5 单元格，再单击【公式—（函数）—财务—FV 函数】，如图 41.2 所示，弹出 FV"函数参数"对话框。

图 41.2　选择 FV 函数

步骤 8：单击"Rate"框，再单击 B3 单元格。单击"Nper"框，再单击 B4 单元格。单击"Pmt"框，再单击 B2 单元格。单击"Type"框，输入 1。最后单击【确定】按钮，B5 单元格得到最终结果 119.74 万元，如图 41.3 所示。

步骤 9：单击"Rate"框，再单击 D3 单元格，并修改为"D3/2"。单击"Nper"框，再单击 D4 单元格，并修改为"D4*2"。单击"Pmt"框，再单击 D2 单元格。单击"Type"框，输入 1。最后单击【确定】按钮，D5 单元格得到最终结果 117.67 万元，如图 41.4 所示。

	A	B
1	方案一	
2	年金（万元）	10
3	一年利率	3.25%
4	期限（年）	10
5	终值	¥-119.74

图 41.3　年金方案一结果

	C	D
1	方案二	
2	半年金（万元）	5
3	年利率	3.05%
4	期限（年）	10
5	终值	¥-117.67

图 41.4　年金方案二结果

> **注意**
>
> 1. 在计算半年期投资方案时，利率为年利率一半，而投资期则是年数的两倍。
> 2. 函数中投资类型为 1 时，表示期初投资，而 0 表示期末投资。

> **提高**
>
> 1. FV（）函数是求年金终值函数，格式为"=FV（利率，总投资期，每期金额，已投入现值，投资类型）；返回投资期后，所有投资的终值。
> 2. FV（）函数返回值是负数，表示未支取。

子任务 42　计算等额还款额

在汽车贷款的过程中，用户首付一部分车款，余款向银行贷款。在未来的一段时期内，按月等额向银行还款。对于不同的车型、不同的贷款额、不同的还款期限，要制订相关方案。

对应文件"42 计算等额还款额"。

步骤 1：单击工作表标签"还款方案"。

步骤 2：单击 E3 单元格，再单击【公式－（函数库）－财务－PMT】，弹出 PMT"函数参数"对话框。单击"Rate"框，再单击 C9 单元格，将其修改成"C9/12"。单击"Nper"框，输入 12。单击"Pv"框，再单击 D3 单元格，如图 42.1 所示。

单击【确定】按钮，得到每月还款额为 6885.31 元。

图 42.1　PMT 参数设置

步骤 3：双击 E3 单元格，在单元格和编辑栏内出现公式，供用户修改，如图 42.2 所示。

单击公式中 C9，按 F4 键，相对引用地址 C9 变成绝对引用$C$9，如图 42.3 所示，按回车键。拖动 E3 单元格的填充柄到 E5，得到全部结果，如图 42.4 所示。

步骤 4：单击 F3 单元格，输入公式"=PMT（$C$10/12,42,D3）"，按回车键。

图 42.2　编辑公式

图 42.3　绝对引用设置

图 42.4　全部等额还款

双击 F3 单元格的填充柄，从 F3 至 F7 都得到计算结果，如图 42.4 所示。

技巧

1. 在公式或函数中使用到单元格地址时，可以单击目标单元格或拖动目标区域，将直接反映在公式或函数中。

2. 在公式和函数中使用到单元格地址时，反复按 F4 键，可以在相对地址、绝对地址、混合地址之间切换。

提高

1. PMT（）函数是基于固定利率及等额分期付款方式，返回贷款的每期付款额。函数的格式是 PMT（利率，还款期数，贷款本金，未来余值，类型），其中，未来余值指最后一期还款后得到的现金余额，默认为 0；类型为 1 表示期初还款，0 表示期末还款。

2. PMT（）函数中有的参数可以不输，这些参数可以省略，也可以用逗号间隔以示函数完整，如"=PMT（$C$10/12,42,D7）"和"=PMT（$C$10/12,42,D7,,）"是一样的。

子任务 43 计算项目投资的净现值与内部收益率

企业进行项目投资，特别是固定资产投资论证时，假设项目投资（固定资产购置）后，在期末产生现金流；同时，固定资产也在产生折旧。在一个设定的期限内，项目或固定资产投资是否能产生效益用于决定项目是否值得投资，投资决策可以通过净现值与内部收益率来论证。

对应文件"43 项目投资的净现值与内部收益率计算"。

项目说明： 现在准备投资一台设置，总价 500 万元，利率 4.9%，自投入之日起（2016 年 1 月 1 日），每半年有一次现金不等的净现金流量，直至 2018 年年底，计算该固定资产投资的净现值。

步骤 1： 单击工作表标签"净现值计算"。

步骤 2： 单击 C10 单元格，输入净现值公式"=XNPV（B2,C3:C9,B3:B9）"，按回车键后得到结果为 53.16，如图 43.1 所示。

图 43.1 通过 XNPV 计算净现值

提 高

1. 净现值的数学计算公式为 $\mathrm{XNPV} = \sum_{j=1}^{N} \dfrac{P_j}{(1+\mathrm{rate})^{\frac{(d_j - d_1)}{365}}}$，其中 d_j 为第 j 个或最后一个支付日期，d_1 为初始投资（也称为第 0 个支付）的日期，P_j 为第 j 个或最后一个支付金额。

2. XNPV（）函数的格式是：XNPV（利率，系列值，系列日期），系列值是与系列日期相对应的一系列现金流。首期支付是可选的，并与投资开始时的成本或支付有关；如果第一个值是成本或支付，则它必须是负值；所有后续支付都基于 365 天/年贴现；系列值必须至少要包含一个正数和一个负数。

步骤 3： 单击 D4 单元格，输入公式"=C4/（1+$B$2)^((B4−$B$3)/365)"，输入完成后按回车键，拖动 D4 单元格的填充柄到 D9。单击 D10 单元格，输入公式"=sum（d3:d9）"，得到结果 53.16，如图 43.2 所示。

图 43.2 手动计算净现值

提 高

1. 步骤 3 中输入的公式的意义是（以第 4 行 2016 年 6 月 30 日为例）：当前产生 80 元的现金流，按年利率 4.9%折算到投资之日（2016 年 1 月 1 日）的价值，结果是 78.12。

2. 同理将各期的现金流都折算到投资之日（2016 年 1 月 1 日）的价值，从而分析这项投资是否值得。

3. 净现值大于零则项目可行，且净现值越大，方案越优，投资效益越好。

步骤 4： 单击工作表标签“内部收益率计算”。

注 意

1. 内部收益率是指净现金流为 0 时的利率。

2. 内部收益率也表示项目操作过程中抗风险能力，比如内部收益率 10%，表示该项目操作过程中每年能承受最大风险为 10%。如果项目操作中需要贷款，则内部收益率可表示最大能承受的利率，若在项目经济测算中已包含贷款利息，则表示未来项目操作过程中贷款利息的最大上浮值。

步骤 5： 单击 C10 单元格，输入公式“=XIRR（C3:C9,B3:B9）”，结束输入后按回车键，得到结果 11.47%，如图 43.3 所示。

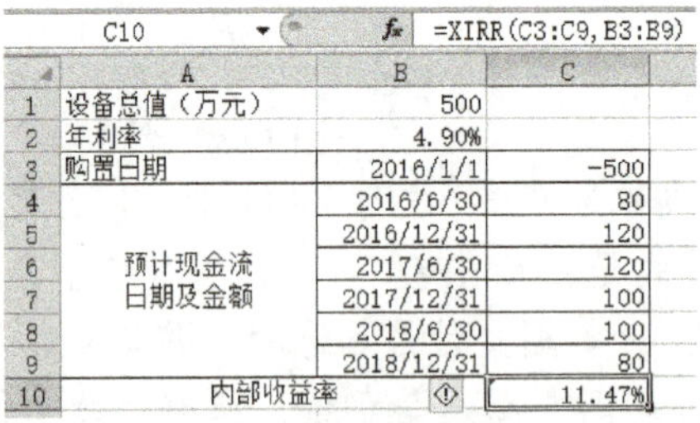

C10 =XIRR(C3:C9,B3:B9)

	A	B	C
1	设备总值（万元）	500	
2	年利率	4.90%	
3	购置日期	2016/1/1	-500
4	预计现金流日期及金额	2016/6/30	80
5		2016/12/31	120
6		2017/6/30	120
7		2017/12/31	100
8		2018/6/30	100
9		2018/12/31	80
10	内部收益率		11.47%

图 43.3 内部收益率

提 高

1. 内部收益率的数学计算公式为 $0=\sum_{j=1}^{N}\frac{P_j}{(1+\text{rate})^{\frac{(d_j-d_1)}{365}}}$，其中 d_j 为第 j 个或最后一个支付日期，d_1 为初始投资（也称为第 0 个支付）的日期，P_j 为第 j 个或最后一个支付金额。

2. XIRR（）函数的格式是：XIRR（系列值，系列日期[，估计值]），其中，系列值是与系列日期相对应的一系列现金流。首期支付是可选的，并与投资开始时的成本或支付有关；如果第一个值是成本或支付，则它必须是负值；所有后续支付都基于 365 天/年贴现；系列值必须至少要包含一个正数和一个负数；估计值如果省略，则假定为 0.1（10%）。

3. Excel 使用迭代法计算函数 XIRR。通过改变收益率（从 guess 开始），不断修正计算结果，直至其精度小于 0.000001%。如果函数 XIRR 运算 100 次，仍未找到结果，则返回错误值 #NUM!。

任务 8　数据的图表分析

任务说明

本任务主要是通过 Excel 2010 提供的图表模板，对不同类型的数据绘制不同的图表。图表具有直观形象的优点，可以形象地反映数据的差异、构成比例或变化趋势。图形能够增强工作表或图表的视觉效果，创建出引人注目的报表。在任务中可以加入 Excel 2010 的函数公式、定义名称、窗体控件、VBA 等功能，还可以创建实时变化的动态图表。

任务结构

　　子任务 44　绘制销售数据迷你图
　　子任务 45　绘制工资数据柱形图
　　子任务 46　绘制销售数据饼图
　　子任务 47　绘制销售数据折线图
　　子任务 48　制作销售数据预测图
　　子任务 49　制作市场占有率面积图
　　子任务 50　制作产品销售动态折线图
　　子任务 51　制作市场占有率环形图
　　子任务 52　制作工程进度甘特图

子任务 44　绘制销售数据迷你图

迷你图是 Excel 2010 中的一个新功能，与普通工作表上的图表不同，迷你图不是对象，它实际上是单元格背景中的一个微型图表，因此迷你图可以与数据同时放在一个单元格中。Excel 可以为多行（或多列）数据创建一组迷你图，一组迷你图具有相同的图表特征。

对应文件"44 绘制销售数据迷你图"。

步骤 1：单击工作表标签【迷你图】。

步骤 2：选择 F2：F3 区域，再单击【插入—（迷你图）—柱形图】，弹出"创建迷你图"对话框，如图 44.1 所示。

单击"数据范围"，在工作表中拖动 B2：E3 区域，再单击【确定】按钮，出现柱形迷你图，如图 44.2 所示。

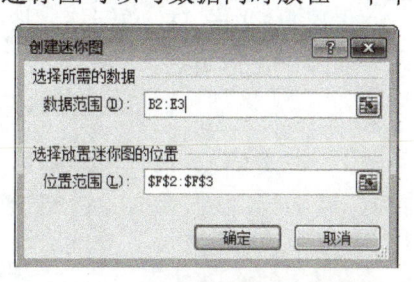

图 44.1　"创建迷你图"对话框

图 44.2　柱形迷你图

步骤 3：单击鼠标选择 B4：E4 区域。

步骤 4：单击【插入—（迷你图）—折线图】，弹出"创建迷你图"对话框，如图 44.3 所示。

单击"数据范围"框，在工作表中拖动鼠标选择 B2：E3 区域，再单击【确定】按钮，出现迷你图，如图 44.4 所示。

图 44.3　插入迷你图图　　　　　图 44.4　插入折线迷你图

步骤 5：选中 B4：E4 区域，再单点【设计—（显示）】，勾选"高点"和"低点"，如图 44.5 所示，迷你图中会加上高低值点，如图 44.6 所示。

图 44.5　高低点设置　　　　　图 44.6　加高低值点的迷你图

步骤 6：改变迷你图类型。单击 E4 单元格，再单击【设计—（分组）—取消组合】，这时，取消了迷你图的组合。

步骤 7：单击【设计—（类型）—柱形图】，单元格的迷你图从折线图变为柱形图，如图 44.7 所示。

步骤 8：单击选中 F2：F3 区域，再单击【设计—（类型）—折线图】。

步骤 9：单击 D3 单元格，按 Delete 键，删除数据，迷你图因为缺少数据而产生空距，如图 44.8 所示。

图 44.7　改变迷你图的组合

步骤 10：单击 F3 单元格，再单击【设计—（迷你图）—编辑数据—隐藏和清空单元格】，弹出"隐藏和空单元格设置"对话框，如图 44.9 所示。

图 44.8　缺少数据的迷你图

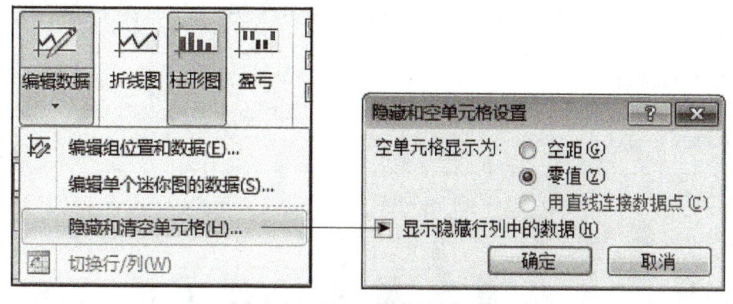

图 44.9　设置空单元格绘零值

在"隐藏和空单元格设置"对话框中,"空单元格显示为"设为"零值",单击【确定】按钮,迷你图中缺少数据的项在绘图时,用零值代替,如图 44.10 所示。

图 44.10　将空值绘制成零值的迷你图

子任务 45　绘制工资数据柱形图

柱形图也称为直方图,是 Excel 2010 默认的图表类型,也是销售数据处理过程中常用的一种图表类型。

柱形图通常用来描述不同时期数据的变化情况或者描述不同类别数据之间的差异,也可以同时描述不同时期、不同类别数据的变化和差异。柱形图有 19 种子图表类型,如图 45.1 所示。

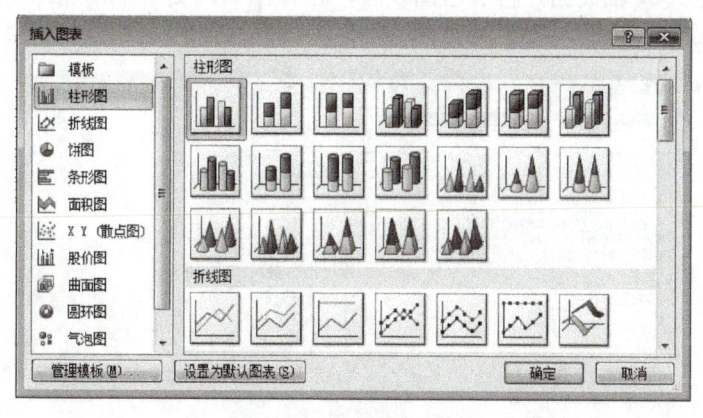

图 45.1　柱形图表类型

133

对应文件"45 工资数据柱形图"。

步骤 1：单击工作表标签"柱形图"。

步骤 2：单击 B1 单元格，拖动鼠标选择 B1：F7 区域。单击【插入－（图表）－柱形图－簇状柱形图】，如图 45.2 所示，系统自动产生一个二维柱形图，如图 45.3 所示。

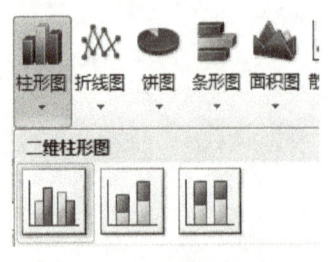

图 45.2 插入簇状柱形图

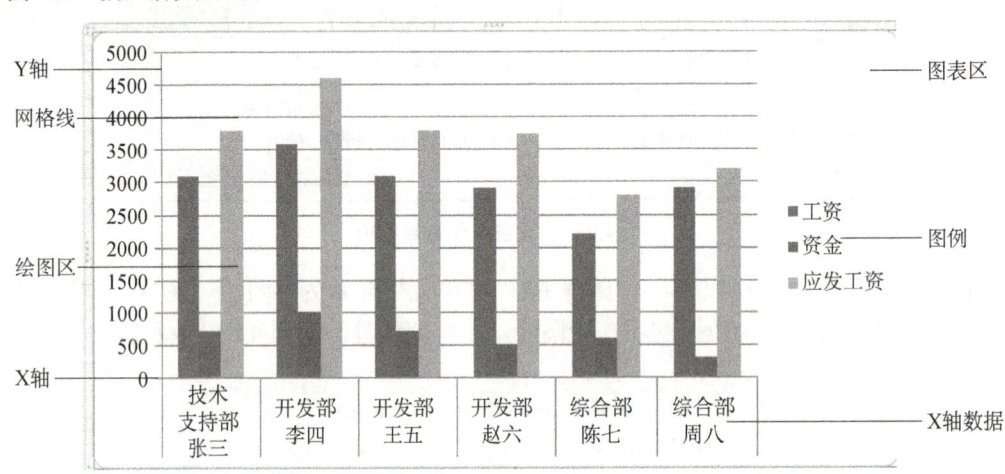

图 45.3 柱形图的组成部分

> **注 意**
>
> 1. 选定一个区域绘制柱形图时，Excel 2010 默认以行方式来处理数据，并按行方式来绘图。
>
> 2. Excel 2010 在绘图时会分析数据区域的数据类型。如果某列（行）上存在文本型数据，则将此列（行）作为 X 轴，其余列（行）上的数值作为 Y 轴；如果行与列上都有文本型数据，则将文本作为 X 轴，文本行数据作为图例。

步骤 3：更改 X 轴数据，再右击图表区，在弹出的快捷菜单中选择【选择数据】，弹出"选择数据源"对话框，如图 45.4 所示。

图 45.4 "选择数据源"对话框

134

任务 8　数据的图表分析

在"选择数据源"对话框中选中"应发工资",单击【删除】按钮,则"应发工资"字段从图表中删除。

在"选择数据源"对话框中单击"水平(分类)轴标签"下面的【编辑】按钮,弹出"轴标签"对话框,如图 45.5 所示。

图 45.5　更改轴标签

单击"轴标签区域"文本框右侧的【区域选定】按钮,再选择工作表中 B2:B7 区域,单击【确定】按钮,返回"选择数据源"对话框,再单击【确定】按钮。

这时,图表中仅保留工资、奖金两项,且横向坐标轴只显示姓名,如图 45.6 所示。

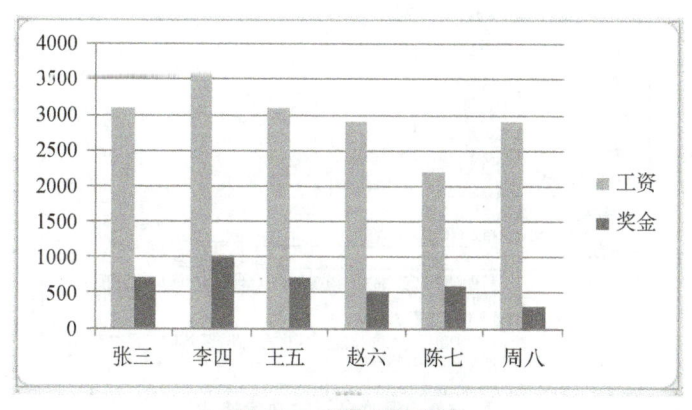

图 45.6　修饰后的图表

技 巧

1. 单击绘图区中某个系列的柱形图,整个图表中的同类柱形图被选中,直接按 Delete 键,可以将这个系列的数据从绘图区中删除。

2. 两次单击绘图区中某个系列的柱形图,可以只选中这一个柱形图,并且可以只对这一个柱形图进行设置,如颜色、数据标记等。

步骤 4: 取消网格线和 Y 轴线条,给 Y 轴加上文字单位。鼠标右击绘图区的网格线,在弹出的快捷菜单中选择【设置网格线格式】,弹出"设置主要网格线格式"对话框,如图 45.7 所示。

在"线条颜色"选项中,选中"无线条",单击【关闭】按钮。右击 Y 轴,在弹出的快捷菜单中选择【设置坐标轴格式】,弹出"设置坐标轴格式"对话框,如图 45.8 所示。选中"线条颜色",在右侧选中"无线条"。

选择"数字"选项,在右侧"数字""类别"列表中,选择"自定义",在"格式代码"框中输入"#,###"元"",单击【添加】按钮,如图 45.9 所示。

135

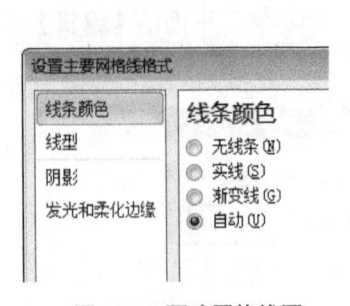

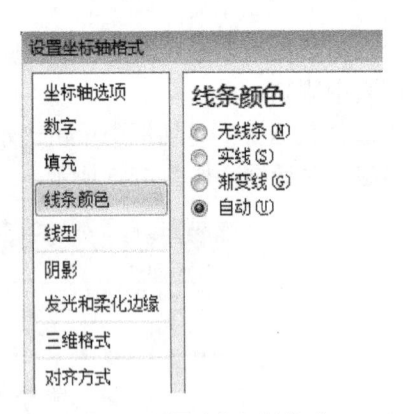

图 45.7　更改网络线图　　　　　　　图 45.8　更改坐标轴格式

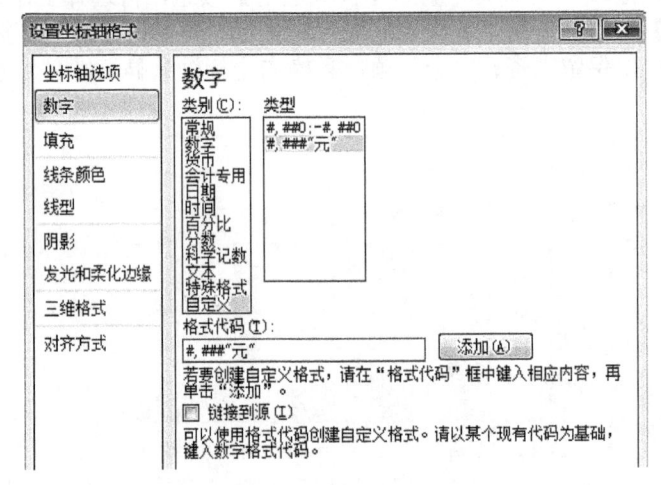

图 45.9　更改坐标轴数字格式

单击【关闭】按钮，这时，图表没有了网格线，Y 轴线条也没有了，Y 轴的数值加上了单元"元"字，如图 45.10 所示。

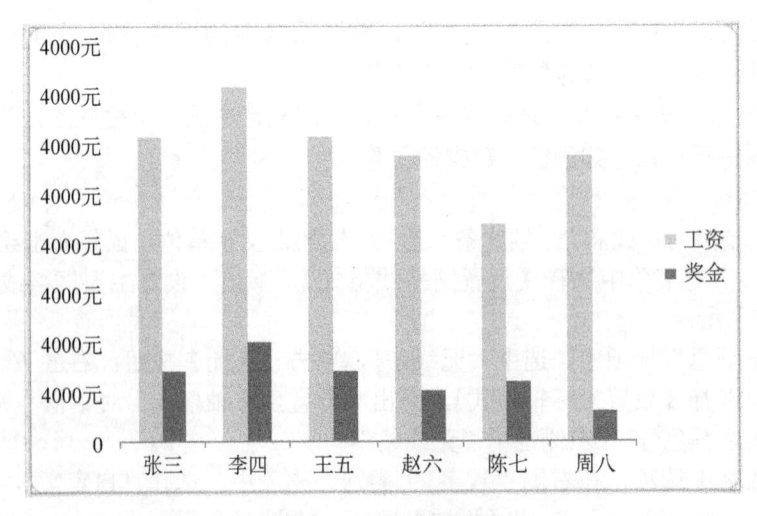

图 45.10　修饰后的图表

步骤 5： 单击【插入—（插图）—形状—矩形】，在工作表空白区域绘制一个矩形，再单击【格式—（形状样式）—形状填充—橙色】，矩形区域被橙色填充。

右击所绘制的矩形，在弹出的快捷菜单中选择【复制】或直接按 Ctrl+C 组合键，再单击绘图区中工资的柱形条，所有的工资柱形条都被选中，如图 45.11 所示。

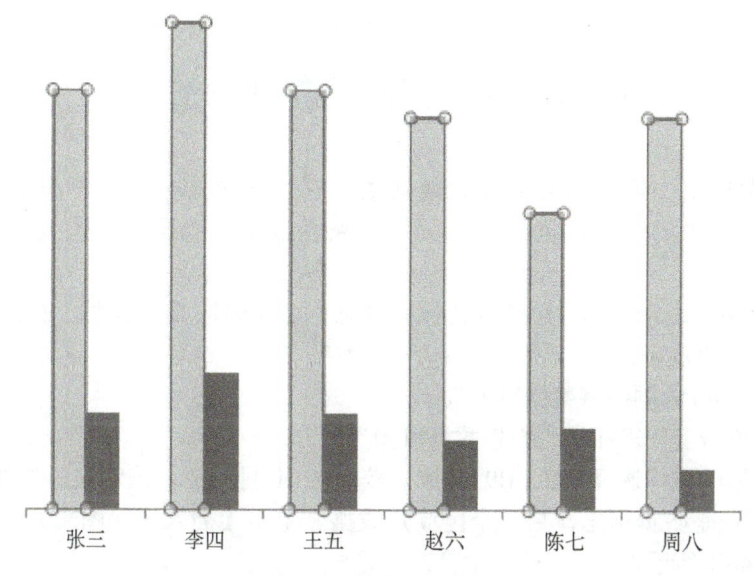

图 45.11　选中全部工资柱形图

按 Ctrl+V 组合键，这时刚复制的橙色被粘贴到所有工资的柱形条中，如图 45.12 所示。

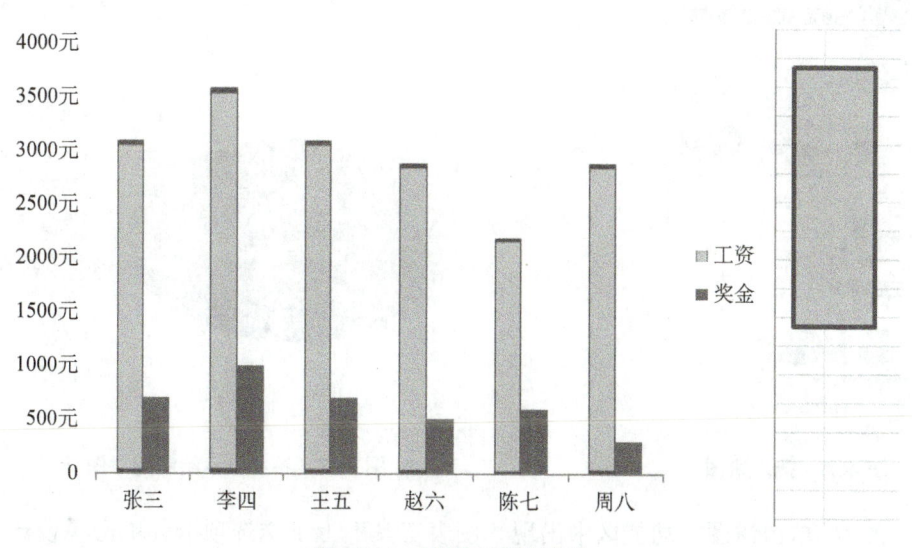

图 45.12　更改工资柱形图

> **技巧**
>
> 用图片编辑工具（如 Windows 附件中自带的画图软件），选中整个图片或部分图片区域，按 Ctrl+C 组合键。返回到 Excel 软件，单击柱形图，按 Ctrl+V 组合键，即可以将图片粘贴到图中。

子任务 46　绘制销售数据饼图

饼图通常只用一组数据系列作为数据源。它将一个圆分为若干个扇形，每个扇形代表数据系列中的一项数据值，其大小用来表示相应数据项占该数据系列总和的比例值。

饼图一般用来表示个体占总体的比例或者总体之间的构成等信息。Excel 2010 的饼图包含 6 种子图表类型。

对应文件"46 绘制销售数据饼图"。

步骤 1： 单击工作表标签"销售数据饼图"。

步骤 2： 拖动鼠标选择 B2：B9 区域，按住 Ctrl 键不放，拖动鼠标选择 J2：J9 区域。前一个区域是数据标志，后一个区域是数据。单击【插入—（图表）—饼图—三维饼图】，如图 46.1 所示。

系统自动插入一个饼图，如图 46.2 所示。

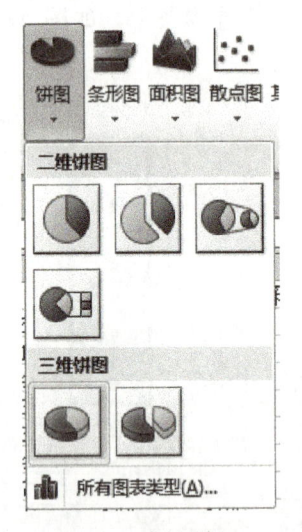

图 46.1　插入饼图　　　　　　图 46.2　系统默认绘制的饼图

步骤 3： 单击饼图，功能区中出现"图表工具"上下文选项卡。单击【设计—（图表布局）—布局 1】，如图 46.3 所示。所有图例和比例值都显示在饼图上，如图 46.4 所示。

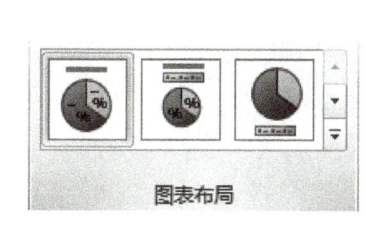

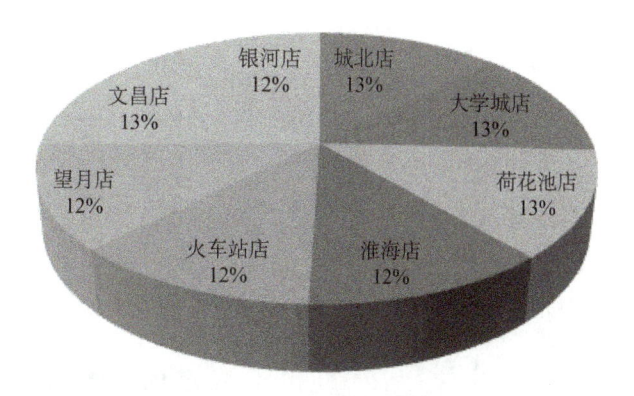

图 46.3　更改饼图布局　　　　　　　　　图 46.4　更改布局后的饼图

选择"图表标题"文本框，将其内容改成"分店营业额比例"。

步骤 4： 选择数据区域的任意单元格，如 C1，单击【数据（排序和筛选）—排序】，弹出"排序"对话框，如图 46.5 所示。"主要关键字"选择"总额"字段，"排序依据"选择"数值"，"次序"选择"降序"。单击【确定】按钮，数据清单按总额的降序排序，饼图也随之变化。

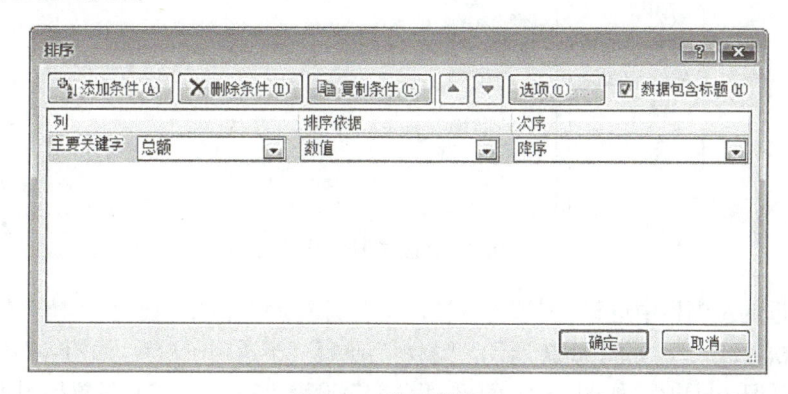

图 46.5　按总额排序

步骤 5： 在图表区右击鼠标，在弹出的快捷菜单中选择【更改图表类型】，弹出"更改图表类型"对话框。在左侧的类型框中选择"饼图"，在右侧的分类型框中选择"复合饼图"，如图 46.6 所示。

图 46.6　选择复合饼图

单击【确定】按钮，Excel 2010 自动给出复合饼图，并将最后 3 个数据放到第二饼图，如图 46.7 所示。

分店营业额比例

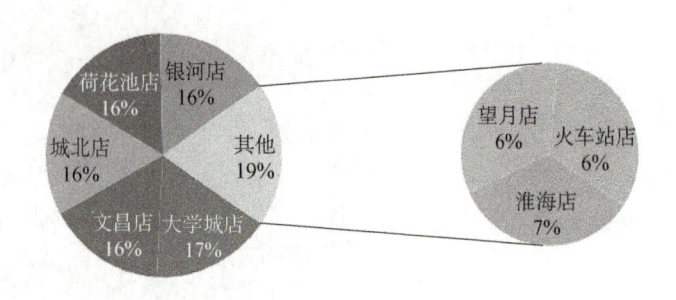

图 46.7　复合饼图

步骤 6：右击绘图区，在弹出的快捷菜单中选择【设置数据系列格式】，弹出"设置数据系列格式"对话框。在"系列选项—分类间距"中，将分类间距设为 30%，如图 46.8 所示。

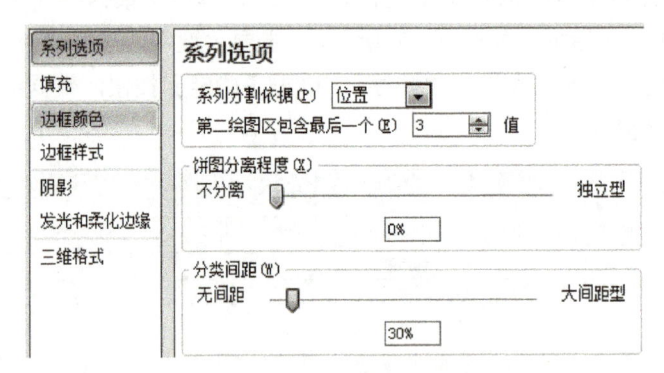

图 46.8　更改饼图分类间距

在对话框的左侧栏中选择"三维格式"，在右侧选项中做如下设置："棱台"选项，"顶端"选择"松散嵌入"，如图 46.9 所示，"材料"选择"半透明—粉"，如图 46.10 所示，"照明"选择"暖调—日出"，如图 46.11 所示；"角度"设为"30°"，综合设置如图 46.12 所示。

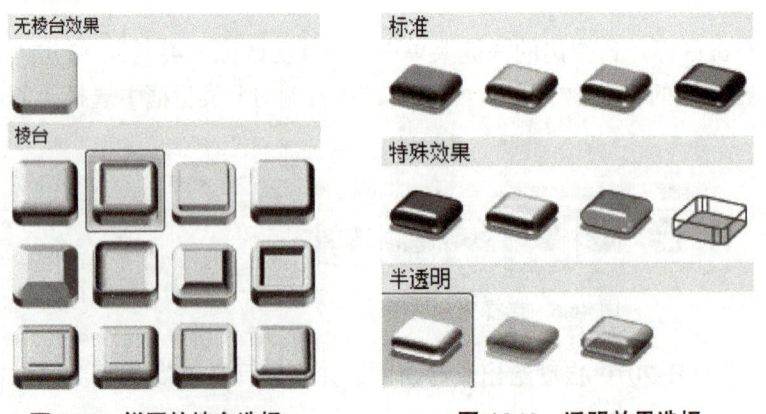

图 46.9　饼图的棱台选择　　　　图 46.10　透明效果选择　　　　图 46.11　照明选择

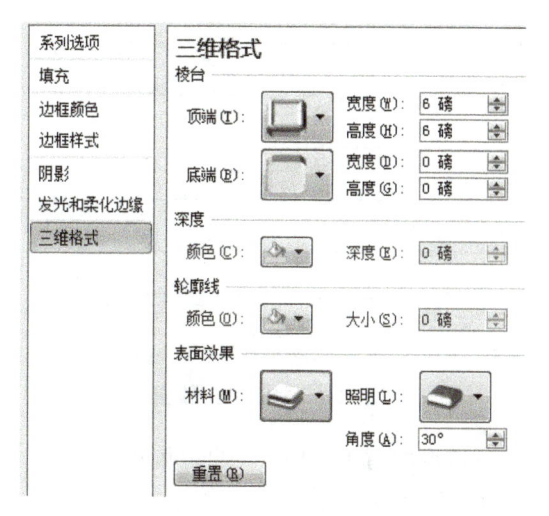

图 46.12　饼图三维综合设置

单击【关闭】按钮，最终效果如图 46.13 所示。

分店营业额比例

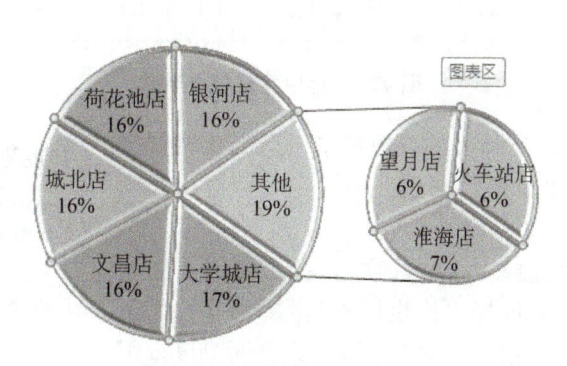

图 46.13　最终设置的饼图

子任务 47　绘制销售数据折线图

折线图是用直线段将各数据点连接起来而组成的图形，以折线方式显示数据的变化趋势。折线图可以清晰地反映出数据是递增还是递减、增减的速率、增减的规律、峰值等特征。因此，折线图常用来分析数据随时间的变化趋势，也可以用来分析多组数据随时间变化的相互作用和相互影响。

折线图包含 7 种子图表类型。

对应文件 "47 为销售数据绘制折线图"。

步骤 1： 单击工作表标签 "销售数据的折线图"。

步骤 2： 选择 A2：C8 区域，再单击【插入—（图表）—折线图—二维折线图—折线图】，Excel 2010 绘出折线图，如图 47.1 所示。

141

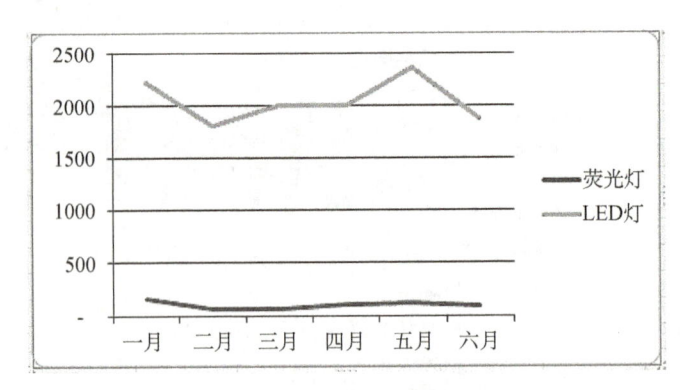

图 47.1 默认的折线图

步骤 3：荧光灯的销售数据相对于 LED 灯的销售数据太小，因此要做些调整。单击选中荧光灯的数据线，如图 47.2 所示。

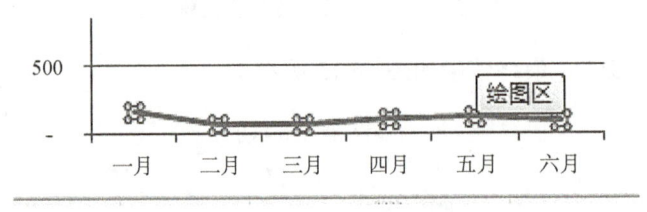

图 47.2 选中荧光灯数据线

在线上右击鼠标，在弹出的快捷菜单中选择【设置数据系列格式】，弹出"设置数据系列格式"对话框，如图 47.3 所示。

在左侧的选项中选择"系列选项"，在右侧的"系列选项—系列绘制在"中选择"次坐标轴"，单击【关闭】按钮。这时图表会在右侧的 Y 轴上出现一系列新刻度，用来标记荧光灯的数据，如图 47.4 所示。

图 47.3 更改坐标轴主次

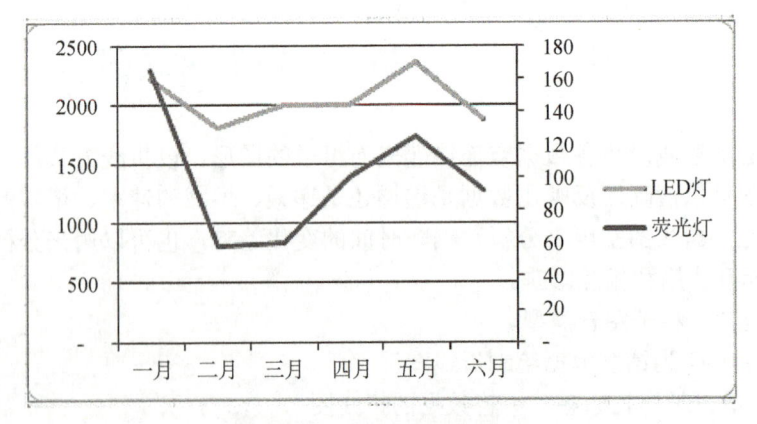

图 47.4 双坐标轴折线图

步骤 4：考察图 47.4，LED 的数据最低值是 1808，荧光灯的数据最低是 58，而默认的 X 轴与 Y 轴交于 0，可以更改 X 轴与 Y 轴的交叉点，使折线图的阅读性更好。

将鼠标移到左侧的 Y 轴，右击，在弹出的快捷菜单中选择【设置坐标轴格式】，弹出"设置坐标轴格式"对话框，如图 47.5 所示。在对话框左侧选择"坐标轴选项"，在右侧"坐标轴选项"的"最小值"选择"固定"，输入"1600"，单击【关闭】按钮。

图 47.5　设置左侧坐标轴刻度

同上，在右侧的 Y 轴上右击，在弹出的快捷菜单中选择【设置坐标轴格式】，弹出"设置坐标轴格式"对话框，如图 47.6 所示。在对话框左侧选择"坐标轴选项"，在右侧"坐标轴选项"的"最小值"选择"固定"，输入"50"，单击【关闭】按钮。

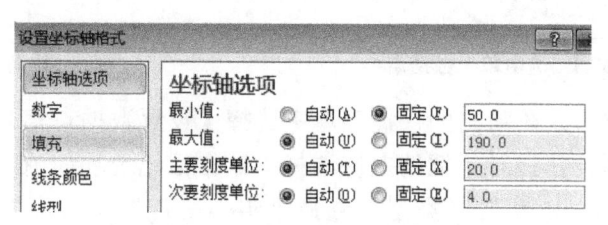

图 47.6　设置右侧坐标轴刻度

选中"图例"文本框，将图例移到绘图区，将网络线去掉（参见任务 7 子任务 39），并调整绘图窗口大小，最终效果如图 47.7 所示。

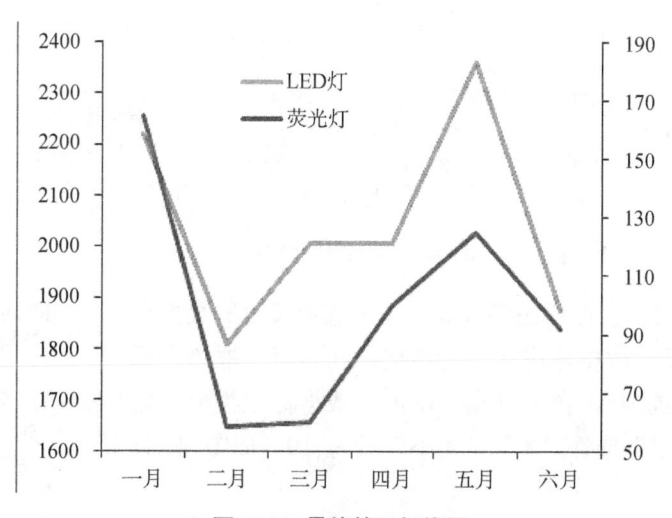

图 47.7　最终的双折线图

> **技 巧**
>
> 1. 折线图中如果有两列数据，且数据相差较大时，双 Y 轴刻度是常用的绘图方式。
> 2. 在使用双刻度时，由于两折线对应两刻度，有时较难分辨哪一根折线对应哪一个轴刻度，因此常在坐标轴旁边进行说明，有时也用不同的绘图方式进行区分，如线柱图。

步骤 5： 给最大值与最小值加上数据值点标记。单击绘图区中 LED 线，再次单击第 5 个数据点，此时，仅这个数据点被选中，如图 47.8 所示。

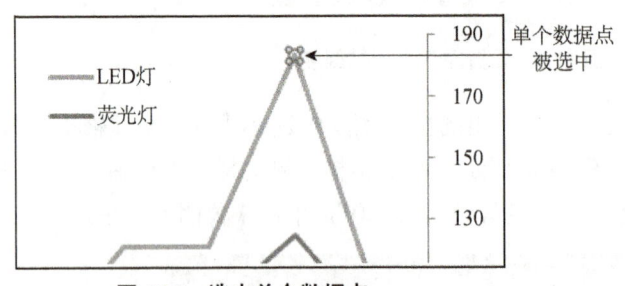

图 47.8　选中单个数据点

图 47.9　设置数据标记

在该数据点右击，在弹出的快捷菜单中选择【设置数据点格式】，弹出"设置数据点格式"对话框。在该对话框的左侧选择"数据标记选项"，在右侧窗口中的"数据标记类型"选择"内置"，"类型"选择"实心三角"，"大小"设为"10"，如图 47.9 所示。

单击【关闭】按钮，再单击绘图区中的荧光灯线，再次单击第 2 个数据点，此时，仅这个数据点被选中，如图 47.10 所示。

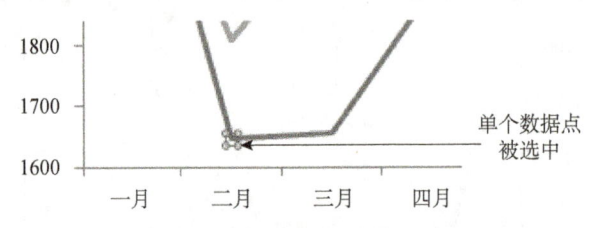

图 47.10　选中最小值点

在该数据点右击，在弹出的快捷菜单中选择【设置数据点格式】，弹出"设置数据点格式"对话框。在该对话框的左侧选择"数据标记选项"，在右侧窗口中的"数据标记类型"选择"内置"，"类型"选择"X"，"大小"设为 10，如图 47.11 所示。

单击【关闭】按钮，最终效果如图 47.12 所示。

图 47.11　设置数据标记

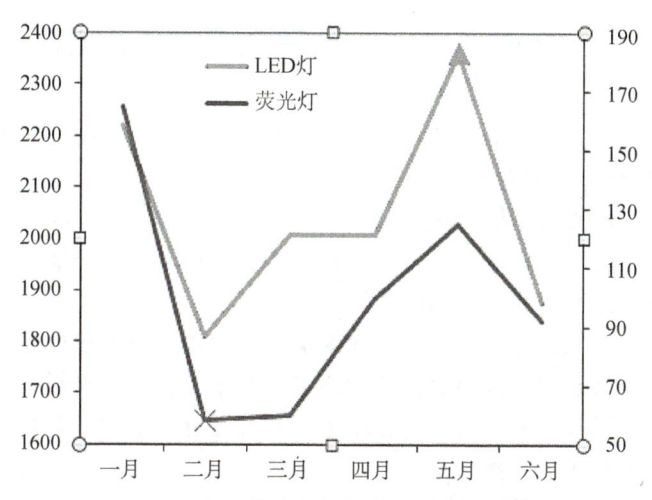

图 47.12　加上最大最小值标记点的折线图

步骤 6：改变其中一类数据的图表类型。单击选中荧光灯线，则所有数据点被选中，在线上右击，弹出如图 47.13 所示快捷菜单。

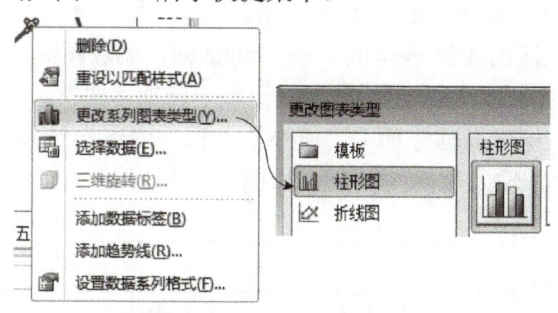

图 47.13　更改图表类型

在右键菜单中选择【更改系列图表类型】，出现"更改图表类型"对话框，选择左侧的"柱形图"，再选择右侧的"簇状柱形图"，单击【确定】按钮。原来的双折线图变成了线柱图，如图 47.14 所示。

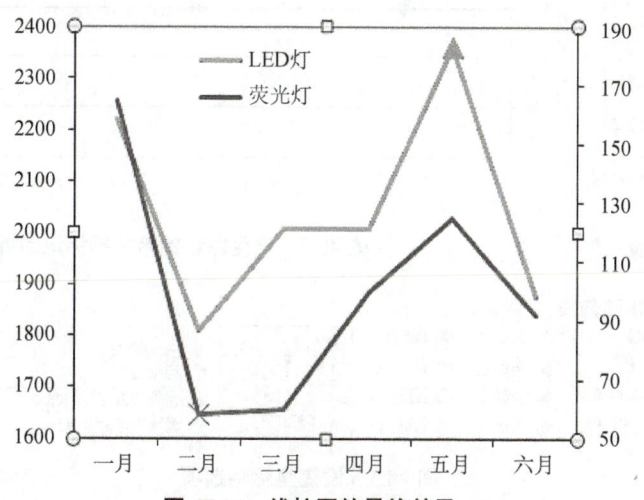

图 47.14　线柱图的最终效果

145

子任务 48　制作销售数据预测图

Excel 2010 图表可以附加趋势线，通过现有数据，趋势线可以拟合并加以预测。Excel 2010 的趋势线有以下 6 种。

- 线性趋势线：增长或降低速率比较稳定。
- 对数趋势线：增长或降低幅度——开始比较快，逐渐趋于平缓。
- 多项式趋势线：增长或降低的波动较多。
- 乘幂趋势线：增长或降低的速度持续增加，且增加幅度比较恒定。
- 指数趋势线：增长或降低的速度持续增加，且增加幅度越来越大。
- 移动平均线：增长或降低的速度波动不大，且没有季节因子影响。

对应文件"48 制作销售预测图"。

步骤 1：单击工作表标签"销售预测图"。

步骤 2：拖动鼠标选择 A2：H3 单元格区域，再单击【插入—（图表）—折线图—带数据标记的折线图】，如图 48.1 所示。

产生带数据标记的折线图，如图 48.2 所示。

步骤 3：单击图表区的图例 ——系列1，按 Delete 键，删除图例。右击 Y 轴，在弹出的快捷菜单中选择【设置坐标轴格式】，出现"设置坐标轴格式"对话框。在对话框左侧选择"坐标轴选项"，右侧坐标轴选项中"最小值"选"固定"，输入"10"，"横坐标轴交叉"选择"坐标轴值"，输入数值"25.0"，如图 48.3 所示。

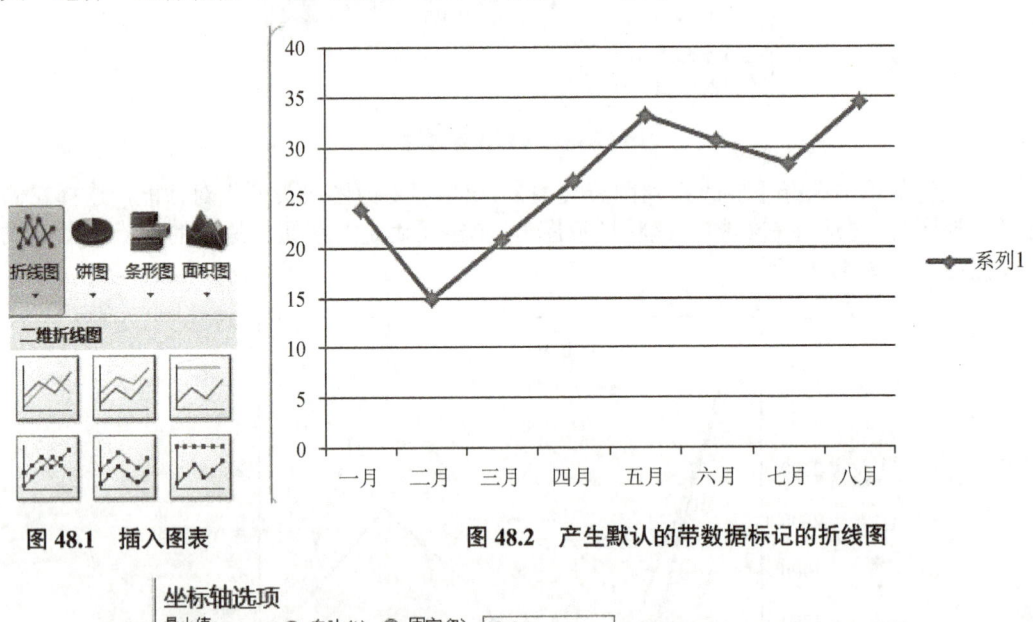

图 48.1　插入图表　　　　　图 48.2　产生默认的带数据标记的折线图

图 48.3　设置坐标轴选项

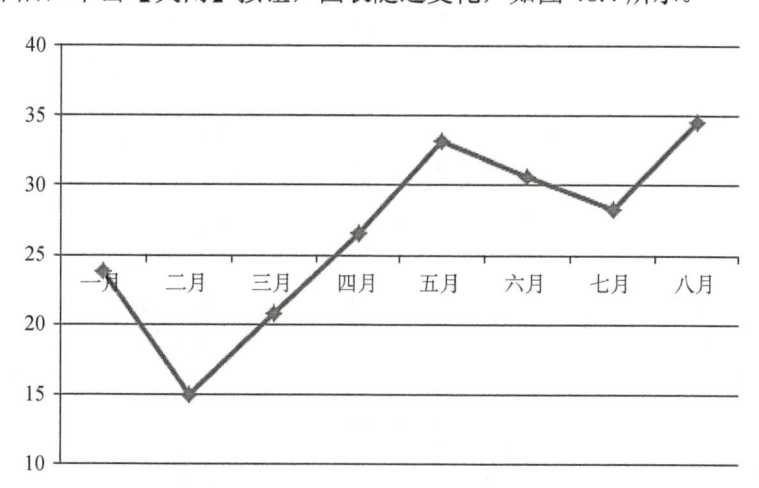

设置完毕后，单击【关闭】按钮，图表随之变化，如图48.4所示。

图 48.4　更改坐标轴和最小刻度

步骤 4： 移动鼠标到 X 轴标签上再右击，在弹出的快捷菜单中选择【设置坐标】，弹出"设置坐标轴格式"对话框。在对话框中，"主要刻度线类型"选"无"，"次要刻度线类型"选"无"，"标轴标签"选"低"，如图 48.5 所示。

然后在左侧窗口中选择"线条颜色"，在右侧窗口的"线条颜色"中选择"无线条"，单击【关闭】按钮，结果如图 48.6 所示。

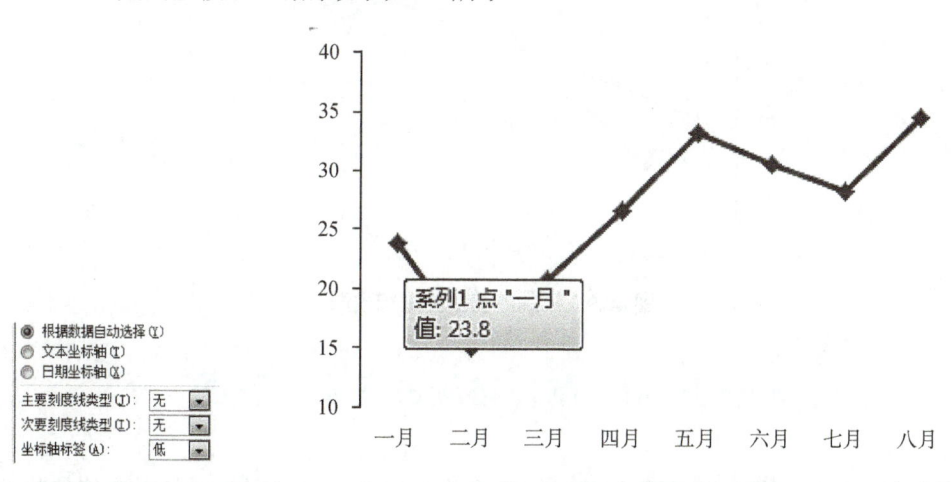

图 48.5　更改会标轴刻度线

图 48.6　去掉网络线的图

步骤 5： 单击选中绘图区中的曲线，右击，在弹出的快捷菜单中，选择【添加趋势线】，如图 48.7 所示，弹出"设置趋势线格式"对话框。选择"趋势线选项"为"多项式"，在"趋势预测"中，选择"前推"1 个周期，如图 48.8 所示。

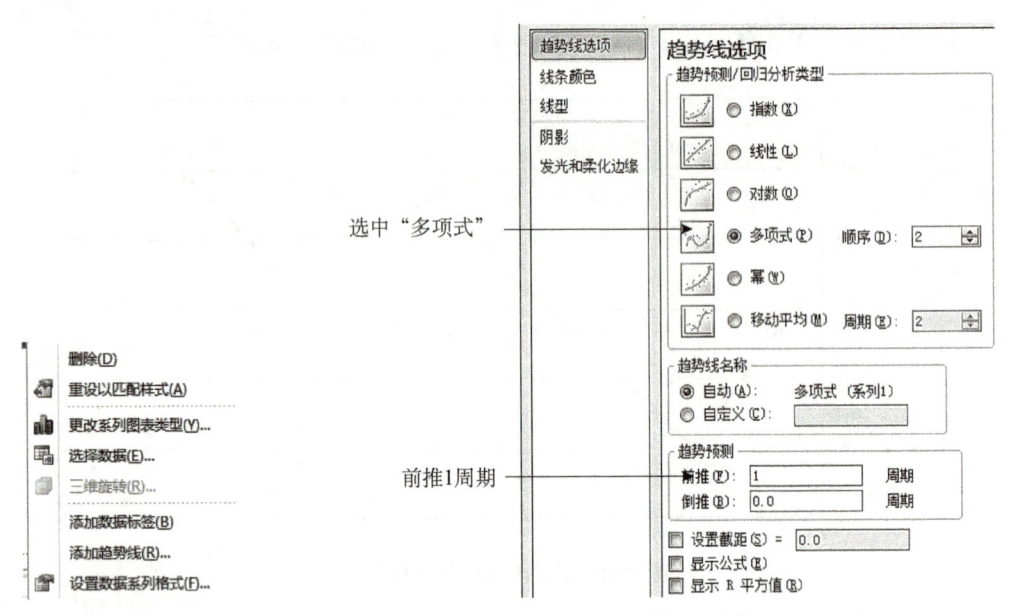

图 48.7 右键菜单　　　　　　　　　　图 48.8 "设置趋势线"对话框

在绘图区中就会添加二项式预测线，并预测下一个周期的数据，如图 48.9 所示。

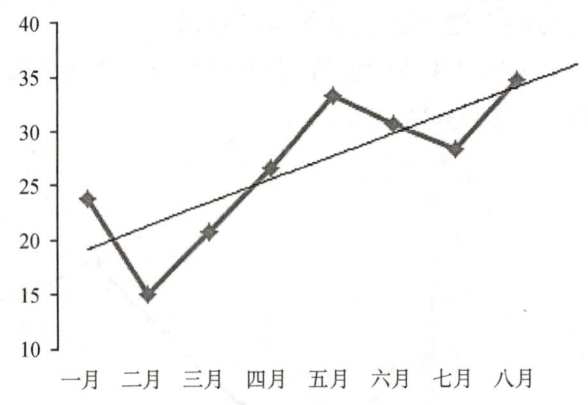

图 48.9 添加趋势线并进行预测

子任务 49　制作市场占有率面积图

面积图又称区域图，强调数量随时间而变化的程度，也可用于引起对总值趋势的注意。堆积面积图还可以显示部分与整体的关系。

对应文件"49 市场占有率面积图"。

步骤 1：单击工作表标签"市场占有率图表"。

步骤 2：选中 A2：G5 单元格区域，再单击【插下－（图表）－面积图－百分比堆积面积图】，如图 49.1 所示。

任务 8　数据的图表分析

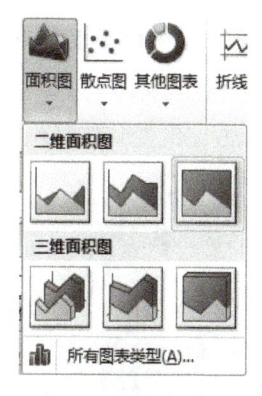

图 49.1　插入图表

图 49.2　关闭图例

步骤 3：选中图表，再单击【图表工具—布局—（标签）—图例—关闭图例】，如图 49.2 所示。

产生的面积图如图 49.3 所示。

步骤 4：单击【图表工具—设计—（图表样式）】，再单击右侧"其他"扩展按钮，选择"样式 42"，更改面积图样式如图 49.4 所示。

图 49.3　面积图

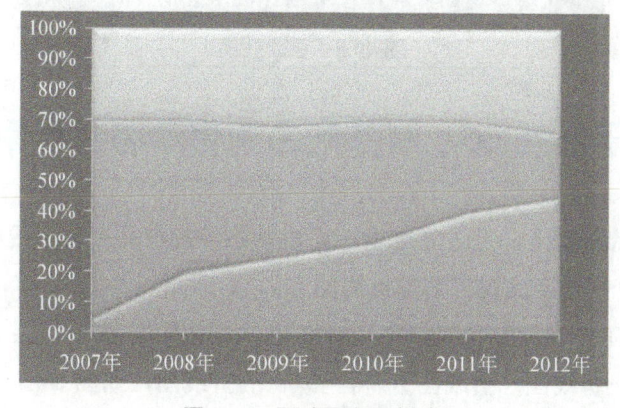

图 49.4　更改面积图样式

149

步骤 5：单击【插入－（文本）－文本框】，在节能灯的系列位置上单击文本并拖动鼠标绘制文本框，在文本框中输入文本"节能灯所占比例变化趋势"。

同样的操作，在另两个系列位置分别加上"白炽灯所占比例变化趋势"、"LED 灯所占比例变化趋势"，如图 49.5 所示。

图 49.5 在图表中加入文本框

步骤 6：单击选中第一个文本框，再单击【格式－（形状样式）－强烈效果橄榄色】，同样给另两个文本框设置格式"强烈效果红色"、"强烈效果蓝色"，结果如图 49.6 所示。

图 49.6 更改效果

子任务 50 制作产品销售动态折线图

在子任务 47 的基础上，通过复选框，可以动态绘制产品销售折线图。

对应文件"50 制作产品销售动态折线图"。

步骤 1：单击工作表标签"制作产品销售动态折线图"。选择 A2：C8 区域，再单击【插入－（图表）—折线图—折线图】，得到默认的折线图，如图 50.1 所示，再将图表移动到数据区域下方。

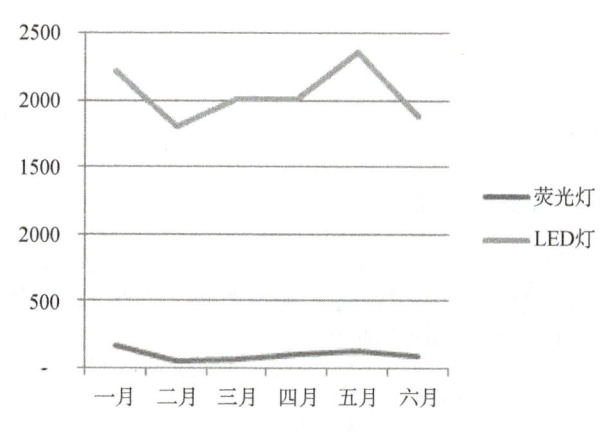

图 50.1　绘制折线图

步骤 2：单击【开发工具－(控件)－插入－(表单控件)－复选框】，如图 50.2 所示。

图 50.2　插入复选框

> ✿ 注 意
>
> 1. 默认安装情况下，"开发工具"没有在功能区中显示。
> 2. 单击【文件—选项】，在弹出的"Excel 选项"对话框中，选择"自定义功能区"，再勾选"开发工具"，参见"任务 1 中的子任务 3"。

鼠标在 F2 单元格上拖动，放置复选框，再单击复选框的文字部分，修改文字内容为"荧光灯"。

同样的方法，在 F3 单元格位置再插入一个复选框，并改为"LED 灯"，效果如图 50.3 所示。

图 50.3　复选框

> ❋ 技 巧
>
> 1. 如果复选框无法被选中，则可以先在复选框中右击，随后单击，就可以修改文字内容。
> 2. 同样，可以用上述方法移动复选框。

步骤 3：右击"荧光灯"复选框，在弹出的快捷菜单中选择【设置控件格式】，弹出"设置控件格式"对话框。在"控制"选项卡中，点选"单元格链接"，再单击 D2 单元格，如图 50.4 所示，单击【确定】按钮。

步骤 4：与步骤 3 类似，设置"LED 灯"复选框链接到单元格 E2。当单击勾选时，对应单元格中会出现"TRUE"或"FALSE"，如图 50.5 所示。

151

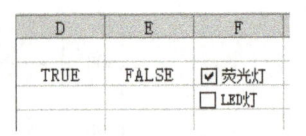

图 50.4 设置单元格链接　　　　　　　　图 50.5 链接到单元格的效果

步骤 5：单击【公式—(定义的名称)—定义名称】，弹出"新建名称"对话框。"名称"文本框中输入"ygd"，"引用位置"输入"=IF（D2, $B$3:$B$8, $D$3:$D$8)"，如图 50.6 所示，单击【确定】按钮完成定义。

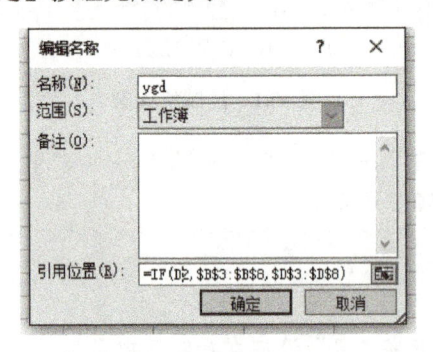

图 50.6 定义 ygd 名称

步骤 6：同步骤 5，定义名称"led"，公式为"=IF（E2, $C$3:$C$8, $E$3:$E$8）"，单击【确定】按钮完成定义。

步骤 7：右击折线图内的任意位置，在弹出的快捷菜单中选择【选择数据】，弹出"选择数据源"对话框。"图例项"单击选中"荧光灯"，再单击【编辑】按钮，弹出"编辑数据系列"对话框。

修改"系列值"为"=50 制作产品销售动态折线图.xlsx!ygd"，单击【确定】按钮。

同样操作，修改"LED 灯"的数据系列值为"=50 制作产品销售动态折线图.xlsx!led"，单击【确定】按钮，完成设置。

提 高

1. 在数据系列值中，不可以直接使用定义的名称。
2. 在图表的系列中如果要使用定义的名称，必须是"工作簿全名"+"!"+"名称"，如"=50 制作产品销售动态折线图.xlsx!led"。

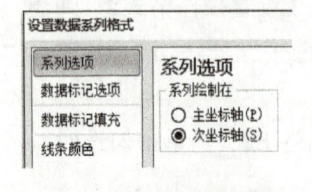

图 50.7 设置数据系列格式

步骤 8：单击复选框，则可以动态显示折线图。勾选两个复选框，右击折线图中"LED 灯"的折线，在弹出的快捷菜单中选择【设置数据系列格式】，弹出"设置数据系列格式"对话框。在"系列选项"中，点选"次坐标轴"，如图 50.7 所示，单击【关闭】按钮。

步骤 9：单击选中"图例"，按 Delete 键删除图例。

右击绘图区左侧的 Y 轴，在弹出的快捷菜单中选择【设置坐标轴格式】，弹出"设置坐标轴格式"对话框。在"坐标轴选项"中，将坐标轴选项中所有刻度均"固定"在默认值上，如图 50.8 所示；单击【关闭】按钮。

图 50.8 固定刻度

同样的方法，设置绘图区右侧的 Y 轴，将刻度固定下来。

> **技 巧**
>
> 1. 固定两个 Y 轴的刻度，是为了避免勾选和取消勾选时图表的可切换。
> 2. 可以通过调整 Y 轴刻度，调节折线图的位置。

步骤 10：将复选框移动到图表区中，最终效果如图 50.9 所示。

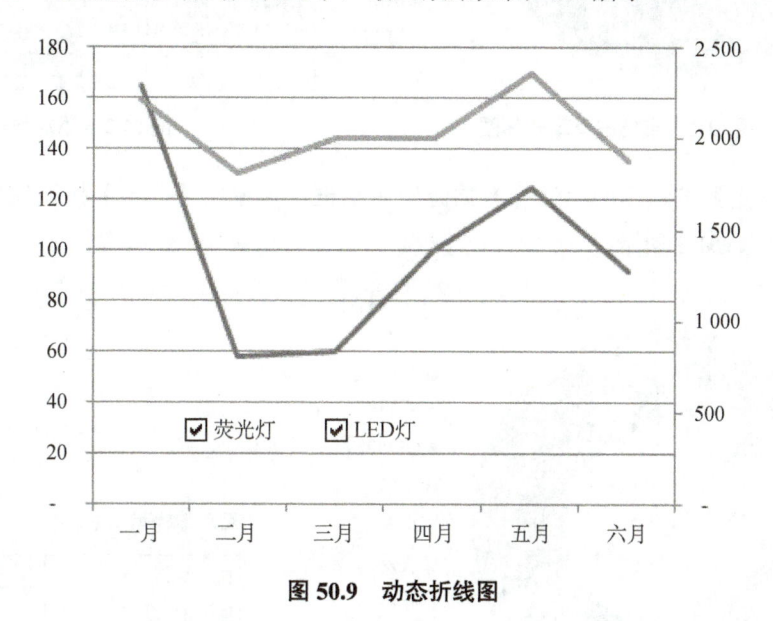

图 50.9 动态折线图

子任务 51　制作市场占有率环形图

圆环图类似于饼图，可以显示每个数据占总数值的大小，也可以包含多个数据系列。环形图可以与饼图组合构成环饼图，显示具有包含关系的数据。

对应文件"51 制作市场占有率环形图"。

步骤 1：单击工作表标签"市场占有率环形图"。

步骤 2：选择 C2：D16 区域（两个数据），再单击【插入—（图表）—其他图表—

153

圆环图】，绘制出圆环图，如图 51.1 所示。

步骤 3：在圆环图中右击，在弹出的快捷菜单中选择【选择数据】，弹出"选择数据源"对话框。在对话框中单击【添加】按钮，弹出"编辑数据系列"对话框。在"系列名称"中选取 A3：A16 区域；在"系列值"中先删除默认值 1，再选取 B3：B16 区域，如图 51.2 所示。

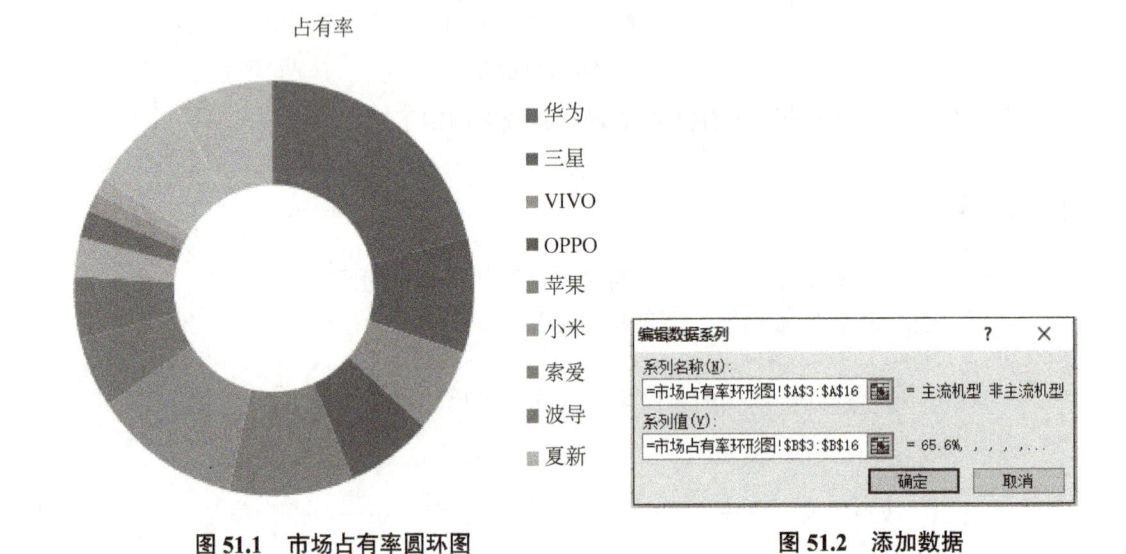

图 51.1　市场占有率圆环图　　　　图 51.2　添加数据

单击【确定】按钮返回"选择数据源"对话框，再单击【确定】按钮完成添加，得到双环图，如图 51.3 所示。

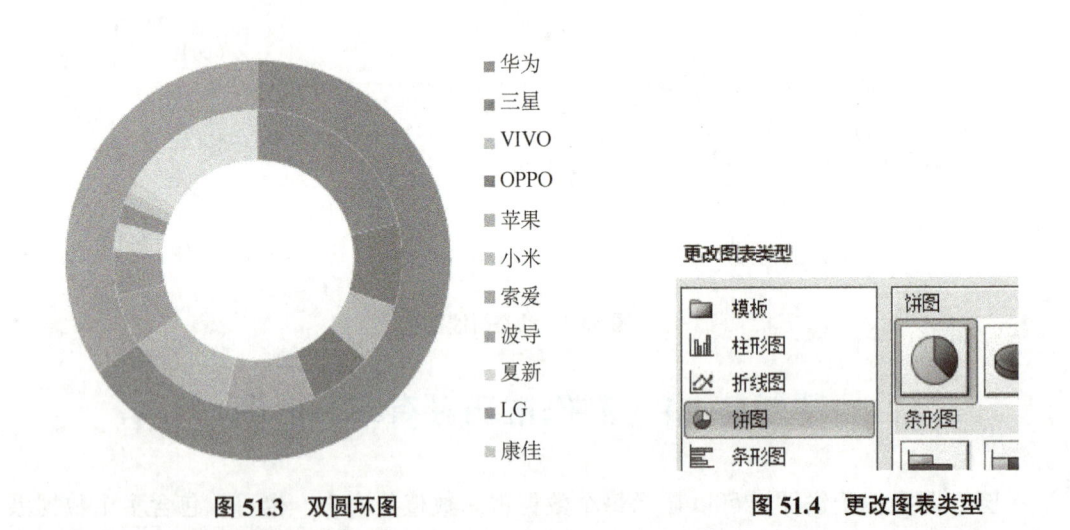

图 51.3　双圆环图　　　　图 51.4　更改图表类型

步骤 4：在外部环形图上右击，在弹出的快捷菜单中选择【更改系列图表类型】，弹出"更改图表类型"对话框。选择饼图，如图 51.4 所示，单击【确定】按钮，完成更改，效果如图 51.5 所示。

图 51.5 饼环图

> **技 巧**
>
> 1. 任意一个环都可以改为饼图。
> 2. 饼环之间可以通过设置切换,一般是将饼图切换为环图,再将另一个环图切换为饼图。

步骤 5: 删除图例,调整绘图区大小(参见本任务的子任务 46)。在外层环形图上右击,在弹出的快捷菜单中选择【添加数据标签】。在任意一个标签上右击,在弹出的快捷菜单中选择【设置数据标签格式】,弹出"设置数据标签格式"对话框,在"标签选项"中,勾选"类别名称",如图 51.6 所示,单击【关闭】按钮,结果如图 51.7 所示。

步骤 6: 在绘图区添加文本框,给内部饼图注明分类,如图 51.8 所示。

图 51.6 设置标签格式

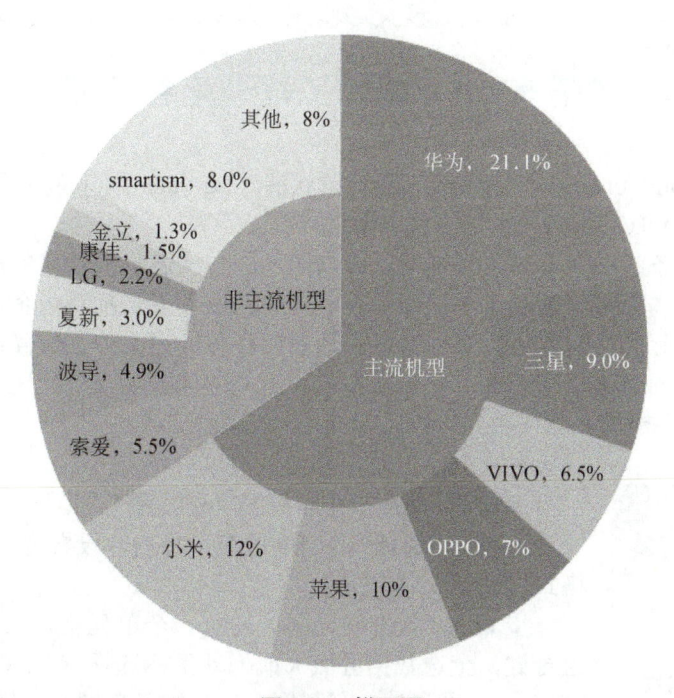

图 51.7 饼环图

155

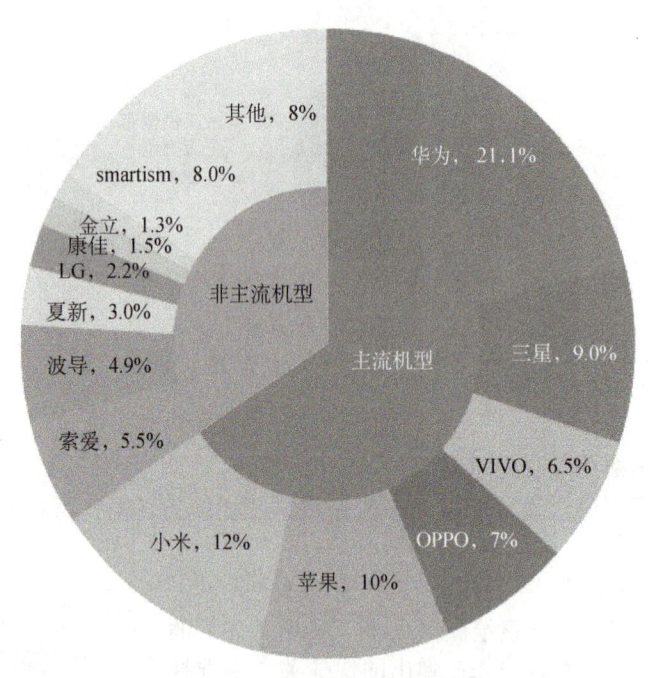

图 51.8　添加文本框的饼环图

> **技巧**
>
> 1. 内部饼图的数据是后添加的数据，这些数据可以添加数据标签。
> 2. 为了避免与环图的标签相混淆，一般通过添加文本框的方法来制作数据标签。

子任务 52　制作工程进度甘特图

甘特图（Gantt chart）又称为横道图、条状图（Bar chart）和肯特图，以发明者亨利·甘特（Henrry L. Ganntt）先生的名字命名。

甘特图通过条状图来显示项目进度，即以图示的方式表示出项目的活动顺序与持续时间。甘特图基本上是一条线条图，横轴表示时间，纵轴表示项目内容，线条表示在整个期间计划和实际的活动完成情况。它直观地表明任务计划在什么时候进行，以及实际进展与计划要求的对比。管理者由此可便利地弄清一项任务（项目）还剩下哪些工作要做，并可评估工作进度。

对应文件"52 制作工程进度甘特图"。

步骤 1： 单击工作表标签"甘特图"。

步骤 2： 选择 B2：B9 区域，将内容设置为"数字（常规）"格式，如图 52.1 所示。

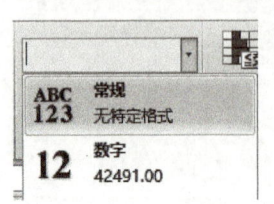

图 52.1　数字格式

步骤 3： 单击数据区域任意一个单元格，如 A2，按 Ctrl+A 组合键，全选数据区域（或拖动鼠标选择 A1：C9 区域）。单击【插入—（图表）—条形图—（二维条形图）—堆积条形图】，软

任务 8 数据的图表分析

件产生出二维堆积条形图，如图 52.2 所示。

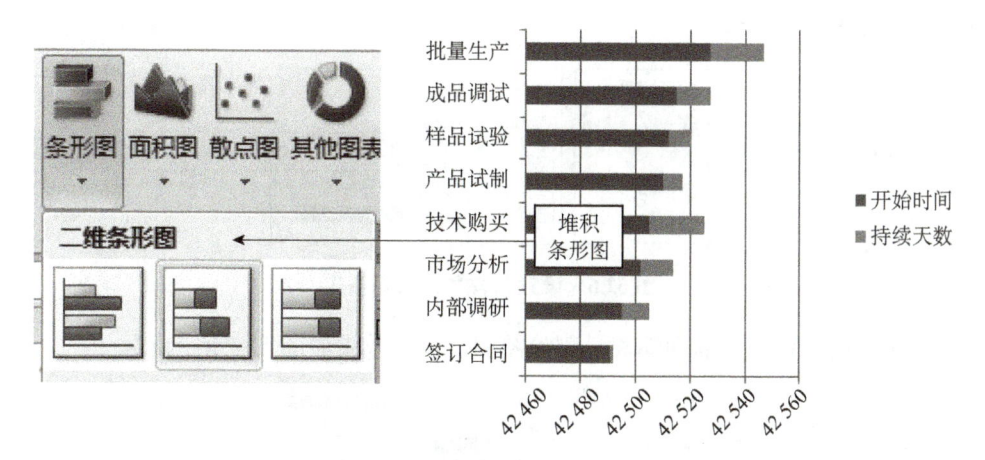

图 52.2 创建堆积条形图

步骤 4：右击绘图区中的"开始时间"系列，在弹出的快捷菜单中选择【设置数据系列格式】，弹出"设置数据系列格式"对话框。选择"填充"项，再点选"无填充"，如图 52.3 所示，单击【关闭】按钮完成设置，效果如图 52.4 所示。

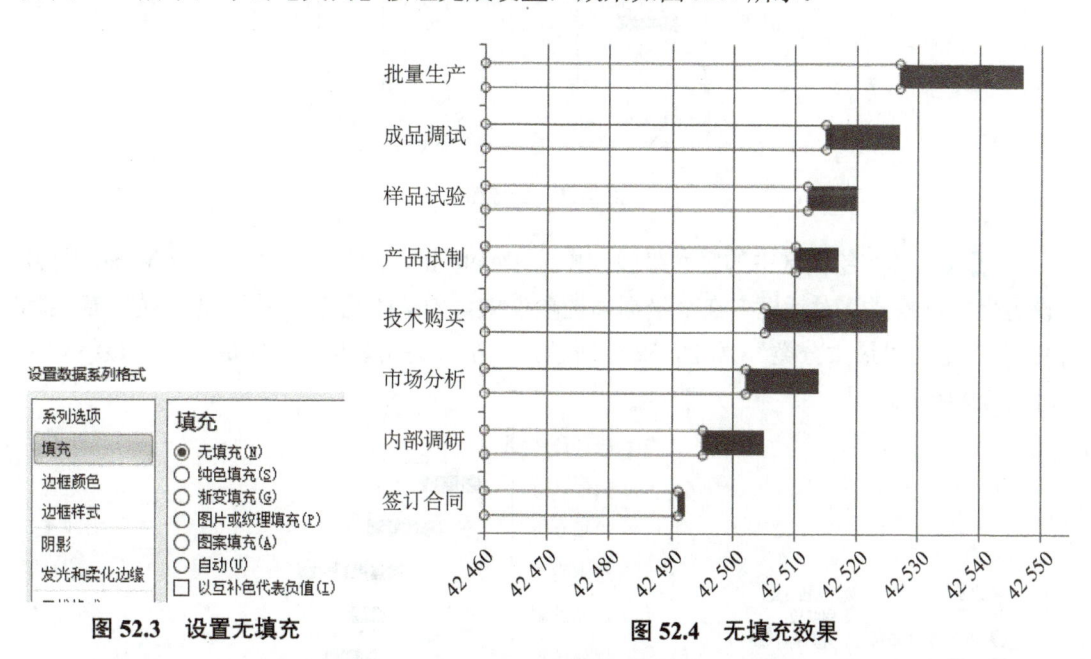

图 52.3 设置无填充　　　　　　　　　　**图 52.4 无填充效果**

步骤 5：右击 X 轴，在弹出的快捷菜单中选择【设置坐标轴格式】，弹出"设置坐标轴格式"对话框。在"坐标轴选项"中，点选"最小值"为"固定"，输入值"42491"，如图 52.5 所示。

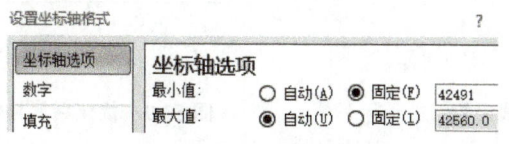

图 52.5 设置 X 轴的最小值

157

单击"数字"项,"数字""类别"选择"日期","类型"为"3 月 14 日",即短日期格式,如图 52.6 所示。

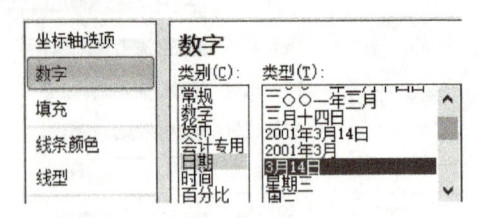

图 52.6　设置 X 轴为短日期格式

单击【关闭】按钮,返回图表,删除图例,最后效果如图 52.7 所示。

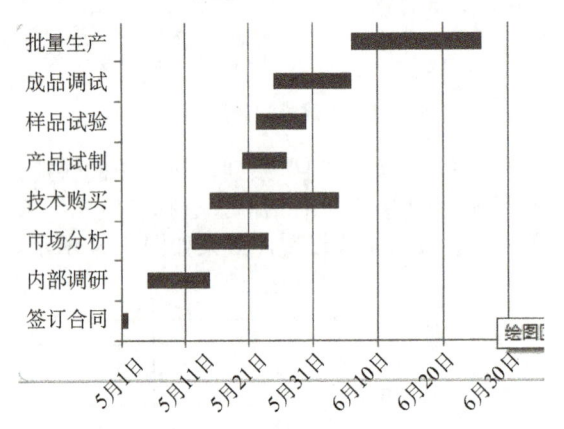

图 52.7　甘特图

步骤 6:单击绘图区中的竖网络线,再按 Delete 键,删除网格线。双击 Y 轴,打开"设置坐标轴格式"对话框。在"坐标轴选项"中,勾选"逆序类别",再点选"横坐标轴交叉"下的"最大分类",如图 52.8 所示,单击【关闭】按钮,完成设置,最终效果如图 52.9 所示。

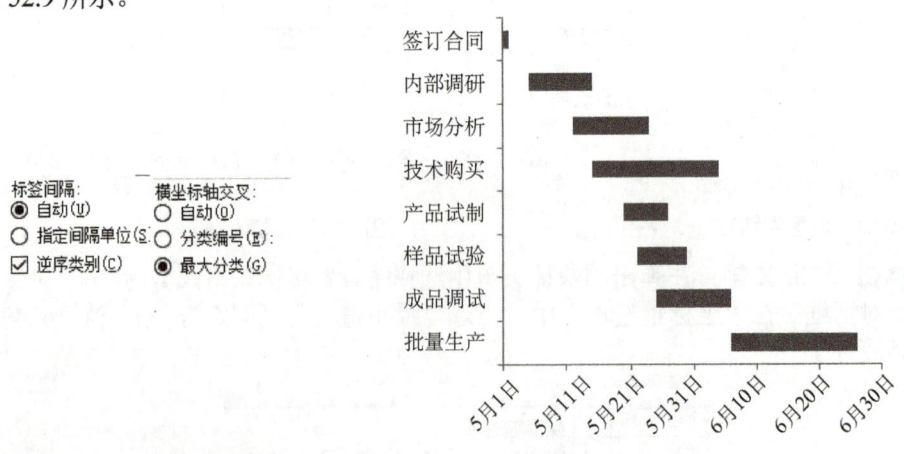

图 52.8　坐标轴格式设置

图 52.9　优化后的甘特图

> **提 高**
>
> 1. 高级的甘特图可以将当前日期放入图中,直观地看出项目状态:已完成、进行中、未开始。
>
> 2. 在"高级甘特图"工作表中可以有带时间调节的甘特图,有兴趣的读者可以研究。

任务 9　销售数据的透视分析

任务说明

数据透视表是用来从 Excel 2010 数据表、关系数据库中总结信息的分析工具，它是一种交互式报表，可以快速分类汇总、比较大量数据，可以随时选择页、行和列中的不同元素，以达到快速查看源数据的不同统计结果，同时还可以随意显示和打印数据。

本任务主要对网点数据进行数据透视分析，并对数据透视表进行优化，最终绘制数据透视图，并对数据透视图进行简单的设置。在任务中还将 Excel 2010 新增的迷你图绘入数据透视表中。

任务结构

子任务 53　对网点数据进行简单数据透视分析
子任务 54　对数据透视表进行优化
子任务 55　在数据透视表中执行计算
子任务 56　通过名称创建动态数据透视表
子任务 57　通过表格功能创建动态数据透视表
子任务 58　创建产品销售数据透视图
子任务 59　创建带条件格式的数据透视表
子任务 60　创建带迷你图的数据透视表

子任务 53　对网点数据进行简单数据透视分析

数据透视表是一种对大量数据快速汇总和建立交叉列表的交互式动态表格，能帮助用户分析、组织数据；可以从大量看似无关的数据中寻找背后的联系，从而将复杂的数据转化为有价值的信息，以供研究和决策使用。

对应文件"53 对网点数据进行简单透视分析"。

步骤 1： 单击工作表标签"数据透视表"。

步骤 2： 单击工作表任意区域，如 A3，再单击【插入—（表格）—数据透视表—数据透视表】，弹出"创建数据透视表"对话框，如图 53.1 所示。

任务 9　销售数据的透视分析

> **注 意**
>
> 1. 从图 53.1 可见，数据透视表的数据来源可以是表、区域、外部数据，数据透视表可以放在本工作表，也可以放在新工作表中。
> 2. 数据来源的"表/区域"可以使用区域名，从而实现动态数据透视表。

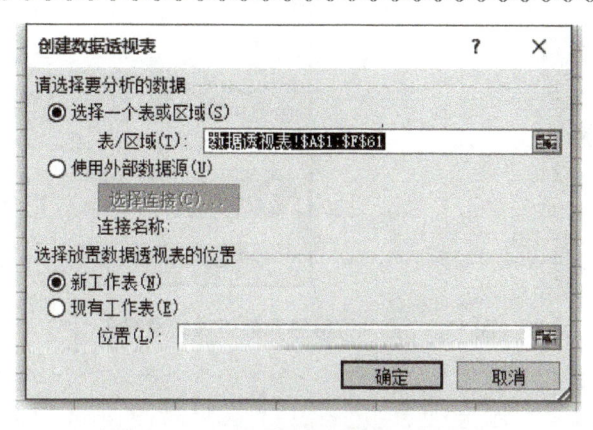

图 53.1　"创建数据透视表"对话框

步骤 3：在"创建数据透视表"对话框中，Excel 2010 默认选定整个数据区域，新建的数据透视表放在"新工作表"中。

单击【确定】按钮，Excel 2010 新建一个工作表，里面有一张空白的数据透视表，如图 53.2 所示。

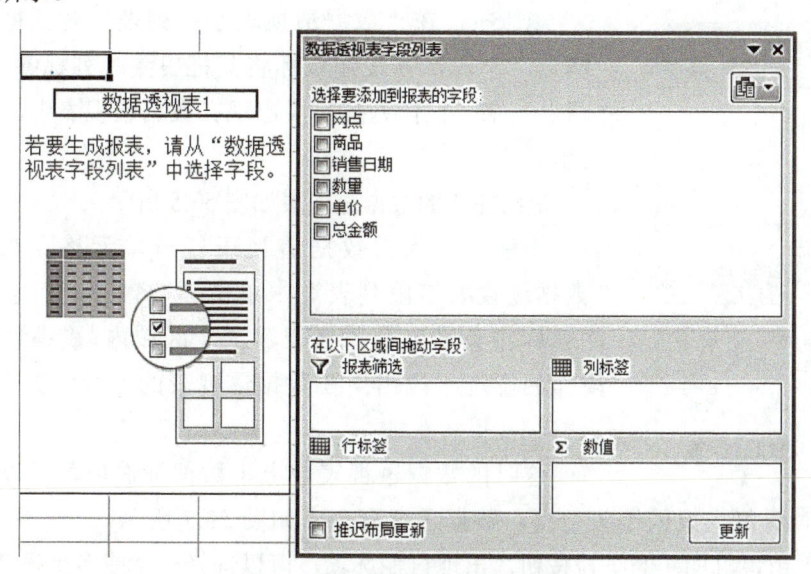

图 53.2　新建的空白数据透视表

步骤 4：在"数据透视表字段列表"对话框中分别勾选"商品"和"数量"两个字段。这两个字段出现在对话框的"行标签"区域和"数值"区域，同时这两个字段也出

161

现在数据透视表中，如图 53.3 所示。

图 53.3　添加行标签和数值项的透视表

> **注　意**
>
> 1. Excel 2010 的"空白数据透视表"与 2003 版本有了较大变化，勾选字段，可以默认地进入到行、列或数值区域。
> 2. 空白数据透视表支持鼠标拖动字段到行、列或数值标签框。

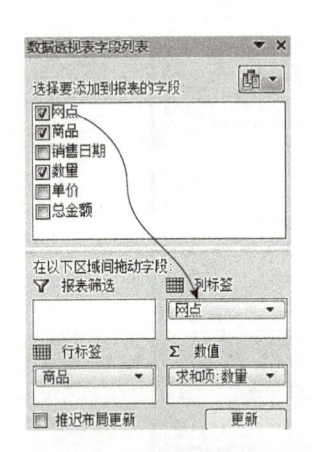

图 53.4　添加列标签

步骤 5：在"数据透视表字段列表"对话框中，选中"网点"字段，并按住鼠标将其拖曳到"列标签"区域内，"网点"字段也作为列字段出现在数据透视表中，如图 53.4 所示。

最终完成的数据透视表如图 53.5 所示。

步骤 6：单击数据透视表任一单元格，如 A8，在"数据透视表字段列表"中单击"销售日期"字段，并按住鼠标将其拖曳到"报表筛选"区域内，"销售日期"字段作为筛选字段出现在数据透视表的首行，如图 53.6 所示。

这时的数据透视表带上了数据筛选项，可以按日期进行筛选，查看每一天的销售数据，数据透视表变成如图 53.7 所示。

单击"销售日期"的下拉按钮，出现日期选项，可以选择一个或多个日期，对数据进行筛选，如图 53.8 所示。

任务 9　销售数据的透视分析

图 53.5　添加列标签后的透视表

图 53.6　将销售日期拖到报表筛选项

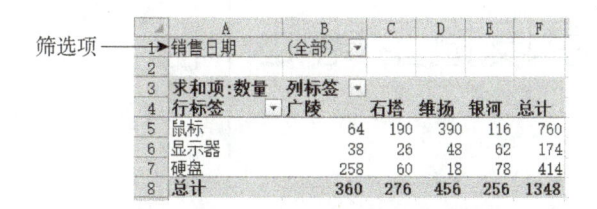

图 53.7　加上销售日期筛选的透视表

图 53.8　日期筛选项

子任务 54　对数据透视表进行优化

数据透视表可以优化，优化的内容包括标签的合并、数据的分组等。

对应文件"54 对数据透视表优化"。

步骤 1： 单击工作表标签"数据透视表"。

步骤 2： 单击工作表内任意单元格，如 B2 单元格，再单击【插入—（表格）—数据透视表—数据透视表】。在弹出的"数据透视表"对话框中，不改变默认设置，直接单击【确定】按钮。系统自动新建一个空白的数据透视表。

单击数据透视表中任意单元格，再单击【选项—（数据透视表）—选项—选项】，如图 54.1 所示。

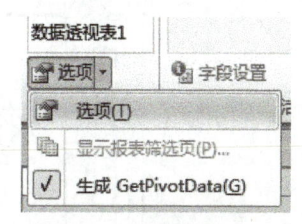

图 54.1　数据透视表选项

弹出"数据透视表选项"对话框，选中"显示"选项卡，如图 54.2 所示。

163

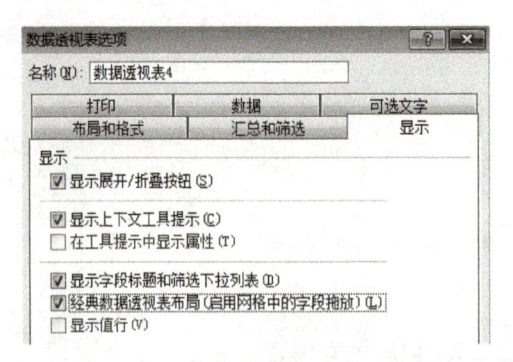

图 54.2 "数据透视表选项"对话框

勾选"经典数据透视表布局（启用网格中的字段拖放）"，则会显示 Excel 2003 版的数据透视表空白表样式，如图 54.3 所示。

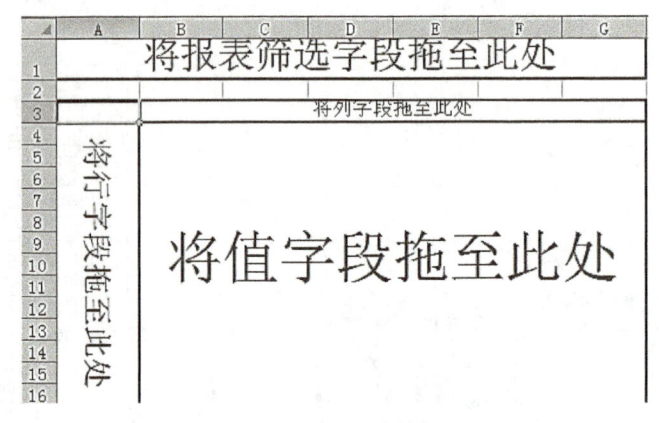

图 54.3 经典的空白数据透视表

步骤 3：经典的数据透视表完全支持鼠标拖动字段。将鼠标移到"网点"，按住鼠标将其拖曳到"行字段"处，同样将"销售日期"拖曳到"行字段"处，将"商品"拖曳到"列字段"处，将"数量"拖曳到"值字段"处，如图 54.4 所示，结果如图 54.5 所示。

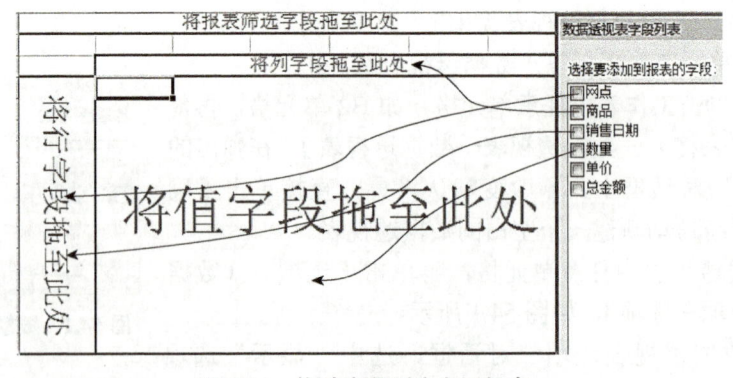

图 54.4 拖动字段到空白透视表

任务9　销售数据的透视分析

		商品			
求和项:		鼠标	显示器	硬盘	总计
网点	销售日期				
⊟广陵	2016年1月1日		2		2
	2016年1月15日			25	25
	2016年1月29日			19	19
	2016年2月12日			40	40
	2016年2月26日		5		5
	2016年4月15日			21	21
	2016年4月29日	32			32
	2016年5月13日		12		12
	2016年7月22日			24	24
	2016年7月29日		2		2
	2016年8月12日			25	25
	2016年8月26日			19	19
	2016年9月9日			40	40
	2016年9月23日		5		5
	2016年11月11日			21	21
	2016年11月25日	32			32
	2016年12月9日		12		12
	2017年2月17日			24	24
广陵 汇总		64	38	258	360

图 54.5　数据透视表（部分）

步骤 4：单击【选项—（数据透视表）—选项　选项】，弹出"数据透视表选项"对话框。在该对话框中选中"布局和格式"选项卡，勾选"合并且居中排列带标签的单元格"，如图 54.6 所示。

网点数据跨行居中显示，如图 54.7 所示。

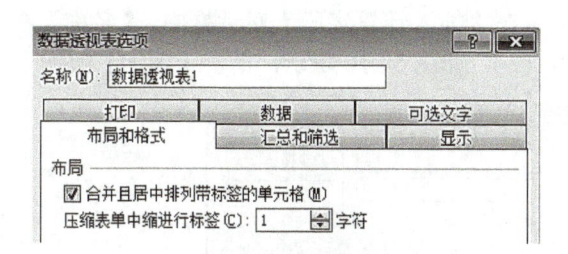

图 54.6　数据透视表选项　　　　**图 54.7　网点数据跨行居中显示**

步骤 5：单击 B 列"销售日期"数据，右击，在弹出的快捷菜单中选择"创建组"，弹出"分组"对话框，如图 54.8 所示。

> **注 意**
>
> 1. Excel 2010 数据透视表的分组功能是一项十分实用的功能，可将详细的数据分组，也是一种"数据透视表"。
> 2. 在已分组的数据上右击，在弹出的快捷菜单中选择【取消分组】可以撤销分组。

165

图 54.8 "分组"对话框

选中"季度",取消"月",单击【确定】按钮,销售日期按"季度"来分组,结果如图 54.9 所示。

图 54.9 销售日期按季度分组后的透视表(部分)

步骤 6: 在数据透视表中可以插入新字段,用于辅助分析数据。单击数据透视表的"值字段区域"的任意一个单元格,如 C5,再单击【开始—(单元格)—插入—插入计算字段】,弹出"插入计算字段"对话框。在"插入计算字段"对话框中,"名称"框输入"税费","公式"框输入"=总金额*0.17",如图 54.10 所示,单击【添加】按钮。

图 54.10 增加计算字段

新字段"税费"出现在字段列表中,单击【确定】按钮,税费项也出现在数据透视表中,如图 54.11 所示。

		商品	值			
		鼠标		显示器		
网点	销售日期	求和项:数量	求和项:税费	求和项:数量	求和项:税费	
☐ 广陵	第一季		¥0	7	¥2,563	
	第二季	32	¥196	12	¥4,394	
	第三季		¥0	7	¥2,563	
	第四季	32	¥196	12	¥4,394	
广陵 汇总		64	¥392	38	¥13,915	
☐ 石塔	第一季	54	¥330	8	¥2,929	
	第二季	41	¥251	8	¥2,929	
	第三季	54	¥330	5	¥1,831	
	第四季	41	¥251	5	¥1,831	
石塔 汇总		190	¥1,163	26	¥9,521	

图 54.11　增加税费后的透视表（部分）

步骤 7：单击数据透视表，再单击【选项—（显示）—字段列表 字段列表】，再依次单击 +/-按钮 和 字段标题，取消字段列表、加减号按钮和字段标题。

单击行号 5，选中整行。单击【开始—（编辑）—查找和选择—替换】，在打开的"查找和替换"对话框中，"查找内容"输入"求和项:"，"替换为"文本框输入空格，单击【全部替换】按钮。同样，选中 A 列，将"汇总"替换为空格。

步骤 8：选中整个透视表区域，再单击【开始—字体—边框—所有边框】，然后单击【设计—（数据透视表样式）—中等深浅 8】，最终效果如图 54.12 所示。

		鼠标		显示器		硬盘		数量汇总	税费汇总
		数量	税费	数量	税费	数量	税费		
广陵	第一季		¥0	7	¥2,563	108	¥10,428	115	¥12,992
	第二季	32	¥196	12	¥4,394	21	¥2,028	65	¥6,618
	第三季		¥0	7	¥2,563	108	¥10,428	115	¥12,992
	第四季	32	¥196	12	¥4,394	21	¥2,028	65	¥6,618
广陵		64	¥392	38	¥13,915	258	¥24,912	360	¥39,219
石塔	第一季	54	¥330	8	¥2,929	30	¥2,897	92	¥6,157
	第二季	41	¥251	8	¥2,929		¥0	49	¥3,180
	第三季	54	¥330	5	¥1,831	30	¥2,897	89	¥5,058
	第四季	41	¥251	5	¥1,831		¥0	46	¥2,082
石塔		190	¥1,163	26	¥9,521	60	¥5,794	276	¥16,477
维扬	第一季	133	¥814	8	¥2,929		¥0	141	¥3,743
	第二季	83	¥508	16	¥5,859	9	¥869	108	¥7,236
	第三季	112	¥685	8	¥2,929		¥0	120	¥3,615
	第四季	62	¥379	16	¥5,859	9	¥869	87	¥7,107
维扬		390	¥2,387	48	¥17,577	18	¥1,738	456	¥21,702
银河	第一季	58	¥355	31	¥11,352	39	¥3,766	128	¥15,472
	第二季		¥0	6	¥2,197		¥0	6	¥2,197
	第三季	58	¥355		¥0	32	¥3,090	90	¥3,445
	第四季		¥0	25	¥9,155	7	¥676	32	¥9,830
银河		116	¥710	62	¥22,703	78	¥7,532	256	¥30,945
总计		760	¥4,651	174	¥63,715	414	¥39,976	1348	¥108,342

图 54.12　优化后的数据透视表

子任务 55　在数据透视表中执行计算

在数据透视表中，数值区域中可以有多种计算显示方式，如求和、平均、最大、最小等。另外，通过对数据透视表现有字段进行重新组合形成新的计算字段和计算项，相当于在原有数据区域中进行数据分析。

对应文件"55 在数据透视表中计算"。

步骤 1：单击工作表标签"透视分析计算"。

步骤 2：单击数据区域内的任意单元格，如 B2，再单击【插入—（表格）—数据透视表—数据透视表】,弹出"创建数据透视表"对话框。在弹出的"创建数据透视表"对话框中,单击【确定】按钮,在新的工作表中产生一个空白的数据透视表。

步骤3:在"数据透视表字段列表"对话框中,将"员工姓名"拖到"行标签"框中,将"生产数量"拖到"数值"框中,并且重复拖4次,如图55.1所示。

图55.1 产生数据透视表

系统产生的初始的数据透视表如图55.2所示。

行标签	求和项:生	求和项:生	求和项:生	求和项:生
陈枫	13009	13009	13009	13009
陈国轩	11158	11158	11158	11158
范建伟	10315	10315	10315	10315
葛高红	12961	12961	12961	12961
郭青山	16306	16306	16306	16306
刘婷	8677	8677	8677	8677
刘雯燕	14068	14068	14068	14068
陆子成	15592	15592	15592	15592
潘媛	9913	9913	9913	9913
裴晨晖	13537	13537	13537	13537
王意嘉	9274	9274	9274	9274
徐厚盛	9955	9955	9955	9955
许静	11962	11962	11962	11962
张盛扬	18274	18274	18274	18274
张顺天	15328	15328	15328	15328
总计	190329	190329	190329	190329

图55.2 初始的数据透视表

步骤4:右击C列有数据的任意单元格,如C4单元格,在弹出的快捷菜单中选择【值汇总依据—平均值】。右击D列有数据的任意单元格,如D4单元格,在弹出的快捷菜单中选择【值汇总依据—最大值】。右击E列有数据的任意单元格,如E4单元格,在弹出的快捷菜单中选择【值汇总依据—最小值】。设定完毕后,4列数据分别变成了求和、平均、最大值、最小值。

步骤5:单击B3单元格,将其名称改成"总产量";单击C3单元格,改成"平均产量";单击D3单元格,改成"最大产量";单击E3单元格,改成"最小产量",如图55.3所示。

任务 9　销售数据的透视分析

行标签	总产量	平均产量	最大产量	最小产量
陈枫	13009	1300.9	2893	118
陈国轩	11158	1115.8	2899	55
范建伟	10315	1031.5	2968	133
葛高红	12961	1296.1	2746	121
郭青山	16306	1630.6	2737	118
刘婷	8677	867.7	2362	196
刘雯燕	14068	1406.8	2614	118
陆子成	15592	1559.2	2686	277
潘媛	9913	991.3	2071	34
裴晨晖	13537	1353.7	2878	190
王意嘉	9274	927.4	3001	61
徐厚盛	9955	995.5	2929	184
许静	11962	1196.2	2581	172
张盛扬	18274	1827.4	3001	112
张顺天	15328	1532.8	2653	208
总计	190329	1268.86	3001	34

图 55.3　修改计算方式后的透视表

步骤 6：单击数据透视表内的任意单元格，如 C3，按 Ctrl+A 组合键，选中整个透视表。再按 Ctrl+C 组合键，复制整个透视表。再单击 A25 单元格，按 Ctrl+V 组合键，粘贴整个透视表。

步骤 7：单击第二个数据透视表任意单元格，如 A26，在"数据透视表字段列表"对话框中，去掉"员工姓名"前面的"√"，勾选"产品名称"，数据透视表变成如图 55.4 所示。

行标签	总产量	平均产量	最大产量	最小产量
LED灯	24370	1282.631579	2614	34
U形灯管	5342	1068.4	2332	184
玻璃灯管	9356	1871.2	2602	142
灯极	27119	1595.235294	2968	178
灯罩	20135	1184.411765	2899	211
灯座	18237	1013.166667	3001	55
花形灯管	23531	1384.176471	2929	190
环形灯管	5189	1037.8	1642	112
节能灯	24074	1416.117647	2920	127
球形灯管	20009	1177	3001	61
细直灯管	12967	997.4615385	2587	118
总计	190329	1268.86	3001	34

图 55.4　产品名称作为行标签的数据透视表

步骤 8：单击"行标签"右侧的下拉按钮，选择【标签筛选—结尾是】，如图 55.5 所示。在弹出的"标签筛选"对话框中，输入"灯管"，如图 55.6 所示。

图 55.5　标签筛选　　　　图 55.6　筛选结尾是灯管的数据

单击【确定】按钮，筛选所有品名结尾中包含"灯管"的字段，得到结果如图 55.7 所示。

行标签	总产量	平均产量	最大产量	最小产量
U形灯管	5342	1068.4	2332	184
玻璃灯管	9356	1871.2	2602	142
花形灯管	23531	1384.176471	2929	190
环形灯管	5189	1037.8	1642	112
球形灯管	20009	1177	3001	61
细直灯管	12967	997.4615385	2587	118
总计	76394	1232.16129	3001	61

图 55.7 筛选后的透视表

步骤 9：选中"行标签"下面的所有数据，即 A26：A31 区域，再单击【选项—（分组）—将所选内容分组】，然后单击【设计—（布局）—报表布局—以表格形式显示】，效果如图 55.8 所示。

产品名称2	产品名称	总产量	平均产量	最大产量	最小产量
数据组1	U形灯管	5342	1068.4	2332	184
	玻璃灯管	9356	1871.2	2602	142
	花形灯管	23531	1384.176471	2929	190
	环形灯管	5189	1037.8	1642	112
	球形灯管	20009	1177	3001	61
	细直灯管	12967	997.4615385	2587	118
总计		76394	1232.16129	3001	61

图 55.8 所选内容分组

单击 A25，将"产品名称 2"改为"产品分类"；单击 A26，将"数据组 1"改为"灯管"。

步骤 10：单击 B25 单元格右侧的筛选按钮，选择【标签筛选—结尾是】，如图 55.9 所示。

图 55.9 再次筛选

在文本框中，输入"灯"，单击【确定】按钮，数据透视表筛选"产品名称"中所有包含"灯"的数据，数据透视表刷新后，将"数据组 2"改为"整灯"，如图 55.10 所示。

产品分类	产品名称	总产量	平均产量	最大产量	最小产量
整灯	LED灯	24370	1282.631579	2614	34
	节能灯	24074	1416.117647	2920	127
总计		48444	1345.666667	2920	34

图 55.10 整灯的数据透视表

步骤 11：单击 B25 单元格右侧的筛选按钮，选择【标签筛选—清除筛选】，整个数据透视表显示出来，如图 55.11 所示。

单击【选项—（数据透视表）—选项—选项】，选中"布局和格式"选项卡，勾选"合并且居中排列带标签的单元格"，如图 55.12 所示。

设置完毕后的数据透视表结果如图 55.13 所示。

步骤 12：单击数据透视表任意单元格，在"数据透视表字段列表"对话框中，去掉"产品名称"前面的钩，则透视表以新建的分组进行数据透视分析，如图 55.14 所示。

产品分类	产品名称	总产量	平均产量	最大产量	最小产量
整灯	LED灯	24370	1282.631579	2614	34
	节能灯	24074	1416.117647	2920	127
灯管	U形灯管	5342	1068.4	2332	184
	玻璃灯管	9356	1871.2	2602	142
	花形灯管	23531	1384.176471	2929	190
	环形灯管	5189	1037.8	1642	112
	球形灯管	20009	1177	3001	61
	细直灯管	12967	997.4615385	2587	118
灯极	灯极	27119	1595.235294	2968	178
灯罩	灯罩	20135	1184.411765	2899	211
灯座	灯座	18237	1013.166667	3001	55
总计		190329	1268.86	3001	34

图 55.11　清除筛选后的数据透视表

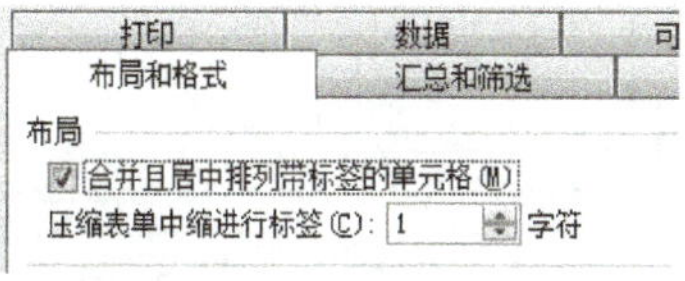

```
打印          数据          可
布局和格式        汇总和筛选
布局
☑ 合并且居中排列带标签的单元格(M)
压缩表单中缩进行标签(C): 1  字符
```

图 55.12　合并且居中标签选项

产品分类	产品名称	总产量	平均产量	最大产量	最小产量
整灯	LED灯	24370	1282.631579	2614	34
	节能灯	24074	1416.117647	2920	127
灯管	U形灯管	5342	1068.4	2332	184
	玻璃灯管	9356	1871.2	2602	142
	花形灯管	23531	1384.176471	2929	190
	环形灯管	5189	1037.8	1642	112
	球形灯管	20009	1177	3001	61
	细直灯管	12967	997.4615385	2587	118
灯极	灯极	27119	1595.235294	2968	178
灯罩	灯罩	20135	1184.411765	2899	211
灯座	灯座	18237	1013.166667	3001	55
总计		190329	1268.86	3001	34

图 55.13　合并且居中后的数据透视表

产品分类	总产量	平均产量	最大产量	最小产量
整灯	48444	1345.666667	2920	34
灯管	76394	1232.16129	3001	61
灯极	27119	1595.235294	2968	178
灯罩	20135	1184.411765	2899	211
灯座	18237	1013.166667	3001	55
总计	190329	1268.86	3001	34

图 55.14　以新建分组进行数据透视分析

子任务 56　通过名称创建动态数据透视表

用户创建数据透视表后，如果数据区域的数据作了修改，在数据透视中刷新就可以更新数据透视表，但是，如果增加了新的数据，新增的数据也无法显示在数据透视表中。

为了解决数据透视表动态更新问题，在创建数据透视表时，引入了动态数据透视表方法。动态数据透视表最常用的方法是"定义名称法"和"创建表法"。

对应文件"56 通过名称创建动态数据透视表"。

步骤 1：单击工作表标签"动态数据透视表"。

步骤 2：单击工作表任意单元格，如 A1，再单击【公式—（定义的名称）—定义名称-定义名称】，弹出"新建名称"对话框。在"名称"框中输入"data"，在"引用位置"输入"=offset（a1,0,0,counta（a:a）,counta（1:1））"，单击【确定】按钮创建区域，如图 56.1 所示。

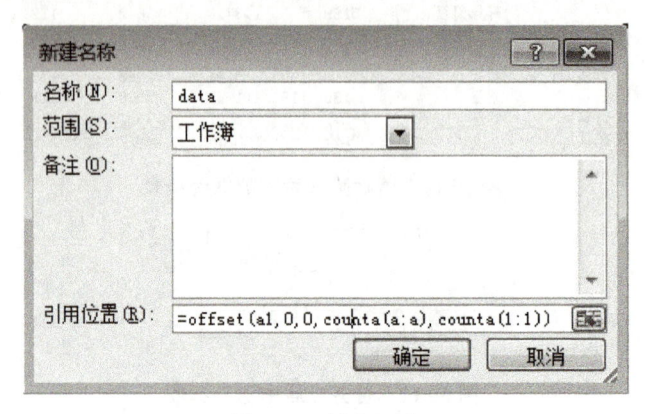

图 56.1　创建区域

> **提　高**
>
> 1. OFFSET（）函数以指定的引用为参照系，通过给定偏移量得到新的引用，其格式是"offset（引用区域，行数，列数【，高度】【，宽度】）"。
> 2. COUNTA（）函数返回非空值的单元格个数，格式是"counta（值 1【 … 】）"。

步骤 3：单击【插入-（表格）-数据透视表-数据透视表】，弹出"创建数据透视表"对话框。在该对话框的"表/区域"文本框中输入刚才建立的区域名称"data"，如图 56.2 所示。

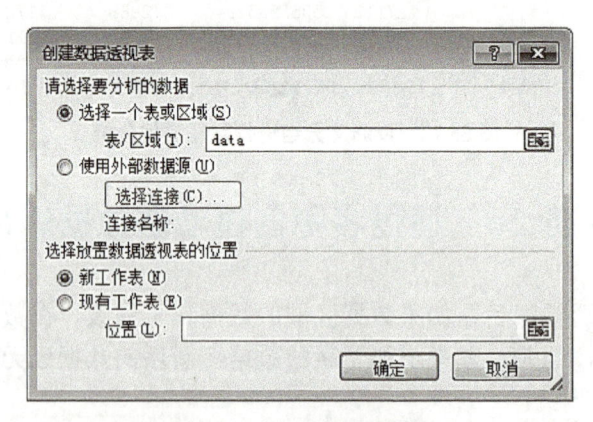

图 56.2　创建数据透视表

单击【确定】按钮，在新的工作表中出现空白的数据透视表。在"数据透视表字段列表"对话框中，将"商品"字段拖到"列标签"框中，将"网点"字段拖到"行标签"框中，将"数量"拖到"数值"框中，如图 56.3 所示。

创建的数据透视表如图 56.4 所示。

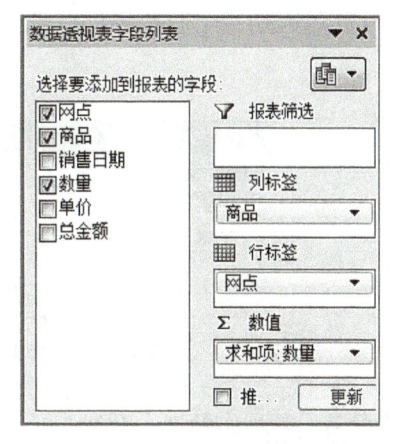

图 56.3 创建数据透视表

图 56.4 数据透视表

步骤 4： 单击工作表标签"动态数据透视表"，再单击 D3 单元格，将数据从 25 改为 50。单击数据透视表标签"Sheet3"，再单击数据透视表中的任意单元格，右击，在弹出的快捷菜单中选择【刷新】，数据透视表中的数据进行了更新。

步骤 5： 单击工作表标签"动态数据透视表"，再单击 A32 单元格，在这行添加一行数据："城东，主机，2013 年 1 月 1 日，10，500，5000"。单击数据透视表标签"Sheet3"，再单击数据透视表中任意单元格，右击，在弹出的快捷菜单中选择【刷新】，数据透视表中增加了新增的数据，如图 56.5 所示。

图 56.5 新增数据后的数据透视表

子任务 57　通过表格功能创建动态数据透视表

可以利用 Excel 2010 中的表格功能创建动态的数据透视表，如果在工作表中创建了"表格"，则标题引用的区域可以随"表格"区域的增减而自动改变引用范围，这种以类似字段名方式表示单元格区域的方法称为"结构化引用"。

对应文件"57 通过表格功能创建动态数据透视表"。

步骤 1： 打开表名的使用设置。单击【文件—选项】，在打开的"Excel 选项"对话框中单击左侧的"公式"，在"使用公式"对话框下面勾选"在公式中使用表名"，如图 57.1 所示。再单击【确定】按钮返回。

步骤 2： 单击工作表标签"通过表格创建透视表"，再单击数据区域内任意单元格，如 A2。创建表格有以下 3 种方法。

173

方法一：单击【开始—（样式）—套用表格格式】，选取任意格式后，系统弹出"套用表格式"对话框，如图 57.2 所示。在该对话框内自动选定整个有数据的区域，单击【确定】按钮。

图 57.1　设置在公式中使用表名　　　　图 57.2　"套用表格式"对话框

方法二：单击【插入—（表格）—表格】，同样弹出"套用表格式"对话框，进行设置后单击【确定】按钮。

方法三：单击数据区域，按 Ctrl+T 组合键，同样弹出"套用表格式"对话框，进行设置后单击【确定】按钮。

如果要取消表格，单击表格内的任意单元格，再单击【设计—（工具）—转换为区域】，弹出提示框，提示是否将表格转换为普通区域，单击【是】按钮。

单击数据区域任意单元格，再单击【设计—（属性）—表名称】，将表名称改为"销售表 1"。

步骤 3：单击【插入—（表格）—数据透视表—数据透视表】，弹出"创建数据透视表"对话框。在该对话框中的"表/区域"名称中自动出现"销售表 1"，单击【确定】按钮，在新工作表中自动创建一个空白数据透视表。

在新工作表中的"数据透视表字段列表"对话框中，将"商品"字段拖到"列标签"框中，将"网点"字段拖到"行标签"框中，将"数量"拖到"数值"框中后，产生数据透视表，如图 57.3 所示。

求和项:数量	列标签			
行标签	鼠标	显示器	硬盘	总计
广陵	32	19	129	180
石塔	95	13	30	138
维扬	195	24	9	228
银河	58	31	39	128
总计	380	87	207	674

图 57.3　新创建的数据透视表

步骤 4：单击工作表标签"通过表格创建透视表"，在数据区域的最后添加一行："城北，主机，2013 年 1 月 2 日，10，1000，10000"。

步骤 5：单击数据透视表标签"Sheet3"，在透视表区域右击，在弹出的快捷菜单中选择【刷新】后，数据透视表更新了内容，如图 57.4 所示。

求和项:数量	列标签				
行标签	鼠标	显示器	硬盘	主机	总计
广陵	32	19	129		180
石塔	95	13	30		138
维扬	195	24	9		228
银河	58	31	39		128
新增——城北				10	10
总计	380	87	207	10	684

图 57.4　刷新后的数据透视表

子任务 58　创建产品销售数据透视图

数据透视表在创建时，可以随数据透视表创建数据透视图，从而可以直观地、动态地展现数据透视表的数据分析结果。Excel 2010 中的数据透视图较之前版本有了较大改进，可与普通图表完全融合，并增加了迷你图功能。

对应文件"58 创建产品销售数据透视图"。

步骤 1：单击工作表标签"数据透视图"，再单击数据区域任意单元格，如 A1。

步骤 2：单击【插入—（表格）—数据透视表—数据透视表】，在弹出的"数据透视表"对话框中单击【确定】按钮。

在"数据透视表字段列表"对话框中，将"品名"字段拖至"行标签"框中，将"数量"字段拖至"数值"框，如图 58.1 所示。产生的数据透视表如图 58.2 所示。

图 58.1　新建数据透视表字段列表

行标签	求和项:数量
CPU	16
DVD光驱	15
打印机	6
内存条	13
显示器	7
硬盘	7
主板	5
总计	69

图 58.2　数据透视表

单击 A3 单元格，将 A3 单元格的"行标签"改成"商品名"；再单击 B3 单元格，将 B3 单元格的"求和项：数量"改为"销量"。

步骤 3：单击数据透视表中的任意单元格，如 A4，再单击【选项—（工具）—数据透视图】，弹出"插入图表"对话框，在该对话框的左侧选择"饼图"，在右侧选择第一个平面饼图，如图 58.3 所示。单击【确定】按钮，绘出饼图。

步骤 4：对数据透视图进行设置。单击【设计—（图表布局）—布局 1】，将数据与百分比显示在图表中，调整图表区窗口的大小，放大透视图。

单击图中的数据标签，右击，在弹出的快捷菜单中选择"字体"，在打开的"字体"

对话框中，将字体颜色设为"白色"，字体"大小"改为"12"号。单击【确定】按钮。再单击标题，将标题改成"销售比例"。销售数据透视饼图最终效果如图58.4所示。

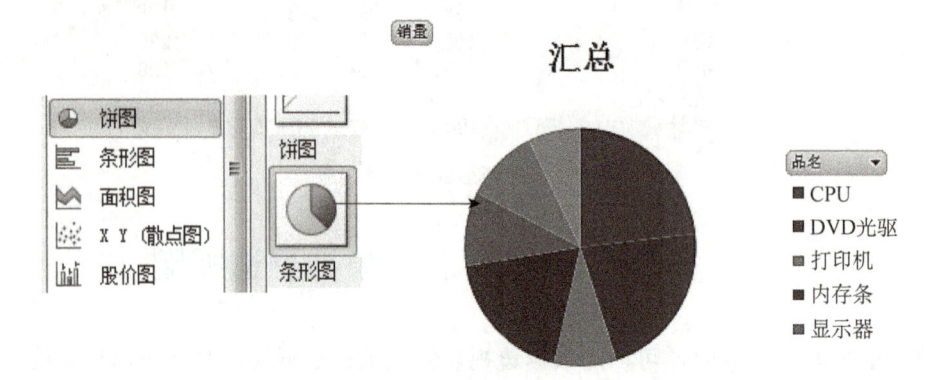

图58.3 销售的数据透视饼图

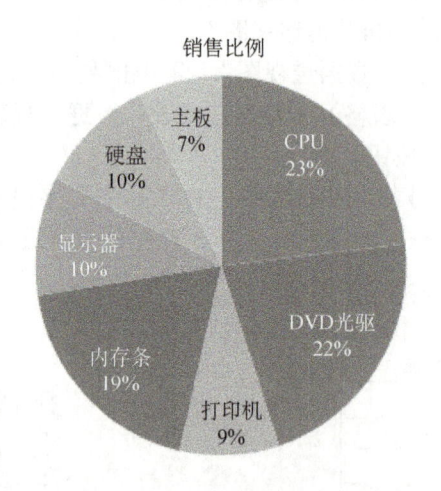

图58.4 销售的数据透视饼图

步骤 5：选中 A3：B11 区域，右击，在弹出的快捷菜单中选择【复制】。单击 A20 单元格，右击，在弹出的快捷菜单中选择【粘贴】。

单击 A20 单元格时，如果"数据透视表字段列表"没有出现，则单击【选项—（显示）—字段列表】。

步骤 6：去掉所有字段列表中字段前的"√"。将"品名"字段拖至"行标签"框中，将"进货价"和"销售价"拖至"数值"框中，如图58.5所示。产生的数据透视表如图58.6所示。

步骤 7：单击 B20 单元格，将"求和项：进货价"改为"成本价"。单击 C20 单元格，将"求和项：销售价"改为"零售价"，如图58.7所示。

步骤 8：单击数据透视表中的任意单元格，如 A20，再单击【选项—（工具）—数据透视图】，弹出"插入图表"对话框。在该对话框的左侧选择"柱形图"，在右侧选择"簇状柱形图"，单击【确定】按钮，产生的新建数据透视图如图58.8所示。

图 58.5　创建新的数据透视表　　　　图 58.6　新的数据透视表 1

图 58.7　新的数据透视表 2

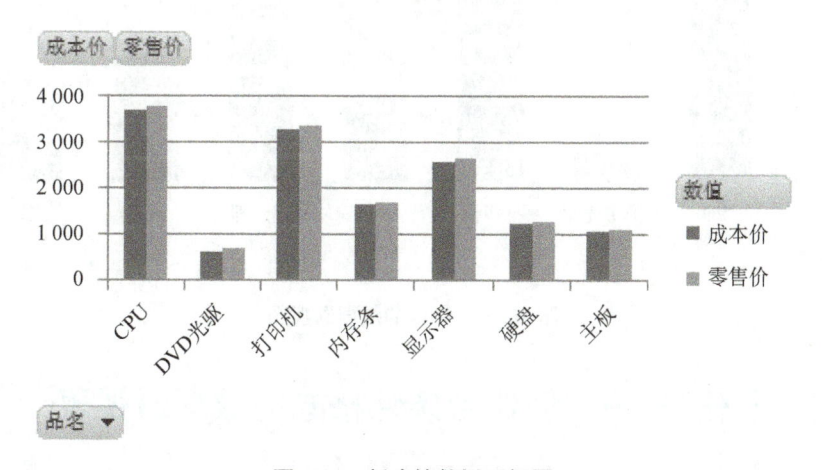

图 58.8　新建的数据透视图

步骤 9：优化数据透视图。右击网格线，在弹出的快捷菜单中选择【删除】。右击图例，在弹出的快捷菜单中选择【删除】。单击"成本价"图形柱，此时所有"成本价"柱形图被选中，在"成本价"柱上右击，在弹出的快捷菜单中选择【设置数字序列格式】，弹出"设置数据序列格式"对话框。在左侧框中选择"填充"，在右侧框中点选"渐变填充"，"预设颜色"下拉列表中选择"熊熊火焰"，单击窗口左侧"边框颜色"，在右侧点选"无线条"，单击【关闭】按钮。

同上操作，将"零售价"柱形图设为"孔雀开屏"，"边框颜色"为"无线条"，单击【关闭】按钮，设置成本价的填充颜色和边框如图 58.9 所示。

177

(a)　　　　　　　　　　　　　(b)　　　　　　　　　　　　　(c)

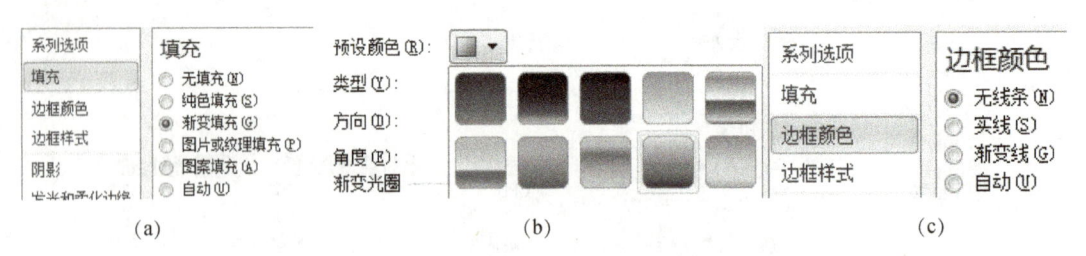

图 58.9　设置成本价的填充、颜色和边框

单击【插入－（文本）－文本框】，再单击"绘图"，在文本框中输入"价格对比图"，再选中文本框的文字，单击【开始－（字体）】，设置字体为"黑体"、"20"号字，最终结果如图 58.10 所示。

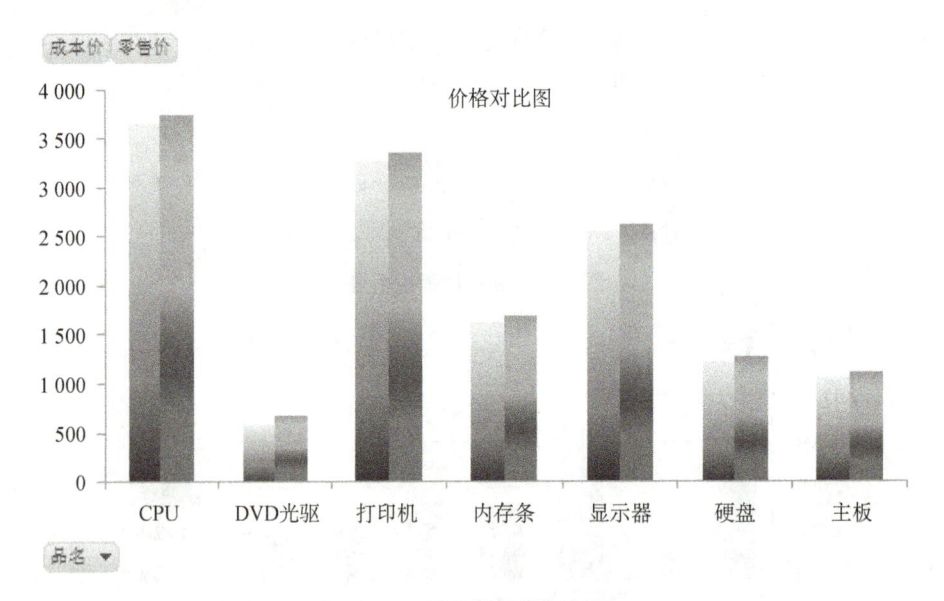

图 58.10　最终的数据透视图

子任务 59　创建带条件格式的数据透视表

Excel 2010 中引入了迷你图、进度条、色阶等功能，这些功能可以与数据透视表无缝对接，让数据透视表的可读性更强。

对应文件"59 创建带条件格式的数据透视表"。

步骤 1：单击工作表标签"带条件格式透视表"。

步骤 2：单击【插入－（表格）－数据透视表－数据透视表】，在弹出的"创建数据透视表"对话框中单击【确定】按钮，在新工作表中插入空白数据透视表。

步骤 3：在新工作表中的"数据透视表字段列表"对话框中，将"月份"字段和"销售员"字段依次拖到"行标签"框中，将"计划销量"字段和"实际销量"两个字段依次拖到"数值"框中，如图 59.1 所示。

图 59.1　创建数据透视表

任务9 销售数据的透视分析

步骤 4：单击数据透视表中的任意单元格，如 A4，再单击【设计—（布局）—报表布局—以表格形式显示】，使数据透视表变成如图 59.2 所示形式。

月份	销售员	求和项:计划销量	求和项:实际销量
⊟1月份	陈枫	630	980
	刘婷	830	740
	徐厚盛	980	950
	张顺天	840	890
1月份 汇总		3280	3560

图 59.2　初始的数据透视表

步骤 5：将鼠标移至 B4 单元格上方，使鼠标箭头变成向下的黑色箭头 ↓，此时单击鼠标，选中整个数据列。

单击【开始—（样式）—条件格式—新建规则】，在弹出的"新建格式规则"对话框中的"选择规则类型"中选择"使用公式确定要设置格式的单元格"，在"为符合此公式的值设置格式"框中输入公式"＝D4＜C4"。再单击【格式】按钮，在弹出的"设置单元格格式"对话框中，选择"填充"选项卡，再选择背景色为"红色"，单击【确定】按钮后，返回到"新建格式规则"对话框，如图 59.3 所示。

单击【确定】按钮，数据透视表中所有实际销量小于计划销量的销售员单元格背景变成红色，如图 59.4 所示。

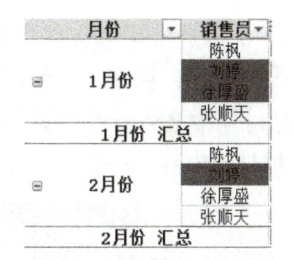

图 59.3　设置单元格规则　　　　图 59.4　给单元格应用规则

步骤 6：选择 C4：D34 区域，再单击【开始—（样式）—条件格式—数据条—（实心填充）—绿色数据条】，将所选区域的单元格加上绿色数据条，如图 59.5 所示。

月份	销售员	求和项:计划销量	求和项:实际销量
	陈枫	630	980
	刘婷	830	740
1月份	徐厚盛	980	950
	张顺天	840	890
1月份 汇总		3280	3560
	陈枫	690	940
	刘婷	830	610
2月份	徐厚盛	630	880
	张顺天	660	700
2月份 汇总		2810	3130

图 59.5　给数据加上数据条

子任务 60　创建带迷你图的数据透视表

Excel 2010 中的迷你图可以绘制在数据透视表中，数据透视表的迷你图相对数据透视图来说，更加小巧，可以与数据透视表完全融合，如果再加上数据筛选，其直观性更加明显。

对应文件"60 创建带迷你图的数据透视表"。

步骤 1：单击工作表标签"迷你图透视表"。

步骤 2：单击【插入—（表格）—数据透视表—数据透视表】，在弹出的"创建数据透视表"对话框中单击【确定】按钮，在新工作表中创建了一个空白数据透视表。

在"数据透视表字段列表"对话框中，将"月份"字段拖到"列标签"框中，将"销售员"字段拖到"行标签"框中，将"实际销量"字段拖到"数值"框中，如图 60.1 所示。

在数据透视表工作表中生成的数据透视表如图 60.2 所示。

图 60.1　创建数据透视表

图 60.2　生成的数据透视表

步骤 3：单击月份标题行任意单元格，如 B4 单元格，单击【选项—（计算）—域、项目和集—计算项】，弹出"'月份'中插入计算字段"对话框。

在"'月份'中插入计算字段"对话框中，在字段"名称"中输入"迷你图"，在"公式"框中不输任何内容，并清空"公式"框中的"="，单击【添加】按钮，如图 60.3 所示。

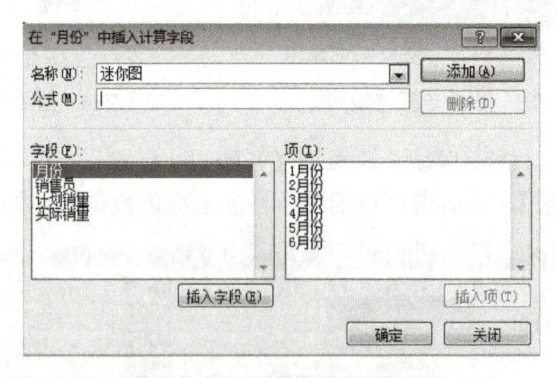

图 60.3　插入"迷你图"字段

"迷你图"字段被插入到"项"区域，单击【确定】按钮返回；可见在月份后增加了一列，如图 60.4 所示。

任务9　销售数据的透视分析

求和项:列标签	1月份	2月份	3月份	4月份	5月份	6月份	迷你图	总计
行标签								
陈枫	980	940	980	630	690	980		5200
刘婷	740	610	610	770	830	830		4390
徐厚盛	950	880	900	900	630	980		5240
张顺天	890	700	800	840	660	760		4650
总计	3560	3130	3290	3140	2810	3550		19480

图 60.4　增加"迷你图"字段的数据透视表

步骤 4：选中 H4：H9 区域，将鼠标移到边框，鼠标指针变成带方向的十字箭头时，拖动区域到 B 列左边，如图 60.5 所示。

求和项:列标签	迷你图	1月份	2月份	3月份	4月份	5月份	6月份	总计
行标签								
陈枫		980	940	980	630	690	980	5200
刘婷		740	610	610	770	830	830	4390
徐厚盛		950	880	900	900	630	980	5240
张顺天		890	700	800	840	660	760	4650
总计		3560	3130	3290	3140	2810	3550	19480

图 60.5　移动"迷你图"字段

选中 B5：B8 区域，单击【插入一（迷你图）一折线图】，弹出"创建迷你图"对话框。在"数据范围"输入"C5：H8"，"位置范围"默认是"B5：B8"，如图 60.6 所示。

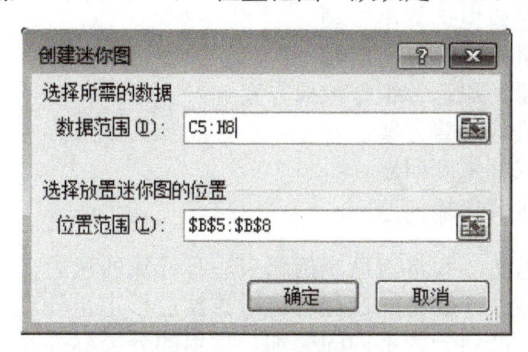

图 60.6　插入迷你图

单击【确定】按钮，可见在数据透视表中插入了迷你图，如图 60.7 所示。

求和项:实际销量	列标签							
行标签	迷你图	1月份	2月份	3月份	4月份	5月份	6月份	总计
陈枫	∼	980	940	980	630	690	980	5200
刘婷	∼	740	610	610	770	830	830	4390
徐厚盛	∼	950	880	900	900	630	980	5240
张顺天	∼	890	700	800	840	660	760	4650
总计		3560	3130	3290	3140	2810	3550	19480

图 60.7　插入迷你图的数据透视表

> **注 意**
>
> 1. 迷你图一般可以绘在数据透视表以外的单元格区域内，不可以绘在数据透视表内，如果要绘在表内，必须采用插入字段的方法。
> 2. 插入的字段必须要插入列标签的字段内。

任务 10　市场调查与预测分析

> **任务说明**

本任务主要是在获得市场调查数据的基础上进行预测分析。任务首先从数理统计的层面进行，然后通过模拟运算创建各种经营方案，以便于对比各种方案，最后通过加载宏来解决生产问题。

> **任务结构**

　　子任务 61　对销售数据进行描述统计分析
　　子任务 62　单变量模拟运算出口额
　　子任务 63　双变量模拟运算出口额
　　子任务 64　双变量模拟运算银行按揭方案
　　子任务 65　创建模拟运算方案
　　子任务 66　规划求解生产问题
　　子任务 67　规划求解运输问题

统计分析，顾名思义，即将信息统括起来进行计算的意思，常指对收集到的有关数据资料进行整理归类并进行解释的过程，是对数据进行定量处理的理论与技术。统计分析按不同的分类标志，可划分为不同的类别，常用的分类标准是功能标准，依此标准进行划分，统计分析可分为描述统计和推断统计。

1. 描述统计

描述统计是将研究中所得的数据加以整理、归类、简化或绘制成图表，以此描述和归纳数据的特征及变量之间的关系的一种最基本的统计方法。描述统计主要涉及数据的集中趋势、离散程度和相关强度，最常用的指标有众数、平均数、标准差、相关系数等。

2. 推断统计

推断统计指用概率形式来判断数据之间是否存在某种关系及用样本统计值来推测总体特征的一种重要的统计方法。推断统计包括总体参数估计和假设检验，最常用的方法有 Z 检验、T 检验、卡方检验等。

子任务 61　对销售数据进行描述统计分析

所谓描述性统计分析，就是对一组数据的各种数学特征进行分析，以便于描述测量样本的各种特征及其所代表的总体的特征。描述性统计分析的项目有很多，常用的如平均数、标准差、中位数、频数分布、正态或偏态程度等。

对应文件"61 销售数据的描述统计分析"。

步骤 1：加载数据分析库。单击【文件—选项】，打开"Excel 选项"对话框。单击左侧的"加载项"，在右侧单击【转到】按钮，打开"加载宏"对话框，如图 61.1 所示。

图 61.1 "加载宏"对话框

勾选"分析工具库"和"规划求解加载项"两项，单击【确定】按钮。

图 61.2 选择分析工具

步骤 2：单击工作表标签"描述统计分析"，再单击【数据—（分析）—数据分析】，打开"数据分析"对话框。选择"描述统计"，单击【确定】按钮，如图 61.2 所示。打开"描述统计"对话框。

步骤 3：在打开的"描述统计"对话框中，在"输入区域"中输入"B1：D55"区域；"分组方式"点选"逐列"；勾选"标志位于第一行"选项；勾选"汇总统计"和"平均数置信度95%"选项；如图 61.3 所示。单击【确定】按钮，可见在新的工作表中，出现了统计结果，如图 61.4 所示。

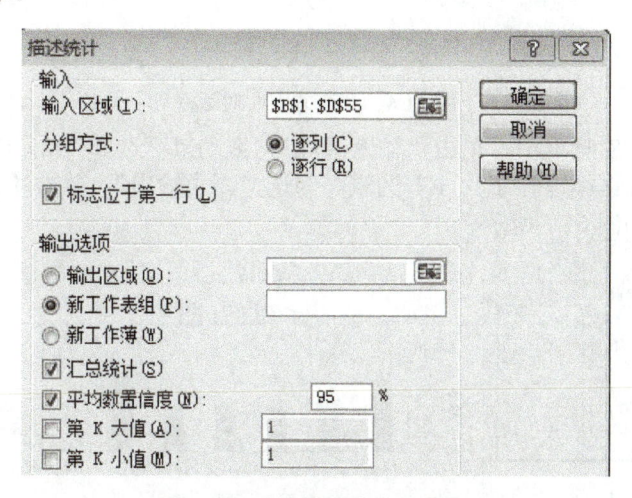

图 61.3 选择描述统计的参数

步骤 4：以轴承厚度为例，进一步分析数据，并绘制直方图。
单击"描述统计分析"工作表标签，在 E1 输入"厚度组距"；从 E2 单元格依次分

183

别输入：18.51，19.51，20.51，21.51，22.51，23.51，如图 61.5 所示。组距数据用于分析轴承厚度的偏差情况。

轴承外径（CM）		轴承内径（CM）		轴承厚度（CM）	
平均	99.55556	平均	89.40741	平均	20.51852
标准误差	0.293972	标准误差	0.676303	标准误差	0.251815
中位数	99	中位数	89	中位数	20.5
众数	97	众数	86	众数	23
标准差	2.160247	标准差	4.96979	标准差	1.850454
方差	4.666667	方差	24.69881	方差	3.424179
峰度	-1.36372	峰度	-1.38635	峰度	-1.42078
偏度	0.30032	偏度	0.097118	偏度	0.006702
区域	6	区域	16	区域	5
最小值	97	最小值	82	最小值	18
最大值	103	最大值	98	最大值	23
求和	5376	求和	4828	求和	1108
观测数	54	观测数	54	观测数	54
置信度(95.0%	0.589634	置信度(95%	1.356492	置信度(95%	0.505077

图 61.4　描述统计的结果

D	E
轴承厚度（CM）	厚度组距
21	18.51
23	19.51
23	20.51
23	21.51
22	22.51
19	23.51

图 61.5　添加组距

步骤 5：单击【数据—（分析）—数据分析】，在弹出的"数据分析"对话框中选择"直方图"，单击【确定】按钮，弹出"直方图"对话框，如图 61.6 所示。

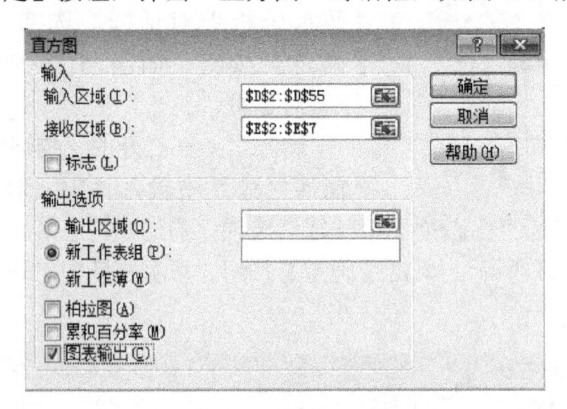

图 61.6　"直方图"对话框

在"直方图"对话框中，单击"输入区域"，拖动鼠标选择 D2：D55 区域，再单击"接收区域"，拖动鼠标选择 E2：E7 区域。勾选"图表输出"，单击【确定】按钮，可见出现了直方图，如图 61.7 所示。

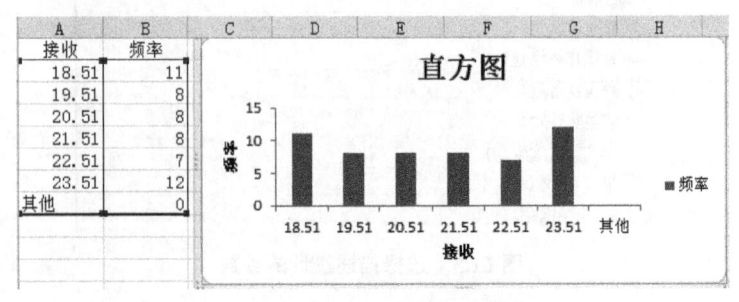

接收	频率
18.51	11
19.51	8
20.51	8
21.51	8
22.51	7
23.51	12
其他	0

图 61.7　绘制的直方图

通过直方图可以得出不同的厚度组距的轴承样本个数。

子任务 62　单变量模拟运算出口额

模拟运算表是一组命令的组成部分，这些命令也被称为模拟分析工具。使用模拟运算表即意味着执行模拟分析。

模拟分析是指通过更改单元格中的值来查看这些更改对工作表中公式结果的影响过程。例如，可以使用模拟运算表更改贷款利率和期限以确定可能的月还款额。

对应文件"62 单变量模拟运算出口额"。

步骤 1： 单击工作表标签"单变量模拟运算表"。

步骤 2： 单击 B7 单元格，输入公式"=B3*B4*B5"，输入完毕后按回车键。单击 B8 单元格，输入公式"=B7*12"，输入完毕后按回车键。

步骤 3： 在 D1 与 E1 单元格分别输入"汇率"和"月交易额"。可见在 D3：D16 区域产生数据——以 6 为初始数据，0.03 为步长增加的等差数列。

步骤 4： 在 E2 单元格中输入"=B7"。

> **注　意**
>
> 1. E2 中引用了 B7 单元格，而 B7 中的公式为"=B3*B4*B5"，在 E2 中引用这个公式为模拟运算做准备。
> 2. 模拟运算实际就是改变一个参数的函数运算，一个是因变量引用，另一个是自变量引用。

步骤 5： 单击 D2 单元格，拖动鼠标选定 D2：E16 区域。单击【数据—（数据工具）—模拟分析—模拟运算表】，弹出"模拟运算表"对话框。

在弹出的"模拟运算表"对话框中，在"输入引用列的单元格"框中输入"$B$5"，单击【确定】按钮，如图 62.1 所示，得到模拟运算结果，如图 62.2 所示。

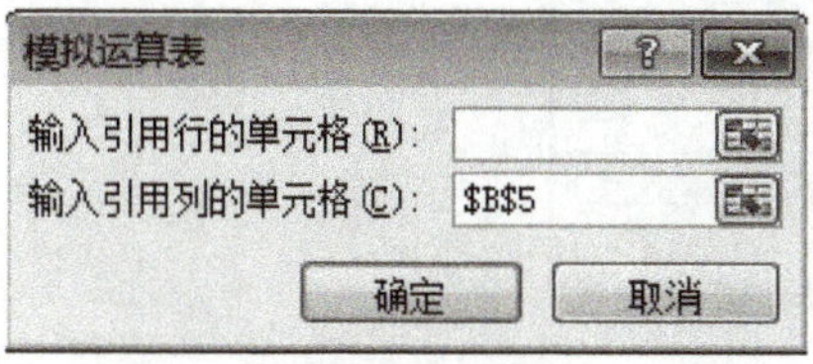

D 汇率	E 月交易额
	¥11,185.05
6	¥10,935.00
6.03	10989.675
6.06	11044.35
6.09	11099.025
6.12	11153.7
6.15	11208.375
6.18	11263.05
6.21	11317.725
6.24	11372.4
6.27	11427.075
6.3	¥11,481.75
6.33	¥11,536.43
6.36	¥11,591.10
6.39	¥11,645.78

图 62.1　"模拟运算表"对话框

图 62.2　模拟运算结果

解释：D2：D16 是自变量，E2：E16 是因变量，自变量参照 B5 单元格，因变量的计算公式由 B7 决定，最终计算出结果。单变量的模拟运算也可以由函数计算而来。

> **注意**
>
> 1. 创建完成模拟运算表，其表中的 E3：E16 区域是模拟运算的结果，整个结果是一个数组区域，不能被单独修改或删除。
> 2. 当汇率变化时，交易额数据会随之变化。

子任务 63 双变量模拟运算出口额

在子任务 62 中，如果汇率与单价同时发生变化时，运算就变得复杂起来，此时利用双变量模拟运算可以很简便地计算出结果。

对应文件"63 双变量模拟运算出口额"。

步骤 1：单击工作表标签"双变量模拟运算"。

步骤 2：单击 B7 单元格，输入公式"＝B3*B4*B5"，输入完毕后按回车键。

单击 B8 单元格，输入公式"＝B7*12"，输入完毕后按回车键。

步骤 3：单击 A10 单元格，输入公式"＝B7"。

在 B10：H10 区域输入数据，从 12.15 开始，以 0.5 为步长递加。在 A11：A18 区域输入数据，从 6.137 开始，以 0.05 为步长递减，如图 63.1 所示。

¥11,185.05	12.15	12.65	13.15	13.65	14.15	14.65	15.15
6.137							
6.087							
6.037							
5.987							
5.937							
5.887							
5.837							
5.787							

图 63.1 生成模拟运算的框架

步骤 4：单击 A10 单元格，拖曳鼠标到 H18，选中 A10：H18 区域。单击【数据－(数据工具)－模拟分析－模拟运算表】，弹出"模拟运算表"对话框。在"输入引用行的单元格"中输入"B3"；在"输入引用列的单元格"中输入"B5"，如图 63.2 所示。

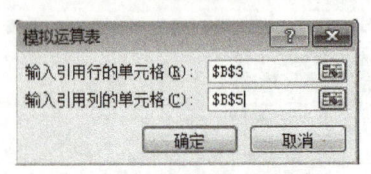

图 63.2 双变量模拟运算参数表

单击【确定】按钮，模拟运算结果如图 63.3 所示。

¥11,185.05	12.15	12.65	13.15	13.65	14.15	14.65	15.15
6.137	11184.6825	11645	12105	12566	13026	13486	13946
6.087	11093.5575	11550	12007	12463	12920	13376	13833
6.037	11002.4325	11455	11908	12361	12814	13266	13719
5.987	10911.3075	11360	11809	12258	12707	13156	13605
5.937	10820.1825	11265	11711	12156	12601	13047	13492
5.887	10729.0575	11171	11612	12054	12495	12937	13378
5.837	10637.9325	11076	11513	11951	12389	12827	13265
5.787	10546.8075	10981	11415	11849	12283	12717	13151

图 63.3 模拟运算结果

步骤 5：单击模拟运算表中的 A10 单元格，将内容改为“＝B8”，修改完毕后按回车键确认，则模拟运算表的内容改变为按年的模拟运算结果，如图 63.4 所示。

¥134,220.56	12.15	12.65	13.15	13.65	14.15	14.65	15.15
6.137	134216.19	139739	145262.79	150786.09	156309.39	161832.69	167355.99
6.087	133122.69	138601	144079.29	149557.59	155035.89	160514.19	165992.49
6.037	132029.19	137462	142895.79	148329.09	153762.39	159195.69	164628.99
5.987	130935.69	136324	141712.29	147100.59	152488.89	157877.19	163265.49
5.937	129842.19	135185	140528.79	145872.09	151215.39	156558.69	161901.99
5.887	128748.69	134047	139345.29	144643.59	149941.89	155240.19	160538.49
5.837	127655.19	132908	138161.79	143415.09	148668.39	153921.69	159174.99
5.787	126561.69	131770	136978.29	142186.59	147394.89	152603.19	157811.49

图 63.4 修改公式改变为按年的模拟运算结果

子任务 64 双变量模拟运算银行按揭方案

银行按揭指的是消费者按一定的利率从银行贷得一定数额的贷款，然后按月向银行分期支付本息，直至全部还清贷款和利息。

按揭贷款的还款方式有两种：等额本金还款法与等额本息还款法。目前选用等额本金还款方式比较多，因为它相对于等额本息还款方式有前期还款压力小的特点，缺点是在前面月份的还款额中，利息所占的比例相对较大，而本金所占的比例相对较小，如果提前还款，会因为支付了更多的利息而吃亏。

作为贷款人，必须知道每期需要支付多少本金和利息。每期偿还的金额是否在预期的承受能力内？在贷款期内，遇到国家调整贷款利率，如何重新测算每期需要支付多少本金和利息？相比原来还款压力增加多少？

对应文件“64 银行按揭计算”。

步骤 1：单击工作表标签“按揭计算”。

贷款分析表	
贷款本金	50000
贷款利率（年）	6.60%
贷款期限（年）	1
按月等额还款	¥-4,293.51

图 64.1 银行按揭一年的还款计算

步骤 2：单击 B5 单元格，输入公式“=PMT(B3/12,B4*12,B2,0,1)”，输入结束后按回车键，得到按月等额还款结果 4293.51，如图 64.1 所示。

步骤 3：如果利率与贷款期限发生改变，再模拟运算还款额。单击 A10 单元格，输入公式“＝B5”。在 B10：H10 区域输入数据，从 1 开始，以 2 为步长递增。在 A11：A20 区域输入数据，从 6.60%开始，以 0.20%为步长递增，如图 64.2 所示。

> **提高**
>
> 1. 等额本金还款函数是 PMT（）函数，格式为"PMT（利率，还款期数，贷款额，期末值，还款类型）"，其中还款类型为：0－期末还款，1－期初还款。
> 2. PMT（）函数运算结果用红色负数表示，以示待付款项，数字格式可以修改。

¥-4,293.51	1	3	5	7	9	11	13
6.60%							
6.80%							
7.00%							
7.20%							
7.40%							
7.60%							
7.80%							
8.00%							
8.20%							
8.40%							

图 64.2　构建按揭计算表

步骤 4：单击 A10 单元格，拖动鼠标选择 A10：H20 区域，再单击【数据—（数据工具）—模拟分析—模拟运算表】，弹出"模拟运算表"对话框。

在"模拟运算表"对话框中，"输入引用行的单元格"选择"B4"单元格，"输入引用列的单元格"选择"B3"单元格，如图 64.3 所示。

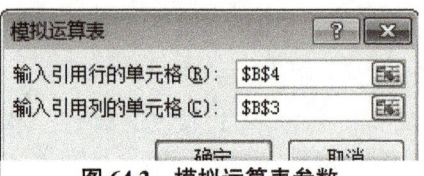

图 64.3　模拟运算表参数

单击【确定】按钮，完成运算。

步骤 5：在数据区域，产生利率与期限变化的按揭结果，如图 64.4 所示。

-4293.51	1.00	3.00	5.00	7.00	9.00	11.00	13.00
0.07	-4293.51	-1526.33	-975.29	-740.82	-611.87	-530.86	-475.65
0.07	-4297.38	-1530.61	-979.80	-745.53	-616.77	-535.94	-480.91
0.07	-4301.25	-1534.90	-984.32	-750.26	-621.69	-541.05	-486.20
0.07	-4305.12	-1539.20	-988.85	-755.00	-626.63	-546.18	-491.52
0.07	-4308.99	-1543.50	-993.40	-759.76	-631.60	-551.35	-496.88
0.08	-4312.86	-1547.81	-997.95	-764.54	-636.58	-556.54	-502.26
0.08	-4316.74	-1552.12	-1002.52	-769.34	-641.59	-561.75	-507.67
0.08	-4320.62	-1556.44	-1007.11	-774.15	-646.62	-566.99	-513.12
0.08	-4324.50	-1560.77	-1011.70	-778.98	-651.68	-572.26	-518.59
0.08	-4328.38	-1565.11	-1016.30	-783.83	-656.75	-577.55	-524.09

图 64.4　利率与期限变化的按揭结果

子任务 65　创建模拟运算方案

在分析运算模型中，一到两个变量（关键因素）的同时变化，并影响结果时，可以使用模拟运算解决，但是如果遇到更多变量时，使用模拟运算方案管理则更容易解决问题。

对应文件"65 创建模拟运算方案"。

步骤 1：单击工作表标签"方案"。

步骤 2：选定 A3：B5 区域，再单击【公式—（定义的名称）—根据所选内容创建】，弹出"以选定区域创建名称"对话框。如图 65.1 所示，勾选"最左列"选项，即以左边的单元格内容来命名右侧单元格，单击【确定】按钮。

步骤 3：单击【数据—（数据工具）—模拟分析—方案管理器】，弹出"方案管理器"对话框，如图 65.2 所示。

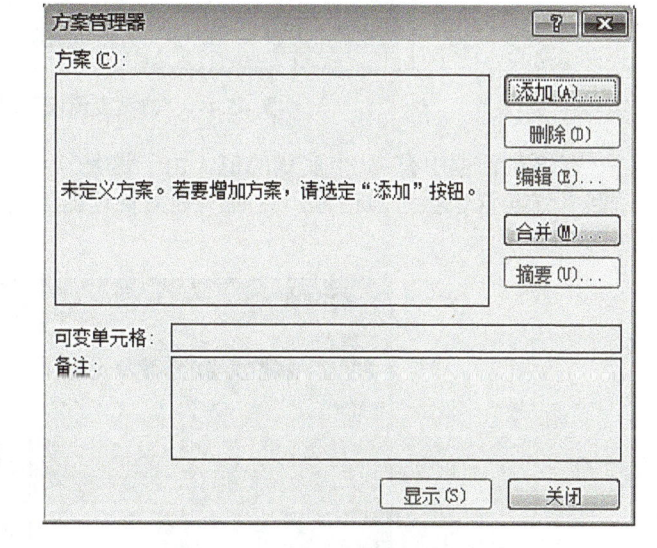

图 65.1 "以选定区域创建名称"对话框　　图 65.2 "方案管理器"对话框

步骤 4：单击【添加】按钮，弹出"编辑方案"对话框，如图 65.3 所示。

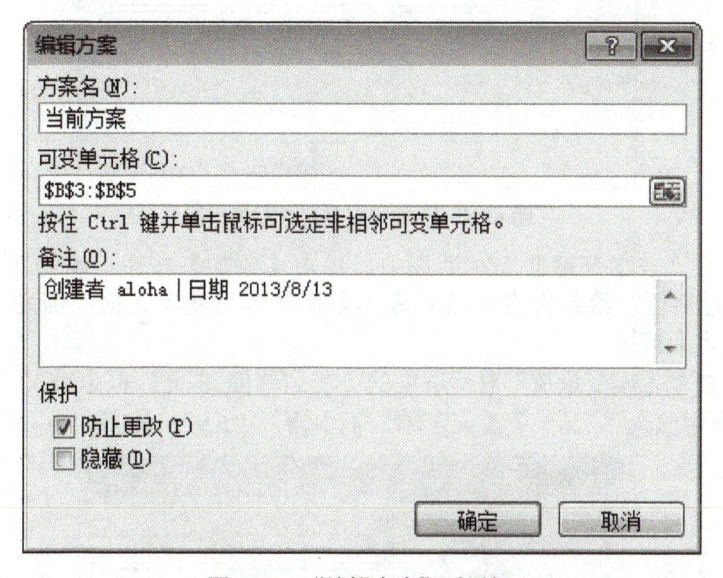

图 65.3 "编辑方案"对话框

在"编辑方案"对话框中，"方案名"即为本方案命名，输入"当前方案"。"可变单元格"为方案中可以变化的参数的区域，单击【扩展】按钮，选择 B3：B5 区域，单击【确定】按钮，弹出"方案变量值"对话框，如图 65.4 所示。

图65.4 "方案变量值"对话框

在该对话框中有 3 个变量的值，由于这是默认的值，不改动，单击【确定】按钮，返回"方案管理器"对话框，这时"方案管理器"对话框中已有一个刚才添加的方案，如图65.5 所示。

图65.5 已添加方案的方案管理器

步骤5： 在"方案管理器"对话框中，单击【添加】按钮，增加一个方案。弹出"添加方案"对话框，给新方案命名"最优方案"。"可变单元格"仍为"B3：B5"区域，单击【确定】按钮。

步骤6： 在"方案变量值"对话框中的"产品单价_美元"框中输入"16"，"产品交易数量_月"框中输入"220"，"美元汇率"框中输入"6.9"，如图65.6 所示。

图65.6 输入最优方案变量值

单击【确定】按钮，此方案又出现在"方案管理器"对话框中。

步骤 7： 在"方案管理器"对话框中，单击选中任意一方案，再单击【显示】按钮，则会显示所设定参数运算的结果，如图 65.7 所示。

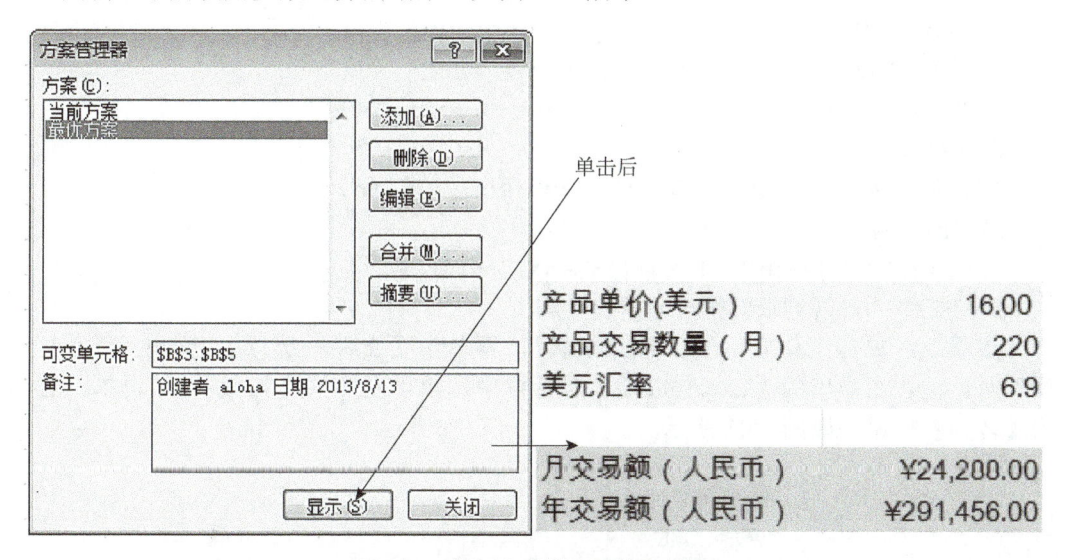

图 65.7　根据方案模拟运算出结果

对不满意的方案，可以单击该方案，再单击【编辑】按钮进行修改，或者单击【删除】按钮将方案删除。

子任务 66　规划求解生产问题

在生产管理和经营决策过程中，经常会遇到一些规划问题。规划分析主要是解决资源的有限性与人的欲望（产值、收益最大化）无限性之间的矛盾问题，即如何合理地利用有限的人力、物力、财力、时间等资源，得到最佳的经济效果，也就是说达到产量最大、利润最大、成本最小、耗时最少等目标。

例如，某个生产问题：某工厂有甲、乙两条流水线，可生产 A、B、C 三种产品。假定这两条流水线最多可用于生产的时间分别为 1760 小时和 1800 小时，目前三种产品的生产任务量分别为 800 件、1200 件和 1000 件，且已知用两条不同流水线生产单位数量不同产品所需的生产时间和加工费用如表 66.1 所示。问怎样分配流水线的生产任务，才能既满足生产要求，又使生产费用最低？

表 66.1　生产单位数量不同产品所需的生产时间和加工费用

流水线类型	单位产品所需生产时间			单位产品的加工费用			可用时间
	A	B	C	A	B	C	
甲	0.4	1.1	1.0	13	9	10	1760
乙	0.5	1.2	1.3	11	12	8	1800

解决思路：假设在甲流水线上生产 A、B、C 三种产品的产量分别为 X1、X2、X3，在乙流水线上生产 A、B、C 三种产品的产量分别为 X4、X5、X6，则约束条件为：

X1+X4＝800 ·················· （1）
X2+X5=1200 ·················· （2）
X3+X6=1800 ·················· （3）
0.4X1+1.1X2+X3≤1760 ·················· （4）
0.5X4+1.2X5+1.3X6≤1800 ·················· （5）
X1，X2，X3，X4，X5，X6≥0 ·················· （6）

最优函数为：

Min Z=13X1+9X2+10X3+11X4+12X5+8X6

对应文件"66 规划求解生产问题"。

步骤 1： 单击工作表标签"规划求解"，再单击【文件—选项】，弹出"Excel 选项"对话框。在弹出的"Excel 选项"对话框中，单击左侧的【加载项】，再单击右侧的【转到】按钮，如图 66.1 所示。

图 66.1 打开加载项

弹出"加载宏"对话框，如图 66.2 所示，勾选"规划求解加载项"，单击【确定】按钮。

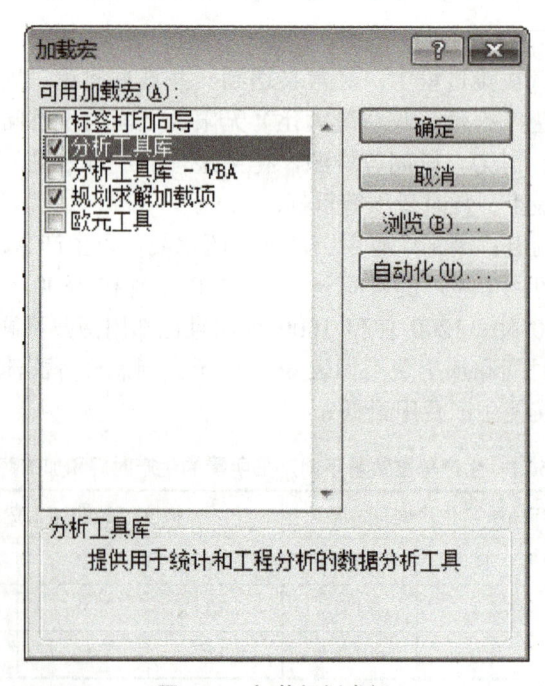

图 66.2 加载规划求解

步骤 2： 输入最优函数公式。单击 B1 单元格，输入公式"=13*B4+9*B5+10*B6+11*B7+12*B8+8*B9"，这个公式就是最优函数。

步骤 3： 输入约束条件公式。单击 A12 单元格，输入公式"=B4+B7"；再单击 B12 单元格，输入"="；单击 C12 单元格，输入 800。这个区域对应约束条件（1）。

单击 A13 单元格，输入公式"=B5+B8"；单击 B13 单元格，输入"="；单击 C13 单元格，输入 1200，这个区域对应约束条件（2）。

单击 A14 单元格，输入公式"=B6+B9"；单击 B14 单元格，输入"="；单击 C14 单元格，输入 1800，这个区域对应约束条件（3）。

单击 A15 单元格，输入公式"=0.4*B4+1.1*B5+B6"；单击 B15 单元格，输入"<="；单击 C15 单元格，输入 1760；这个区域对应约束条件（4）。

单击 A16 单元格，输入公式"=0.5*B7+1.2*B8+1.3*B9"；单击 B16 单元格，输入"<="；单击 C16 单元格，输入 1800；这个区域对应约束条件（5）。

步骤 4： 单击【数据—（分析）—规划求解】，弹出"规划求解参数"对话框。在"规划求解参数"对话框中，单击"设置目标"，选择 B1 单元格，再单击"通过更改可变单元格"，选择 B4：B9 区域，如图 66.3 所示。

图 66.3 规划求解部分参数

单击"规划求解参数"对话框中的【添加】按钮，弹出"添加约束"对话框。在"添加约束"对话框中，单击"单元格引用"，选择 A12 单元格，关系运算选择"="，单击"约束"，选择 C12 单元格，至此，第一个条件输入完毕，如图 66.4 所示。

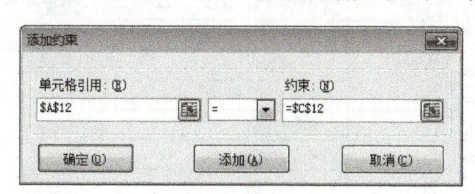

图 66.4 添加条件一

单击【添加】按钮，将条件保存，继续输入剩下的 5 个约束条件。

步骤 5： 待最后一个条件输入完毕后，单击"添加约束"对话框中的【确定】按钮，返回到"规划求解参数"对话框，如图 66.5 所示。

勾选"使无约束变量为非负数"，确保参数为正数。由于相关参数采用系统默认，所以直接单击【求解】按钮，计算出结果，并弹出"规划求解结果"对话框，如图 66.6 所示。

图 66.5 所有的约束条件

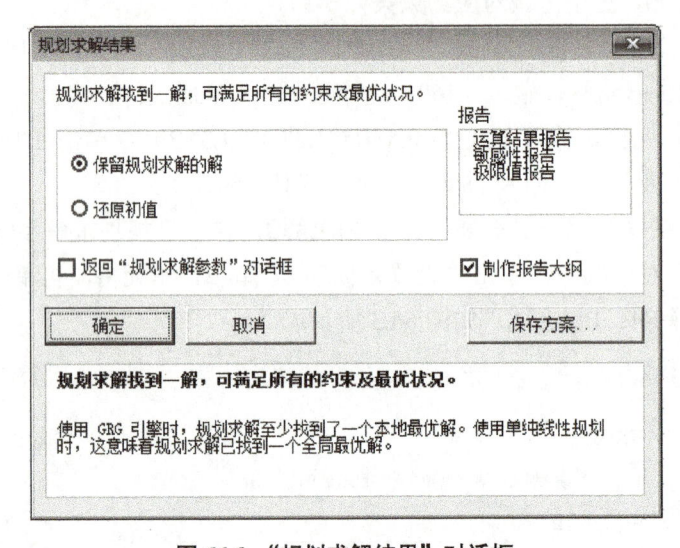

图 66.6 "规划求解结果"对话框

勾选"制作报告大纲",单击【确定】按钮。

步骤 6:规划求解的结果直接显示在"目标"单元格 B1 中,X1～X6 参数的结果在"可变单元格"区域 B4:B9,如图 66.7 所示。

	A	B
1	目标Z	37672.73
2		
3	参数	
4	X1	800
5	X2	786.014
6	X3	415.3846
7	X4	0
8	X5	413.986
9	X6	1384.615

图 66.7 规划求解的结果

子任务 67 规划求解运输问题

在进行生产销售的过程中,企业经常会遇到如何在许多可行的调运方案中,确定一个总运输费或总运输量最少的方案的问题,即为了把某种产品从若干个产地调运到若干个销地,已知每个产地的供应量和每个销地的需求量,确定一个总运输费或总运输量最少的方案。

某个运输问题:设某电视机厂有 3 个分厂,生产同一种彩色电视机,供应该厂在市内的 4 个门市部销售。已知 3 个分厂的日生产能力分别是 50,60,50 台,4 个门市部的日销量分别为 40,40,60,20 台。从各个分厂运往各门市部的运费如表 67.1 所示,试安排一个运费最低的运输计划。

表 67.1 从各个分厂运往各门市部的运费　　　　　　　单位:元/台

	门市部 1	门市部 2	门市部 3	门市部 4	供应量总计
工厂 1	9	12	9	6	50
工厂 2	7	3	7	7	60
工厂 3	6	5	9	11	50
需求量总计	40	40	60	20	160

解决思路:

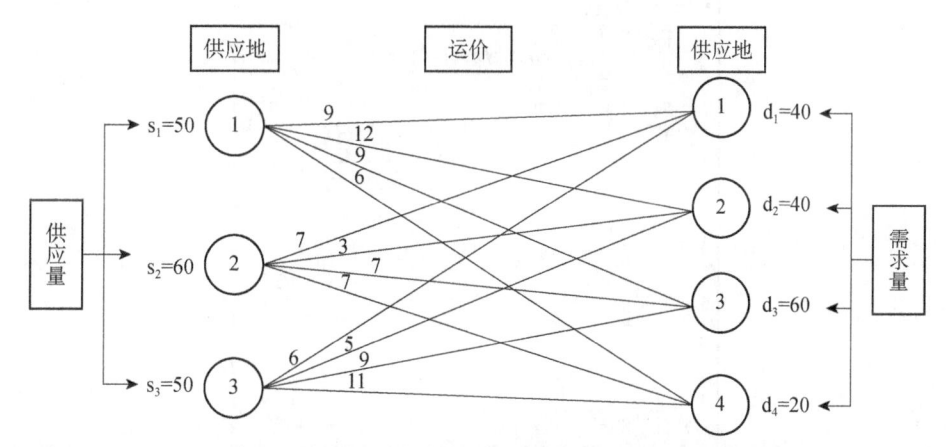

工厂运到第 j 个门市部的运费,则原运输问题的线性规划模型为:

$$\text{Min} \quad Z = 9x_{11} + 12x_{12} + 9x_{13} + 6x_{14} + 7x_{21} + 3x_{22} + 7x_{23} + 7x_{24} + 6x_{31} + 5x_{32} + 9x_{33} + 11x_{34}$$

$$\text{s.t.} \begin{cases} x_{11} + x_{12} + x_{13} + x_{14} = 50 \\ x_{21} + x_{22} + x_{23} + x_{24} = 60 \\ x_{31} + x_{32} + x_{33} + x_{34} = 50 \\ x_{11} + x_{21} + x_{31} = 40 \\ x_{12} + x_{22} + x_{32} = 40 \\ x_{13} + x_{23} + x_{33} = 60 \\ x_{14} + x_{24} + x_{34} = 20 \\ x_{ij} \geq 0 \quad i = 1,2,3; \, j = 1,2,3,4 \end{cases}$$

应文件"67 规划求解运输问题"。

步骤 1：单击工作表标签"规划求解"，再单击【文件－选项】，弹出"Excel 选项"对话框。在弹出的"Excel 选项"对话框中，单击左侧的【加载项】，再单击右侧的【转到】，如图 67.1 所示。

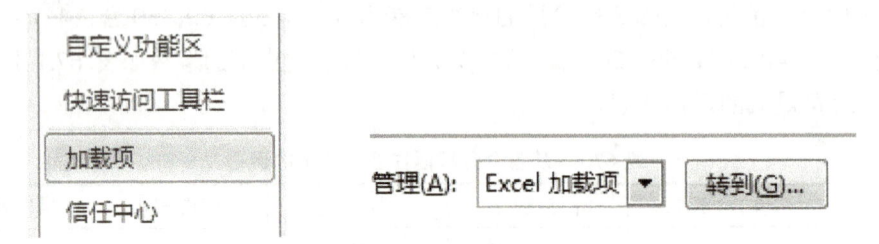

图 67.1　打开加载项

弹出"加载宏"对话框，如图 67.2 所示。勾选"规划求解加载项"，单击【确定】按钮。

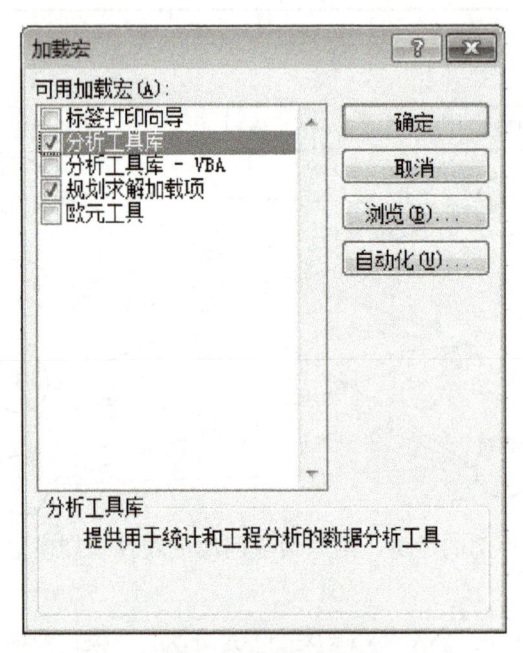

图 67.2　加载规划求解

步骤 2：输入最优函数公式。

单击 C10 单元格，输入公式"=SUMPRODUCT(B2:E4,I2:L4)"；这个公式就是最优函数。

步骤 3：输入约束条件公式。

单击 M2 单元格，输入公式"=I2+J2+K2+L2"；单击 N2 单元格，输入"="；单击 O2 单元格，输入 50。

单击 M3 单元格，输入公式"=I3+J3+K3+L3"；单击 N3 单元格，输入"="；单击 O3 单元格，输入 60。

单击 M4 单元格，输入公式"＝I4+J4+K4+L4"；单击 N4 单元格，输入"＝"；单击 O4 单元格，输入 50。

单击 I5 单元格，输入公式"＝I2+I3+I4"；单击 I6 单元格，输入"＝"；单击 I7 单元格，输入 40。

单击 J5 单元格，输入公式"＝J2+J3+J4"；单击 J6 单元格，输入"＝"；单击 J7 单元格，输入 40。

单击 K5 单元格，输入公式"＝K2+K3+K4"；单击 I6 单元格，输入"＝"；单击 K7 单元格，输入 60。

单击 L5 单元格，输入公式"＝L2+L3+L4"；单击 L6 单元格，输入"＝"；单击 L7 单元格，输入 20。

步骤 4： 单击【数据－(分析)－规划求解】，弹出"规划求解参数"对话框。在"规划求解参数"对话框中，单击"设置目标"，选择 C10 单元格；单击"通过更改可变单元格"，选择 I2:L4 区域，如图 67.3 所示。

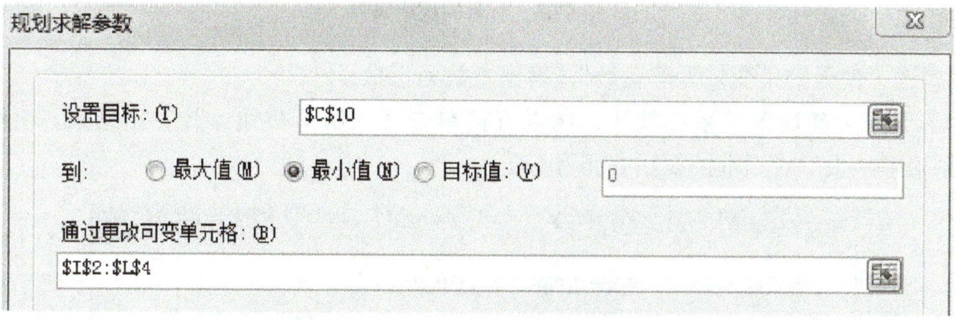

图 67.3 规划求解部分参数

单击"规划求解参数"对话框中的【添加】按钮，弹出"添加约束"对话框。在"添加约束"对话框中，单击"单元格引用"，选择 M2:M4 单元格区域，关系运算选择"＝"，单击"约束"，选择 O2:O4 单元格区域。至此，第一个条件输入完毕，如图 67.4 所示。

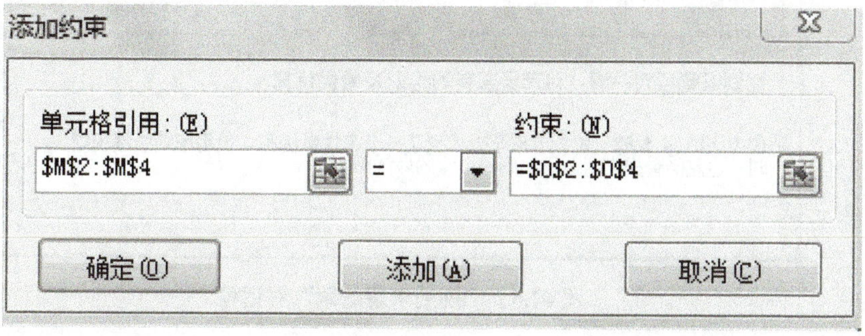

图 67.4 添加条件一

单击【添加】按钮，将条件保存，继续输入剩下的约束条件。

步骤 5：最后一个条件输入完毕后，单击"添加约束"对话框中的【确定】按钮，返回到"规划求解参数"对话框，如图 67.5 所示。

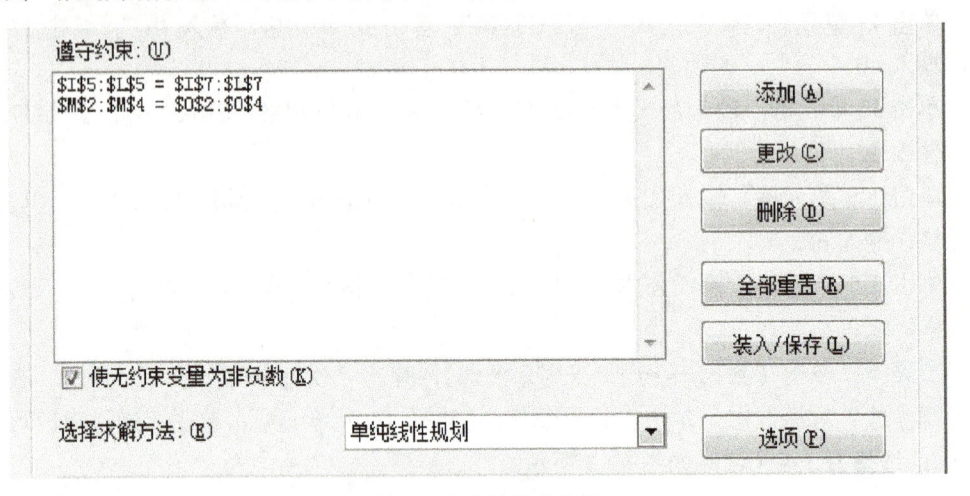

图 67.5　所有的约束条件

勾选"使无约束变量为非负数"，确保参数为正数。

由于相关参数采用系统默认，所以直接单击【求解】按钮，计算出结果，并弹出"规划求解结果"对话框，如图 67.6 所示。

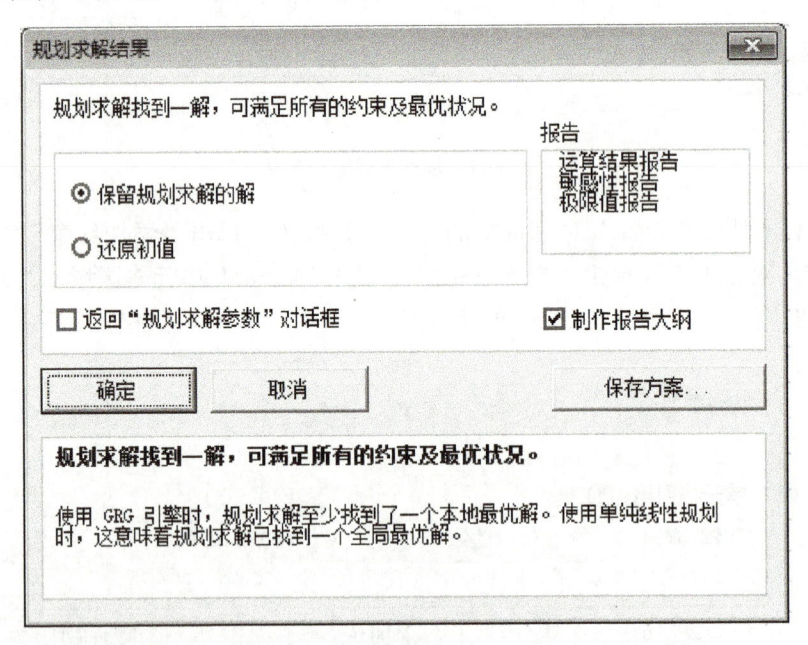

图 67.6　"规划求解结果"对话框

勾选"制作报告大纲"，单击【确定】按钮。

步骤 6：规划求解的结果直接在"目标"单元格 C10 中，参数结果在"可变单元格"区域 I2:L4，如图 67.7 所示。

	A	B	C	D	E	F	G	H	I	J	K	L	M	N	O	P
1		门市部1	门市部2	门市部3	门市部4	供应量			门市部1	门市部2	门市部3	门市部4	供应量			
2	工厂1	9	12	9	6	50		工厂1	0	0	30	20	50	=	50	
3	工厂2	7	3	7	7	60		工厂2	0	30	30	0	60	=	60	
4	工厂3	6	5	9	11	50		工厂3	40	10	0	0	50	=	50	参数结果值
5	需求量	40	40	60	20			需求量	40	40	60	20				
6									=	=	=	=				
7									40	40	60	20				
8																
9																
10	目标函数	Z=	980	←	= 最优结果值											

图 67.7　规划求解的结果

任务 11　自动化处理营销数据

任务说明

本任务主要是利用 Excel 2010 的"录制宏"功能，为工作簿录制宏，通过宏为工作簿自动地完成某些特定功能。此外，用户可以修改录制的宏，这样宏的功能就会更加强大。

任务结构

子任务 68　录制修改字体的宏
子任务 69　修饰职工信息表
子任务 70　保护工作表

Excel 软件提供了自动化功能，包括宏和 VBA 编程。宏是最简单的 VBA 程序，也是学习 Excel VBA 的基础。

子任务 68　录制修改字体的宏

步骤 1：增加【开发工具】选项卡。单击【开始—选项】，弹出"Excel 选项"对话框。在"Excel 选项"对话框中，单击左侧的"自定义功能区"，在右侧的"自定义功能区"中，"从下列位置选择命令"选择"主选项卡"，然后勾选"开发工具"，单击【确定】按钮，"开发工具"选项卡即出现在功能区中，如图 68.1 所示。

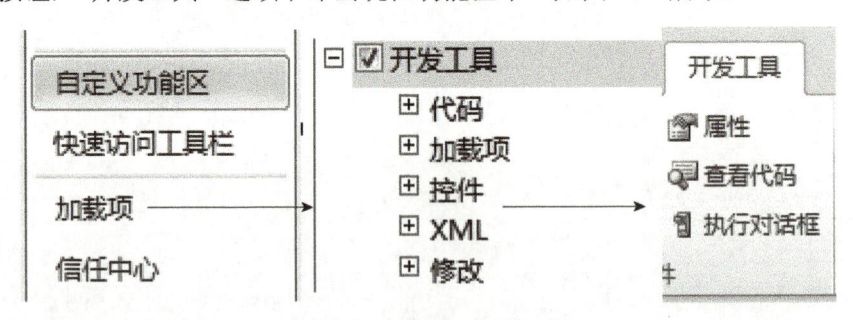

图 68.1　设置开发工具选项卡

步骤 2：调整宏安全设置。单击【开发工具—（代码）—宏安全性】，弹出"信任中心"对话框。默认光标在"宏设置"选项，窗口右侧为"宏设置"选项，点选"启用所有宏"，如图 68.2 所示。

任务 11　自动化处理营销数据

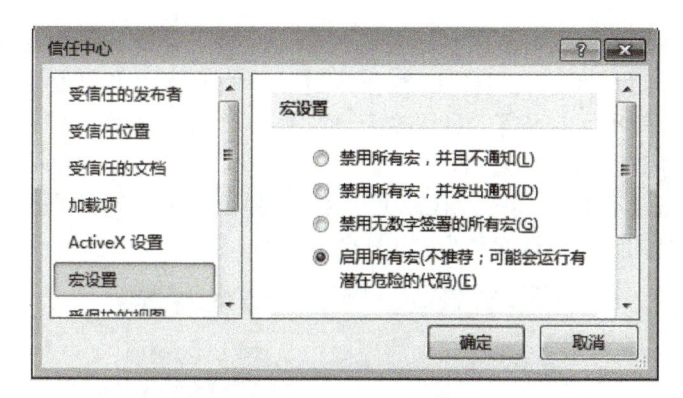

图 68.2　调整宏安全性

> **注　意**
>
> 1. 宏安全性降低后，如果运行一些来历不明的宏，可能会引发错误，如数据丢失、软件出错等。
> 2. 一些用宏命令或 VBA 程序编制出来的病毒在网上流行，称为宏病毒。随着文档的打开被激活，并造成一定的影响，用户一定要定时查杀宏病毒。

步骤 3：单击工作表标签"修改字体的宏"，再单击【开发工具—（代码）—录制宏】，弹出"录制新宏"对话框。在"宏名"文本框中输入"修改字体"，如图 68.3 所示。

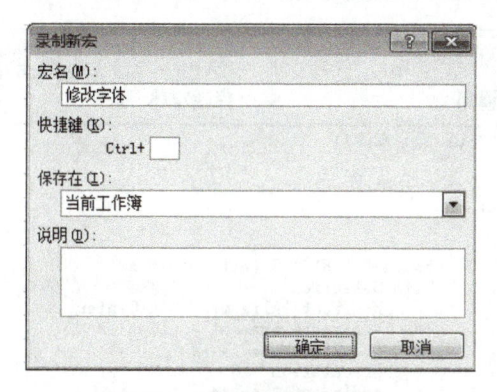

图 68.3　"录制新宏"对话框

输入完毕后，单击【确定】按钮。

> **注　意**
>
> 1. 在"录制新宏"对话框中，可以为宏指定快捷键，直接在"快捷键"框中输入字母或数字即可。在使用时，直接按 Ctrl+字母键可以调出宏来执行。
> 2. 由于系统已定义了很多快捷键，因此新定义的快捷键不可以与现有的快捷键相同，以免冲突，如 Ctrl+1，为单元格格式快捷键。

201

步骤 4：单击 A1 单元格，拖动鼠标选定 A1:H1 区域。单击【开始—（对齐方式）—合并后居中】，将 A1：H1 区域合并为一个单元格，并且文字居中显示。单击【开始—（字体）—华文行楷】，字号改为 12 号；单击【开发工具—（代码）—停止录制】，将刚才的操作记录在宏内。

步骤 5：单击【开发工具—（代码）—宏】，弹出"宏"对话框。在"宏"对话框中，出现刚才录制的宏"修改字体"，如图 68.4 所示。

图 68.4　"宏"对话框

选中"修改字体"，单击【编辑】按钮，弹出 VBA 编辑窗口，并且调出"修改字体"宏，给用户编辑，如图 68.5 所示。

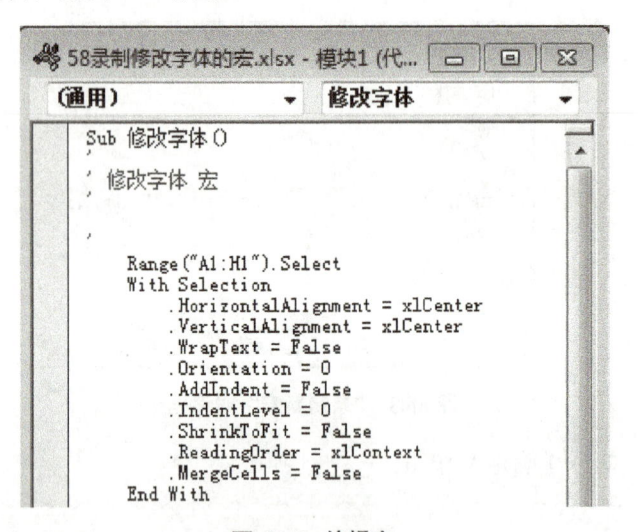

图 68.5　编辑宏

不做修改，单击【文件—关闭并返回到 Microsoft Excel】，如图 68.6 所示。

步骤 6：单击工作表标签"原始数据"，再单击【开发工具—（代码）—宏】，弹出"宏"对话框。

单击"宏"对话框中的"修改字体"，再单击【执行】按钮，工作表中的 A1：H1 区域被更改成：华文行楷、12 号和合并居中样式。

图 68.6　关闭 VBA 窗口

子任务 69　修饰职工信息表

职工信息表中的数据输入完毕后，可以进行简单修饰，如字体、字号、边框、底纹、颜色等，但如果有新的数据输入后，又要重复上述编辑操作。在 Excel 2010 中，可以录制编辑修饰的宏，在输入新数据后，直接运行宏可以实现多步编辑操作。

对应文件"69 修饰职工信息表"。

步骤 1： 单击工作表标签"职工基本数据"。

步骤 2： 单击【开发工具—（代码）—录制宏】，弹出"录制新宏"对话框。

在"录制新宏"对话框中，"宏名"文本框输入"修饰数据"，如图 69.1 所示。输入完毕后，单击【确定】按钮。

图 69.1　录制新宏

步骤 3： 单击 A2 单元格，按组合键 Ctrl+1，打开"设置单元格格式"对话框。

在"设置单元格格式"对话框中，选中"对齐"选项卡，在"水平对齐"下拉框中选择【居中】，"垂直对齐"下拉框中选择【居中】，如图 69.2 所示。

选中"字体"选项卡，在"字体"下拉列表中选择"华文楷体"，在"字形"列表中选择"常规"，在"字号"下拉列表中，

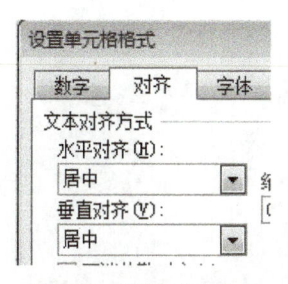

图 69.2　设置对齐方式

选择 14 号，如图 69.3 所示。

图 69.3 设置字体、字形和字号

单击【确定】按钮，再单击【开始—(单元格)—格式—自动调整行高】，然后单击【开始—(单元格)—格式—自动调整列宽】，最后单击【开发工具—(代码)—停止录制】，整个宏录制结束。

步骤 4：单击【开发工具—(代码)—宏】，弹出"宏"对话框，如图 69.4 所示。在"宏"对话框中，选择"修饰数据"，再单击【编辑】按钮，弹出 VBA 编辑窗口，在窗口中编辑宏"修饰数据"。

在第一行"Sub 修饰数据()"后按回车键，插入一行，在插入的新行中输入"For Each cell in Selection.Currentregion"。

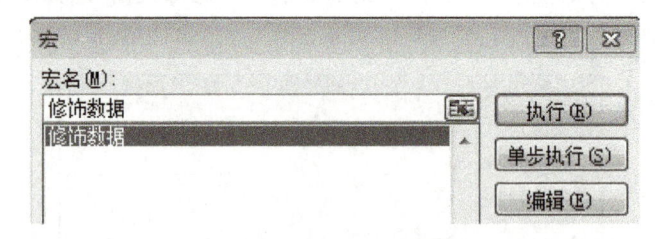

图 69.4 "宏"对话框

在最后一行"End Sub"前按回车键，插入一行，在插入的新行输入"Next cell"，如图 69.5 所示。

```
Sub 修饰数据()
    For Each cell In Selection.CurrentRegion    ← 插入命令
        Selection.Rows.AutoFit
        Selection.Columns.AutoFit
    Next cell                                    ← 插入命令
End Sub
```

图 69.5 修改宏命令

单击【文件—保存 69 修饰职工信息表.xlsm】，如图 69.6 所示。

图 69.6 保存宏

保存完毕后，再单击【文件—关闭并返回到 Microsoft Excel】。

步骤 5：选中 A1：H11 区域，再单击【开发工具—（代码）—宏】，弹出"宏"对话框。在"宏"对话框中，选择"修饰数据"宏，单击【执行】按钮，如图 69.7 所示。

图 69.7 执行宏

过一会儿，宏命令执行完毕，所有选定区域改成统一格式，如图 69.8 所示。

序号	姓名	性别	出生日期	学历	工资	部门	联系方式
1	王家鹏	男	1980/6/20	本科	5830.5	营销部	13113154321
2	冯志杰	男	1982/3/13	硕士	4890	财务部	13113154322
3	吴青松	男	1979/9/14	本科	6835.8	总经办	13113154323
4	印玉洁	女	1980/11/11	专科	4350.1	营销部	13113154324
5	高俊	男	1983/2/10	博士	3490.3	财务部	13113154325
6	丁俊	男	1981/1/17	本科	3000	采购部	13113154326
7	张军玲	女	1980/12/4	硕士	6090.5	广告部	13113154327
8	赵星宇	男	1978/12/3	本科	2370.6	人事部	13113154328
9	贾旻茜	女	1983/5/2	硕士	4580.3	后勤部	13113154329
10	张嘉意	女	1977/10/16	博士	8850.7	人事部	13113154330

图 69.8 执行宏后的数据格式

步骤 6：以后往工作表中添加数据，再选中新增区域，然后单击【开发工具—（代码）—宏】，弹出"宏"对话框。单击对话框中的"修饰数据"宏，再单击【执行】按扭，就可以将所有数据统一格式。

205

子任务 70　保护工作表

对于一个工作表，用户如果不想工作表被修改，可以对整个工作表或部分工作表进行保护，并加密，只有拥有密码的用户才可以修改，没有密码的用户只能查看内容。

> **注　意**
>
> 1. Excel 2010 有多重信息安全控制方法，如数字签名和 IRM（信息权限管理）。
> 2. 对工作簿而言，常用的有打开权限密码；对工作表而言，常用的是编辑权限，编辑权限中可以设置是否可以选中，即只可查看不能选中单元格。

对应文件"70 保护工作表"。

步骤 1：单击工作表标签"保护工作表"。

步骤 2：单击【开发工具—（代码）—录制宏】，弹出"录制新宏"对话框。在"录制新宏"对话框的"宏名"文本框中，输入"保护工作表"，如图 70.1 所示。输入完毕后，单击【确定】按钮。

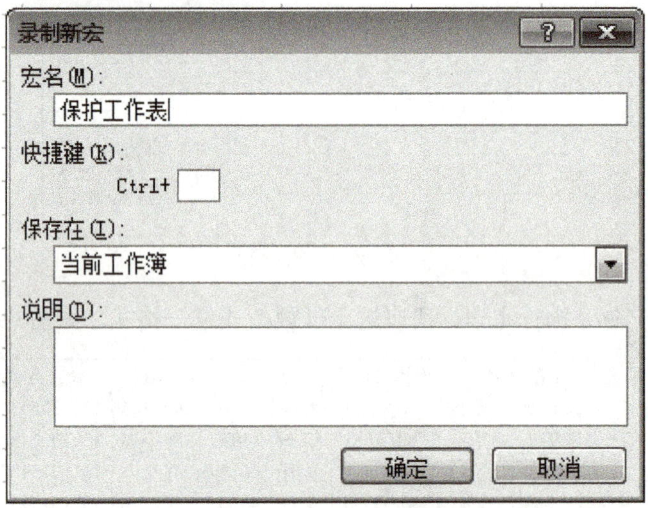

图 70.1　保护工作表宏

步骤 3：单击【审阅—（更改）—保护工作表】，弹出"保护工作表"对话框。在弹出的"保护工作表"对话框中，采用默认设置，在"取消工作表保护时使用的密码"文本框中输入密码"123474"，如图 70.2 所示。

输入完毕后，单击【确定】按钮，软件要求再次确认密码，再输一次密码。

步骤 4：单击【开发工具—（代码）—停止录制】。

步骤 5：单击任意一单元格，如 A2，更改内容，则弹出警告对话框，如图 70.3 所示。

步骤 6：单击【开发工具—（代码）—宏】，弹出"宏"对话框，如图 70.4 所示。在"宏"对话框中，选择"保护工作表"，单击【编辑】按钮，弹出 VBA 编辑窗口，在窗口中编辑宏"保护工作表"。将宏的内容改成如图 70.5 所示形式。

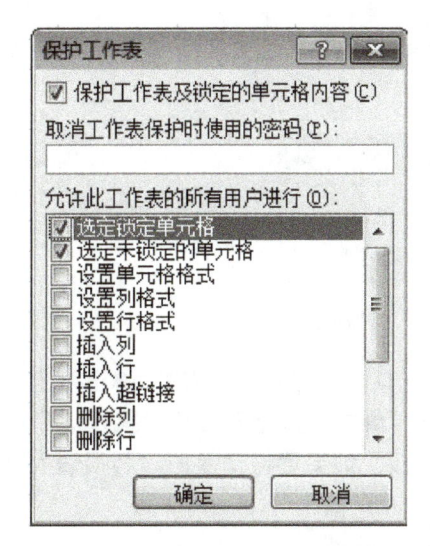

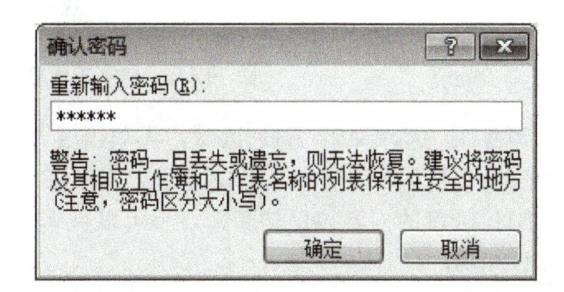

图 70.2 设置保护密码和确定密码

图 70.3 对试图修改保护工作表的警告

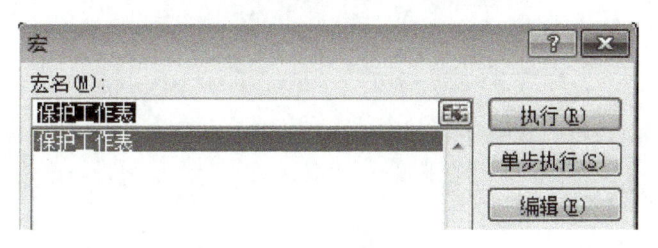

图 70.4 编辑宏

Sub 保护工作表()

For Each one In Worksheets

one.Select

　　　ActiveSheet.Protect　Password:=123456,　DrawingObjects:=True,

Contents:=True, Scenarios:=True

　　　ActiveSheet.EnableSelection = xlNoRestrictions

　　Next one

End Sub

图 70.5 修改后的宏

单击【保存】按钮，并退出 VBA 编辑窗口返回到 Excel 2010。

步骤 7：单击【审阅—（更改）—撤销工作表保护】，弹出"撤销工作表保护"对话

207

框。在"撤销工作表保护"对话框的"密码"框中输入密码"123474",输入完毕后单击【确定】按钮,如图70.6所示。

图 70.6 "撤销工作表保护"对话框

步骤 8: 选择 A2:B11 区域,再单击【开发工具-(代码)-宏】,弹出"宏"对话框。在"宏"对话框中,选择"保护工作表"宏,单击【执行】按钮。执行完毕后,A2:B11 区域的内容被保护起来,不可以被编辑修改。如果要撤销保护,必须输入撤销密码 123474。

参考文献

［1］Excel Home. Excel 2010 数据透视表应用大全［M］. 北京：人民邮电出版社，2013.

［2］Excel Home. Excel 2010 应用大全［M］. 北京：人民邮电出版社，2013.

［3］汪薇，袁胜，朱秀娟. Excel 2010 高效办公实战 228 例［M］. 北京：中国青年出版社，2012.

［4］庄君，黄国芬，王骞. Excel 财务管理与应用精彩 50 例［M］. 北京：电子工业出版社，2013.

［5］赛贝尔资讯. Excel 在市场营销中的典型应用［M］. 北京：清华大学出版社，2008.

［6］中文 Excel 门户网站论坛. http://club.excelhome.net/forum.php.

［7］扬州工业职业技术学院精品课程网站. http://skyclass.ypi.edu.cn/sc8/.

反侵权盗版声明

  电子工业出版社依法对本作品享有专有出版权。任何未经权利人书面许可，复制、销售或通过信息网络传播本作品的行为；歪曲、篡改、剽窃本作品的行为，均违反《中华人民共和国著作权法》，其行为人应承担相应的民事责任和行政责任，构成犯罪的，将被依法追究刑事责任。

  为了维护市场秩序，保护权利人的合法权益，我社将依法查处和打击侵权盗版的单位和个人。欢迎社会各界人士积极举报侵权盗版行为，本社将奖励举报有功人员，并保证举报人的信息不被泄露。

举报电话：（010）88254396；（010）88258888
传 真：（010）88254397
E-mail：dbqq@phei.com.cn
通信地址：北京市海淀区万寿路 173 信箱
    电子工业出版社总编办公室
邮 编：100036